保险教学案例精选

The Case of Insurance

郭丽军　张楠楠 主编

图书在版编目(CIP)数据

保险教学案例精选/郭丽军,张楠楠主编.—北京:北京大学出版社,2018.10
(财经类专业硕士教学案例丛书)
ISBN 978-7-301-29915-9

Ⅰ.①保… Ⅱ.①郭… ②张… Ⅲ.①保险学—研究生—教案(教育)—汇编 Ⅳ.①F840

中国版本图书馆 CIP 数据核字(2018)第 218198 号

书　　　名	保险教学案例精选 BAOXIAN JIAOXUE ANLI JINGXUAN
著作责任者	郭丽军　张楠楠　主编
责 任 编 辑	任雪菲　贾米娜
标 准 书 号	ISBN 978-7-301-29915-9
出 版 发 行	北京大学出版社
地　　　址	北京市海淀区成府路 205 号　100871
网　　　址	http://www.pup.cn
微信公众号	北京大学经管书苑(pupembook)
电 子 信 箱	em@pup.cn　　QQ：552063295
电　　　话	邮购部 010-62752015　发行部 010-62750672　编辑部 010-62752926
印 刷 者	三河市北燕印装有限公司
经 销 者	新华书店 720 毫米×1020 毫米　16 开本　18.75 印张　304 千字 2018 年 10 月第 1 版　2018 年 10 月第 1 次印刷
定　　　价	45.00 元

未经许可，不得以任何方式复制或抄袭本书之部分或全部内容。
版权所有，侵权必究
举报电话: 010-62752024　电子信箱: fd@pup.pku.edu.cn
图书如有印装质量问题，请与出版部联系，电话: 010-62756370

编委会
（按姓氏笔画排序）

马海涛	王瑞华	尹　飞	白彦锋
朱建明	李建军	李晓林	辛自强
张学勇	赵景华	袁　淳	唐宜红
殷先军	戴宏伟		

总　　序

中国改革开放四十年来尤其是党的十八大以来，经济社会发展取得了举世瞩目的成就，党和国家事业发生历史性变革，中国人民向着决胜全面建成小康社会，实现中华民族伟大复兴的宏伟目标奋勇前进。党的十九大报告指出"建设教育强国是中华民族伟大复兴的基础工程，必须把教育事业放在优先位置"，要"加快一流大学和一流学科建设，实现高等教育内涵式发展"。

实现高等教育内涵式发展，研究生教育是不可或缺的重要部分。2013年，教育部、国家发展改革委、财政部联合发布《关于深化研究生教育改革的意见》，明确提出研究生教育的根本任务是"立德树人"，要以"提高质量、满足需求"为主线，以"分类推进培养模式改革、统筹构建质量保障体系"为着力点，更加突出"服务经济社会发展""创新精神和实践能力培养""科教结合、产学结合"和"对外开放"。这为研究生教育改革指明了方向，也势必对专业学位研究生教育产生深远影响。

深化研究生教育改革，要重视发挥课程教学在研究生培养中的作用，而高水平教材建设是开展高水平课程教学的基础。2014年教育部发布《关于改进和加强研究生课程建设的意见》，2016年中共中央办公厅、国务院办公厅发布《关于加强和改进新形势下大中小学教材建设的意见》，2017年国务院成立国家教材委员会，进一步明确了教材建设事关未来的战略工程、基础工程的重要地位。

中央财经大学历来重视教材建设，推进专业学位研究生教学案例集的建设是中央财经大学深化专业学位研究生教育改革、加强研究生教材建设的重要内容之一。从2009年起，中央财经大学实施《研究生培养机制综合改革方案》，提出了加强研究生教材体系建设的改革目标,并先后组织了多批次研究生精品教材和案例集建设工作,逐步形成了以"研究生精品教材系列""专业学位研究生教学案例集系列""博士生专业前沿文献导读系列"为代表的具有中央财经大学特色的研究生教材体系。其中,首批九部专业学位研究生教学案例集已于2014年前后相继出版。

呈现在读者面前的财经类专业硕士教学案例丛书由多部精品案例集组成,涉及经济学、管理学、法学三个学科门类,所对应课程均为中央财经大学各专业学位研究生培养方案中的核心课程,由教学经验丰富的一线教师组织编写。编者中既有国家级教学名师等称号的获得者,也不乏在全国百篇优秀案例评选中屡获佳绩的中青年学者。本系列丛书以"立足中国,放眼世界"的眼光和格局,本着扎根中国大地办大学的教育理念,突破案例来源的限制,突出"全球视角、本土方案",在借鉴国外优秀案例的同时,加大对本土案例的开发力度,力求通过相关案例的讨论引导研究生思考全球化带来的影响,培养和拓宽其国际视野。

财经类专业硕士教学案例丛书的出版得到了"中央高校建设世界一流大学(学科)和特色发展引导专项资金"的支持。我们希望本套丛书的出版能够为相关课程开展案例教学提供基础素材,并启发研究生围绕案例展开讨论,提高其运用理论知识解决实际问题的能力,进而帮助其完成知识构建与知识创造。

编写面向专业学位研究生的教学案例集,我们还处在尝试阶段,虽力求完善,但难免存在这样那样的不足,恳请广大同行和读者批评指正。

财经类专业硕士教学案例丛书编委会
2018年8月于北京

序　言

近年来，我国保险业飞速发展，已经成为全球最大的新兴保险市场之一。随着我国保险业的发展，保险市场主体不断增多，对高层次保险人才提出了迫切要求，尤其是需要一大批适应市场经济和保险业发展需求的高层次应用型、创新型人才。2010 年，国务院学位委员会办公室批准设立保险专业硕士学位，截止到 2017 年，全国具备保险专业学位研究生招生资格的培养单位共有 43 所。

保险学属于应用经济学范畴，保险专业硕士旨在培养社会经济发展及行业所需的高层次应用型人才，其培养目标与学术型硕士的培养目标并不相同。在教学过程中，应密切关注行业发展中出现的新情况、新问题，通过案例教学等方式不断提升学生分析问题、解决问题的能力。但是，目前国内适应保险专业硕士学位教育层次要求的案例教材不多，针对性也不强，这在一定程度上影响了专业硕士培养目标的实现。基于此，为了弥补保险专业硕士培养素材的不足，大力推广案例教学，提高专业学位研究生培养质量，在中央财经大学研究生院的组织下，保险学院的教师们编写了本案例集。

本案例集在编写过程中，既考虑了所收入案例的真实性和完整性，又兼顾了案例使用上的便利性。全书案例共 18 个，主要涉及风险管理、保险经营管理、保险法律、社会保障等方面的内容。每一案例均包括摘要、关键词、正文、案例使用说明等，力求使学生们全面了解案例，并根据已有的知识加以分析。此外，每一案例，均附有使用说明，包括教学目的与用途、启发思考题、理论依据与分析思路、建议课堂计划等内容，以供教师在使用案例时参考。

本书案例均由中央财经大学保险学院的教师（和部分研究生）编写，所有案例仅供课堂讨论之用，并无意暗示或说明某种经营管理行为是否正确或是否有效。本书在编写过程中参考、引用了国内外同行们的相关学术成果,以及相关保险公司业务经营或管理事例,在此一并表示诚挚的谢意!

受限于编者水平和时间,书中可能存在一些疏漏或不妥之处,恳请各位读者批评指正!

郭丽军

2018年初春于北京

目录

contents

风险管理

山东非法疫苗案例分析 …………………………………………… 王丽珍 003

后危机时代 AIG 的风险对冲策略 ………………………………… 张楠楠 016

大型国有企业全面风险管理研究：鞍钢集团公司的重组之路 …… 薛 梅 030

××财务公司风险预警指标体系构建 …………………………… 郑莉莉 049

保险经营管理

应充分发挥保险在灾害损失补偿中的作用：

   以北京"7·21"暴雨灾害为例 ……………………………… 许飞琼 071

中小保险公司发展探析：以华泰保险为例 ………………… 郭丽军 栾丰裕 088

工银安盛人寿保险有限公司"大银保"战略 ……………… 陈 华 饶玮慧 102

众安保险的"互联网+"之路 …………………………………… 郭丽军 梁 晨 120

中小保险公司频频举牌的背后 …… 郑苏晋 李 炜 谷 雨 林吉涛 137

保险门店组织及运营 ……………………………………… 陈 华 杨 柳 154

扼住命运的喉咙：保险公司治理启示 …………………… 陶存文 白雯娟 168

人太平三家财产保险公司的年度报告

   研究及评价 ………… 周县华 王沁璇 刘天梦 邓佩云 乔翘楚 181

医加壹：管理式医疗在我国的实践 ……………………………… 王丽珍 205

寿险费率市场化改革及影响 ……………………………… 陶存文 蔡文曦 216

保险法律

保险人的缔约过失责任研究：以驾驶人员意外伤害保险为例…… 张　虹　231

国际海上货运保险代位求偿及相关问题研究 …………………… 张　虹　241

社会保障

中国企业年金、职业年金何去何从：
　　上海企业年金基金案例分析 ………………… 刘　钧　王　维　257

从延迟退休的争议到退休性别歧视案 ………………………… 李晨光　271

风险管理

山东非法疫苗案例分析

王丽珍

摘 要：本案例首先介绍了疫苗对人体的重要作用、我国的疫苗政策及我国疫苗接种取得的重要成绩。然后讲述了2016年山东警方破获的案值5.7亿元非法疫苗案，包括案件最初引起的关注、各方采取的行动和调查结果等全过程。最后分析了后续影响，包括信任危机和相关监管问题。该案例旨在教会学生如何将风险管理理论应用于解决社会实际问题，提高他们的风险防范和风险应急处理能力。

关键词：非法疫苗　疫苗接种　信任危机　监管漏洞

疫苗是人类近代以来控制和消灭疾病的有效途径。疫苗是将病原微生物（如细菌、立克次氏体、病毒等）及其代谢产物，经过人工减毒、灭活或利用转基因等方法制成的用于预防传染病的自动免疫制剂。疫苗保留了病原菌刺激动物体免疫系统的特性。当动物体接触到这种不具伤害力的病原菌后，免疫系统便会产生一定的保护物质，如免疫激素、活性生理物质、特殊抗体等；当动物体再次接触到这种病原菌时，动物体的免疫系统便会依循其原有的记忆，制造更多的保护物质来阻止病原菌的伤害。

疫苗从研发到注射到人体，需要经过严格的安全管理，疫苗的质量标准包括安全性、有效性等指标。一个疫苗从研发到上市至少要经过8年甚至20年的研发阶段，在注册前要经过严格的动物实验和Ⅰ期、Ⅱ期、Ⅲ期的临床试验，并通过国家药品审评中心审评，经国家食品药品监督管理部门批准，方可生产。生产单位必须严格按照疫苗的制剂规程生产疫苗，保证各个生产环节规范、安全，并对疫苗的半成品和成品进行检定，检定合格后方可出厂。出厂之后的疫苗必须要在中国食品药品检定研究院进行常规鉴定和抽检，合格之后才能上市。即便疫苗上市之后，它还要到各级疾病预防控制中心接受检测，工作人员要承担疫苗针对疾病的监测和控制、国家免疫规划疫苗需求计划制订、冷链管理与维护等工作。

实施免疫规划前,我国传染病发病率非常高。20世纪60年代初期,我国每年约报告2万—4.3万例脊髓灰质炎病例,1950—1965年,我国年平均麻疹发病率为5.959‰,1959年曾发生全国范围内的麻疹大流行,发病率高达14.33‰,并且每100例麻疹患者中就有3人死亡。我国1978年开始实施计划免疫以来,脊髓灰质炎病例逐年下降,2000年我国实现无脊髓灰质炎的目标。2002年,我国将新生儿乙型肝炎疫苗纳入国家免疫规划,推广乙肝疫苗接种后,5岁以下儿童乙肝病毒表面抗原携带率从1992年的9.67%降至2014年的0.32%,因接种疫苗减少乙肝病毒慢性感染者3 000多万人。2007年,我国扩大免疫规划,将甲型肝炎疫苗、流行性脑脊髓膜炎疫苗等纳入国家免疫规划,14种国家免疫规划疫苗预防15种疾病。国家卫生计生委统计数据显示,麻疹、甲型肝炎、流行乙型脑炎、流行性脑脊髓膜炎、百日咳、白喉等疫苗可预防传染病的发病率通过预防接种均降到历史较低水平。实施国家免疫规划,能创造明显的经济效益和社会效益。

疫苗接种是一项科学性强、专业程度高的工作,普通公众并不具备相关专业知识。也正因如此,国家制定了一系列法律法规来进一步为疫苗安全保驾护航:《疫苗流通和预防接种管理条例》《疫苗储存和运输管理规范》《预防接种工作规范》《预防接种异常反应鉴定办法》……这些法律制度对疫苗流通、疫苗接种、保障措施、预防接种异常反应处理等做出了明确规定,确定了政府对预防接种工作的保障机制,明确了卫生行政部门和医疗卫生机构的职责,规范了接种单位的接种服务。

根据《疫苗流通和预防接种管理条例》,我国将疫苗分为一类疫苗和二类疫苗。一类疫苗是指政府免费向公民提供,公民应当依照政府的规定受种的疫苗,包括国家免疫规划确定的疫苗,省、自治区、直辖市人民政府在执行国家免疫规划时增加的疫苗,以及县级以上人民政府或者其卫生主管部门组织的应急接种或者群体性预防接种所使用的疫苗。一类疫苗包括:乙肝疫苗、卡介苗、脊灰减毒活疫苗、百白破联合疫苗、麻腮风三联疫苗、甲肝疫苗、脑脊髓膜炎球菌多糖疫苗、乙脑疫苗等。二类疫苗是指由公民自费,并且自愿受种的其他疫苗,如水痘疫苗、流感疫苗、b型流感嗜血杆菌结合疫苗、肺炎球菌疫苗、轮状病毒疫苗、细菌性痢疾疫苗等。按照规定,一类疫苗由采购部门直接和疫苗厂家或批发企业签订政府采购合同,合同一方主体为政府部门,有明确的招标过程,监管比较严格。而且要求厂家和批发企业直接向疾控机构提供,不得分销转销,也没有盈利空间。所以一类疫苗是政府以强制手段监管与控制,相对来说安全性有保障。而二类疫苗由疫苗生产企业或批发企业向疾控机构、接种单位、下游批发企业直接销售,疫苗来源多样,而且具有盈利性,所以该类疫苗容易产生监管死角,也容易驱动非法获利。

即便疫苗从研发到注射经过了严格的管理过程,同时有规范的制度进行保障,但是漏洞仍然难以避免。2016年,山东警方破获的案值5.7亿元的非法疫苗案将疫苗问题推向风口浪尖,使之成为社会各界关注的焦点。

1. 案件始末

1.1 引起关注

案件真正发生的时间是2015年4月28日,济南警方当时向全国20个地级市发出协查函,并于2016年2月2日向社会通报了案情。此案发生后,即被公安部、国家食品药品监督管理总局列为督办案件,并入选2015年年度公安部打击食品药品犯罪十大典型案例。

但使山东非法疫苗案件真正引起社会广泛关注的是来源于2016年3月18日澎湃新闻的一篇报道——《数亿元疫苗未冷藏流入18省份:或影响人命,山东广发协查函》。文章指出山东警方破获一起特大非法疫苗案,庞某与女儿孙某,非法购进25种儿童、成人用二类疫苗,未经严格冷链存储运输,销往全国18个省市,涉案金额达5.7亿元。该文章同时指出对于像狂犬病这类致命性传染病来说,接种问题疫苗将导致免疫无效,接种者可能会感染发病死亡。这篇报道一时间引起广泛关注,《环球时报》、凤凰网、新华网、央视新闻、《南方周末》等知名媒体纷纷在社交媒体上转发并发声。

1.2 涉案人员及违法行为

犯罪嫌疑人庞某曾是山东菏泽市牡丹人民医院的药剂师,同时她也经营着菏泽市东城城区一家防疫门诊。2009年,庞某因非法贩卖疫苗被判有期徒刑

3年缓刑5年,涉案金额约560万元,其防疫门诊被关闭,庞某也被医院开除。然而在2010年,庞某竟然于缓刑期间在聊城、济南重操旧业,并于2013—2014年受聘于山东当地一家疫苗批发企业,担任销售部经理。在此期间,庞某通过做药剂师时积累的和批发企业的人脉关系购进临期疫苗,并通过快递将疫苗谎称为保健品寄出,仅将疫苗用泡沫箱包装而无任何冷藏措施。同时庞某通过网络QQ与下线沟通,将临期疫苗销售给地方疾控部门、接种单位或同样的疫苗贩子。而这些疫苗通过系统分发送达的疾病预防控制中心,大多是负责妇幼卫生的妇幼保健院及各级医院和乡镇卫生院。

据济南警方初步统计,在长达5年多时间里,庞某母女从陕西、重庆、吉林等10余个省市70余名医药公司业务员或疫苗贩子手中,低价购入流感、乙肝、狂犬病等25种人用疫苗(部分是临期疫苗),然后加价售往湖北、安徽、广东、河南、四川等18个省、市、自治区的247人手中。庞某为非法经营人用二类疫苗涉案账户累计交易款高达5.7亿元,其中打款2.6亿元、收款3.1亿元。而经庞某母女之手售出的疫苗数量可能已无法精确统计。

1.3 案件进展

2016年3月18日,国家食品药品监督管理总局新闻发言人表示,国家食品药品监督管理总局对此事件高度关注,已经责成山东省食品药品监督管理局会同公安和卫生计生部门,立即查清疫苗等相关产品的来源和流向,第一时间向社会公开相关信息。

国家食品药品监督管理总局要求,根据公安机关提供的线索,涉案产品流入地省级食品药品监督管理部门立即查明流入的疫苗产品购进、使用和库存情况,对尚未使用的立即查扣;对已用于人体接种的,会同卫生计生部门迅速查清具体情况,并对接种效果进行评估,切实保护公众健康。对向非法经营疫苗嫌犯销售产品的生产经营企业,以及从其购入产品的经营、使用单位,由所在地省级食品药品监督管理局负责调查,依法严肃处理。

山东、河南、广东、安徽等地的药品监督管理局迅速与山东有关部门取得了联系,以便做好排查工作、获取更多线索,坚决做好涉案疫苗的排查工作。以广东省为例,广东省食品药品监督管理局召开了全省疫苗生产经营企业和疾控单位集中约谈会议,对省内全部3家疫苗生产企业、37家具有疫苗经营资质的药品流通企业和相关疾控单位进行集体约谈,要求各单位立即开展自查,重点查清近几年来是否与山东省局公告线索的涉嫌人员有业务往来,是否从非法渠道购进疫苗或向个人销售疫苗,是否存在疫苗购销票、账、货、款及运输凭证不一致的情况,并要求各单位将自查情况报告所在地市食品药品监督管理部门。对瞒报或漏报的,一经发现,依法从严查处。

2016年3月19日,山东省食品药品监督管理局发布公告,根据济南市食品药品监督管理局在协助公安机关侦破庞某等非法经营疫苗案件中掌握的信息,共梳理出向庞某等提供疫苗及生物制品的上线线索107条,从庞某等处购进疫苗及生物制品的下线线索193条,线索涉及安徽、北京、福建、甘肃、广东、广西、贵州、河北、河南、黑龙江、湖北、吉林、江苏、江西、重庆、浙江、四川、陕西、山西、山东、湖南、辽宁、内蒙古、新疆等24个省市。之后各省迅速成立调查小组排查问题疫苗。

2016年3月20日,就5.7亿元非法疫苗流入24个省市的安全事件,国家食品药品监督管理总局紧急发布《总局关于非法经营疫苗案件查处工作有关事项的通告》《总局关于依法查处非法经营疫苗行为的通知》两份公告,宣布在全国范围内彻查涉案疫苗来源、流向,地方食品药品监督管理部门成立专案组,会同公安机关深入开展调查。通告中强调,对属于上线的,要查明销售单位和人员及销售的品种、批号、数量等;对属于下线的,要查明购进单位和人员及购进的品种、批号、数量等;对医疗卫生机构购入、使用涉案疫苗及相关人员涉案的线索,要及时通报当地卫生计生部门,并配合查明最终销售去向及使用人员情况。

2016年3月20日,山东食品药品监督管理部门经过对警方提供的关于庞某非法经营疫苗案查封疫苗品种的清单进行核实,发现实有疫苗12种、免疫球蛋白2种、治疗性生物制品1种。山东省食品药品监管局派出9个专项检查组,一方面督促各市食品药品监管部门,会同公安部门尽快核实涉案嫌疑人身份,及时查明疫苗非法购销情况。另一方面,指导各级食品药品监管部门对辖区内疫苗经营使用单位进行全面监督检查。截至3月22日,全省共检查经营使用单位2 276家,占全部经营使用单位的70%以上。

3月21日晚间,国家食品药品监督管理总局发布通报称,经国家食品药品监督管理总局对山东济南非法经营疫苗案查扣药品的数据分析发现,有9家药品批发企业涉嫌虚构疫苗销售渠道,可能是造成涉案疫苗流入非法渠道的主要责任者。在这9家药品批发企业中有两家上市公司,部分公司已经紧急停牌自查,并接受相关部门的调查。

3月22日人民网称,国务院对非法经营疫苗系列案件作出重要批示。批示指出:此次疫苗安全事件引发社会高度关注,暴露出监管方面存在的诸多漏洞。国家食品药品监督管理局、卫生计生委、公安部要切实加强协同配合,彻查"问题疫苗"的流向和使用情况,及时回应社会关切,依法严厉打击违法犯罪行为,对相关失职渎职行为严肃问责,绝不姑息。同时,抓紧完善监管制度,落实疫苗生产、流通、接种等各环节监管责任,堵塞漏洞,保障人民群众生命健康。

与此同时,最高人民检察院将涉案价值达5.7亿元的非法经营疫苗系列案件作为挂牌督办案件,并专门下发通知,要求各级检察机关侦查监督部门切实做好这一系列案件的办理工作。通知指出,涉案地区各级检察机关侦查监督部门要高度重视,加强与当地食品药品监督管理部门、公安机关的工作衔接和密切配合,全面、深入了解非法经营疫苗的流入、案发等信息,完善线索通报、案件移送、信息共享等机制。省级检察院要迅速摸清底数,及时汇总报告最高检侦查监督厅。

3月23日,在海南博鳌亚洲论坛上,国家食品药品监督管理总局副局长兼国家卫计委副主任现场回应了疫苗事件。他表示,总体上我国疫苗流通比较规范,但仍有一些问题,流通中存在漏洞和不完善的地方。目前,食品药品监督管理局正和公安部、卫计委密切配合处理疫苗事件。针对疫苗事件,国家食品药品监督管理总局正在做四件事,一是彻查案件,20日晚上食药监总局已经查出涉案人员上游107人、下游193人,以后将联合卫计委及公安部开展深入的查处;二是严处违法违规犯罪分子,包括个人和企业部门等;三是信息公开,第一时间公布已查实的案情;四是弥补漏洞,从总体上规范疫苗市场。

截至2016年3月24日,江苏省涉案的9名嫌疑人已经全部被抓获;四川省专案组对山东非法经营疫苗案的3名涉案人员刑事拘留;福建省查清涉案的3名嫌疑人身份信息,3人均被公安部门控制,其中上线1人、下线2人;非法经营疫苗案下线名单中涉及的柳州市两名嫌疑人确认被公安机关控制;涉及长沙市的3名涉案嫌疑人全部到案,其中2人被长沙市公安机关刑事拘留,另1人涉案嫌疑人被公安机关控制;全国立案69起,抓获犯罪嫌疑人130余人。

2016年3月24日公安部、国家卫生计生委、国家食品药品监督管理总局三部委联合召开新闻发布会,通报非法经营疫苗案调查处置进展情况。国家食品药品监督管理总局药化监管司司长在发布会上介绍,涉案疫苗多为3—6个月临近保质期的产品,通过违法分子销往有资质的接种单位,尤其是偏远的农村乡镇接种点。既没有药品经营资质,也没有冷链条件,非法从事疫苗经营活动的违法分子,长时间将大量疫苗流入非法渠道,说明食品药品监督管理工作中存在漏洞。截至2016年,中国具有药品检查资质的不足500人,但药品生产企业有5 000余家,药品零售企业40万家,监管存在盲区。

随着案件调查的不断深入,暴露出一些深层次问题,为进一步督促查清案件,严惩不法分子,依法依规追究相关人员责任,并进一步建立健全监管机制、完善法律法规,完善疫苗生产、流通、接种全过程监管制度,2016年3月28日,中华人民共和国国务院批准组织山东济南非法经营疫苗系列案件部门联合调查组,开展案件调查、处理工作,并提出完善疫苗监管工作意见。部门联合调查组由国家食品药品监督管理总局局长任组长,卫生计生委、公安部、监察部、国家食品药品监督管理总局负责同志任副组长,中央宣传部、中央网信办、最高人民检察院派员参加。调查组下设专家委员会。同日,国务院成立工作督查组,对调查工作进行全程督查指导。在国务院的领导下开展工作,调查及督查结果将及时向社会公布。

2016年4月13日国务院总理李克强主持召开国务院常务会议,听取山东济南非法经营疫苗系列案件调查处理情况汇报,决定先行对一批责任人实施问责;通过《国务院关于修改〈疫苗流通和预防接种管理条例〉的决定》,强化制度监管。

会议指出,疫苗质量安全事关人民群众尤其是少年儿童的生命健康,是不可触碰的"红线"。目前各地已立案刑事案件192起,刑事拘留202人。根据已查明情况,会议决定,依法依纪对食品药品监管总局、卫生计生委和山东等17个省(区、市)相关责任人予以问责,有关方面先行对357名公职人员予以撤职、降级等处分。

截至2016年4月14日,全国检察机关已对公安机关立案侦查涉及158人的案件提前介入或准备提前介入;检察机关已对涉嫌非法经营疫苗犯罪的27人批准逮捕。检察机关在办理该系列案件中已立案侦查职务犯罪5人,建议行政执法机关移送涉嫌犯罪案件线索1件,监督公安机关立案1人。

截至 2016 年 4 月 25 日,已查实 45 家涉案药品经营企业存在编造药品销售记录、向无资质的单位和个人销售疫苗等生物制品、出租出借证照、挂靠走票等行为,严重违反了《中华人民共和国药品管理法》《疫苗流通和预防接种管理条例》《药品经营质量管理规范》等法律法规及规章制度,有关地方食品药品监管部门正在对上述企业依法予以查处。其中,拟吊销《药品经营许可证》的企业 41 家(包括取缔 2 家)。上述企业中涉嫌犯罪人员,当地食品药品监督管理部门已移送公安机关调查并追究其刑事责任。各有关地方食品药品监督管理部门正在对违法企业履行行政处罚程序,待处罚决定作出后,将按照有关规定向社会公开行政处罚案件信息及有关责任人员信息。

2. 后续影响

2.1 信任危机

过去 6 年,世界卫生组织曾对中国开展两次深入的独立评估,结果均达标。通过联合国儿童基金会的采购招标程序,国药中生成都公司生产的 178.9 万人份乙脑减毒活疫苗于 2015 年 2 月完成了对老挝的交货工作,成为联合国儿童基金会采购的第一种中国疫苗。这也是全球免疫联盟第一次采用来自中国的疫苗。我国疫苗生产获得国际认可。

但是,此次非法疫苗经营事件可能带来的最大不良后果不是变质疫苗本身,而是公众对疫苗接种工作的抵触和不信任。一些人开始犹豫,甚至质疑我国的疫苗接种制度。受此影响,一篇名为《带孩子去香港打疫苗全攻略》的文章在内地社交平台流传,建议中国内地家长带孩子到中国香港地区接种疫苗,这令香港地区民众担心出现"疫苗荒"。首届中国流感高峰论坛的某中国工程院院士在接受采访时表示,疫苗产生的毒副作用几率非常低,但如果碰上一例,再加上山东疫苗事件的影响,很容易让人产生联想并造成恐慌。应该打的疫苗,特别是很多孩子应该打的疫苗,人们会因为担忧产生很多副作用而不打,这很不恰当。他进一步指出,山东疫苗事件确实说明了很严重的问题,严肃的疫苗工作存在管理监督不到位的问题,但不能因为这事就毁掉整个中国的疫苗防疫工作。毕竟几十年来,中国在消灭脊髓灰质炎、百日咳等方面取得了很大的成绩。他认为,我国香港地区用的疫苗不一定比内地好,也不一定适合内地人使用,所以如果能通过正规的渠道,在正规的防疫部门使用正规产品,他建议还是使用国内的疫苗。

中国疾控中心有关负责人介绍,下一步,疾控中心将采取多项措施,让公众对接种疫苗更放心。一是按照要求做好疫苗采购工作,所有疫苗通过省级公共资源交易平台采购。二是确保疫苗储存和运输都处于规定的温度环境,做好温度监控。疾病预防控制机构和接种单位应该索要疫苗储存和运输全过程的温度监控记录。三是严格按照《预防接种工作规范》接种疫苗,在预防接种证、卡和信息化系统中详细做好记录。四是加强针对受种者的宣传沟通,在实施接种前,充分告知其所接种疫苗的品种、作用、禁忌、不良反应及注意事项,询问受种者健康状况及是否有接种禁忌等情况,并如实记录告知和询问情况,做好接种后留观等工作。

2.2 监管问题

新浪财经专家观点：疫苗事件凸显监管缺位,多部门监管或是原因之一

疫苗尤其是儿童用疫苗从生产、流通,再到医疗机构或卫生防疫部门对人体的注射环节整个过程,均应处于受监控状态,这种监控不仅包括电子码、配送采购标准等常态化监管,监管部门卫生计生委、食品药品监管总局及其分支机构在必要情况下还应直接介入疫苗生产、流通全过程,确保疫苗不存在质量问题。此次非法疫苗事件明显折射出监管不力甚至监管缺失,两个关键数据可以佐证：一是犯罪嫌疑人非法贩卖疫苗长达 5 年之久；二是非法疫苗案值 5.7 亿元,辐射全国逾 20 个省市。

疫苗采购、招标有明确的规定,尤其是此次涉案的二类疫苗甚至明确规定哪些单位具备采购资格、哪些企业可参与疫苗招标、以何种程序参与招标等。非法疫苗事件表明,这个几乎等同于法定的过程被人为忽略,犯罪嫌疑人可堂而皇之与疫苗生产厂家进行交易。所以,疫苗从出厂到流通之间并非没有部门监管,而是愿不愿意监管,以及监管是否具备力度。从这个意义上说,此次疫苗事件,不是缺少监管部门,也不是缺少监管手段,而是相关部门缺少对法律法规的敬畏,相关责任人不履职或者滥履职。

人民网专家观点:以两只手构建疫苗信任

复盘这起非法疫苗经营案,会发现其中包含几个关键步骤。首先,一些药品批发企业、疾控机构和接种单位,出于逐利的动机大量购入二类疫苗,但实际接种量难以预测,于是产生临期过期疫苗。其次,疫苗贩子通过网络联系上下线非法经营人员,掌握各地临期过期疫苗供需信息。接着疫苗贩子通过虚构购销流向逃避监管,为降低成本脱离冷链运输和储存,将低价购入的临期过期疫苗加价跨区域"窜货"。最后,其他地区的疾控机构和接种单位低价从非法渠道购入二类疫苗,从中获得高额加价收益。

显然,整个链条中存在一些地方政府监管和市场机制的"双重失灵"。案件暴露出少数地方疫苗质量监管和使用管理不到位、对非法经营行为发现和查处不及时、一些干部不作为、监管和风险应对机制不完善等问题。而本应是公益性为主的疫苗接种行为,却在一些地方异化为疫苗推销的商业化、营利性行为,甚至滋生寻租和腐败。只有让政府和市场各归其位,才能构建起二类疫苗安全治理的长效机制。一方面,政府要提供好的制度环境,并扮演"监管"角色。例如,改变分段监管的"碎片化"行政体制,加强监管政策的连续性,提升药品监督管理部门的监管能力和权威性,真正建立疫苗从生产到使用的全程追溯制度。另一方面,市场要在疫苗安全治理中发挥基础性作用。例如,实现二类疫苗需求和购销信息公开透明,引入市场化配送服务,防止形成行政垄断;建立临近过期疫苗补偿机制,通过商业保险或政府回购补偿企业潜在损失,从源头杜绝疫苗非法流通。

国务院关于修改《疫苗流通和预防接种管理条例》的决定

山东济南非法经营疫苗系列案件发生后,国务院高度重视,作出重要批示并明确要求研究完善长效机制,抓紧修改《疫苗流通和预防接种管理条例》。为此,国务院法制办公室会同国家食品药品监督管理总局、卫生计生委,认真研究案件调查组关于山东济南非法经营疫苗系列案件调查报告中提出的问题和完善疫苗经营、预防接种管理制度的建议,起草了条例的修改方案,经征求发展改革委、公安部、监察部、财政部、人力资源社会保障部、商务部、质检总局等有关部门的意见并进行协调,修改形成了《国务院关于修改〈疫苗流通和预防接种管理条例〉的决定(草案)》。

2016年4月23日国务院总理李克强签署第668号国务院令,公布《国务院关于修改〈疫苗流通和预防接种管理条例〉的决定》(以下简称《决定》),自公布之日起施行。《决定》主要针对山东济南非法经营疫苗系列案件暴露出来的问题进行了修改,主要体现在四个方面。首先,改革了二类疫苗的流通方式,取消疫苗批发企业经营疫苗的环节,明确将疫苗的采购全部纳入省级公共资源交易平台。二类疫苗由省级疾病预防控制机构组织在平台上集中采购,由县级疾病预防控制机构向疫苗生产企业采购后供应给本行政区域的接种单位。同时,疾病预防控制机构、接种单位要建立真实、完整的购进、接收等记录,做到票、账、货、款一致。其次,强化了疫苗全程冷链储运管理制度,明确配送责任,强化储运的冷链管理,要求疫苗储运全过程不得脱离冷链并定时监测记录温度,部分疫苗还应加贴温控标签,同时在疫苗接收环节增设索要温度监测记录的义务。再次,完善了疫苗全程追溯管理制度,规定国家建立疫苗全程追溯制度,相关企业和单位应记录疫苗流通、使用信息,实现疫苗最小包装单位的全程可追溯;对包装无法识别、来源不明等情形的疫苗,要如实登记并向药品监管部门报告,由监管部门会同卫生主管部门监督销毁。最后,加大了处罚及问责力度,对未在规定的冷藏条件下储运疫苗等严重违法行为提高了罚款额度、增设了禁业处罚,增加了地方政府及监管部门主要负责人应当引咎辞职的规定,并完善了与刑事责任的衔接。

案例使用说明

1. 教学目的与用途

（1）本案例适用于保险专业硕士《风险管理》课程。

（2）本案例的教学目标：使学生掌握风险管理的流程，理解风险识别、风险评估和风险管理的方法，学会针对相关事件进行风险分析，培养学生将风险管理理论应用于实践的能力，提高他们解决实际问题的能力。

2. 启发思考题

（1）风险识别的方法有哪些？基于山东非法疫苗案，可以识别出哪些相关的风险？

（2）基于这一风险事件，提出类似事件可以采取的风险紧急应对计划。

（3）保险是一种重要的风险管理措施，山东非法疫苗案是否可以通过保险来解决？分析可能的解决方案。

（4）山东非法疫苗案对风险管理者和监管者在以后的风险管理中有哪些借鉴或者启示？

3. 分析思路

案例的分析思路：首先说明了当前我国疫苗的发展情况和现状，其次转折引出备受关注的山东非法疫苗案，按照案件的发展顺序进行了描述，最后分析针对案件产生的后续影响，包括民众对疫苗的信任危机、专家提出的监管问题，以及政府的积极行为等。

4. 建议课堂计划

建议使用3—4课时进行讨论。

课前计划：事先发放案例材料。

课中计划：主持人要保持中立立场，组织同学开展讨论，尤其是站在决策者的立场上进行分析讨论；可以采用模拟会议的形式进行角色扮演。

课后计划：讨论结束后一定要求学生提交案例分析报告。

参考资料

[1] 疫苗之殇[EB/OL].易读网,2016-03.

[2] 疫苗事件背后是公众早已紧绷的神经[EB/OL].搜狐网,2016-03.

[3] 5.7亿未冷藏疫苗流入18省,是怎么发生的？[EB/OL].腾讯网,2016-03.

[4] 涉案5.7亿元问题疫苗流入18省份,专家:这是在杀人[EB/OL].新华网,2016-03.

[5] 问题疫苗名单公布,涉及全国24个省市,涉案金额达5.7亿元[EB/OL].中国网,2016-03.

[6] 疫苗"新政"的三大要点[EB/OL].全景网,2016-03.

[7] 我国疫苗生产获得国际认可[EB/OL].经济日报,2016-04.

[8] 卫计委:预防接种为孩子撑起"健康保护伞"[EB/OL].搜狐新闻,2016-04.

[9] 我们不该也不能放弃疫苗接种[EB/OL].光明网,2016-04.

[10] 两只手构建疫苗信任[EB/OL].人民网,2016-04.

[11] 疫苗事件凸显监管缺位,多部门监管或是原因之一[EB/OL].新浪财经,2016-03.

[12] 堵住疫苗监管漏洞[EB/OL].新华网,2016-05.

后危机时代 AIG 的风险对冲策略

张楠楠

摘　要：对冲是企业风险管理过程中最重要的一种策略,它是利用具有相反方向的现金流实现对整体现金流的风险削减活动。由于 AIG 在金融(次贷)危机中受损的主要起因是证券化资产组合及相关负债,因此本案例将从分析危机后 AIG 的风险管理动机出发,梳理 AIG 资产组合的风险特征与衍生工具组合(尤其是 CDS 组合)的特点,进而讨论其具体的风险对冲策略,并对对冲效果进行初步评价。

关键词：后危机时代　AIG　风险对冲

对冲是企业风险管理过程中最重要的一种策略。它的基本定义是利用具有相反方向的现金流实现对整体现金流的风险削减活动,也常被称为套期保值。① 对冲通常可以分为资产与负债两个方面的对冲。于保险公司而言,对其拥有的资产组合头寸进行套期保值,或对其拥有的保险类负债进行再保险保护是常见的对冲方式。由于 AIG(American International Group,美国国际集团)在金融(次贷)危机中受损的主要起因是证券化资产组合及相关负债,因此本案例将重点放在对金融类资产或负债价值波动风险进行的对冲活动上。

传统概念下,用于对冲的现金流通常来自不同市场的不同工具。例如,当经济主体拥有一定头寸的基础资产,相应衍生工具产生的相反到期收益则可以用来对冲资产价值下跌的风险。本案例中对冲的定义更为宽泛:第一,将以衍生工具产生的相反到期收益对冲风险的方式视为主动对冲;第二,将以衍生工具交易中产生的对价回报视为被动对冲;第三,将衍生工具自身正反头寸的交

---

① Neil A. Doherty.综合风险管理:控制公司风险的技术与策略[M].陈秉正,等译.北京:经济科学出版社,2005.

易也视为一种对冲方式。作者将从分析危机后 AIG 的风险管理动机出发,梳理 AIG 资产组合的风险特征与衍生工具组合的特点,进而讨论其具体的风险对冲策略。

1. 危机后 AIG 的风险管理动机

本文所提到的危机与 2007 年影响广泛的美国次贷危机有关,但更准确的指向为 2008 年 AIG 所遭遇的流动性危机,而危机后时代则指的是 AIG 摆脱流动性危机后的数年。

由于持有过多涉及以住房抵押信贷(含次级信贷)为基础的结构化证券,以及签发大量相应的超级信用衍生工具(即 super senior credit default swap,简称 CDS),伴随信贷资产违约率的上升,2008 年 AIG 经营由盈转亏,合并财务报表出现高达 1 042.96 亿美元的亏损(税前)[1],股票价格骤降,市场信任岌岌可危。出于对金融环境系统性崩溃的担心,政府自 2008 年 9 月起开始对 AIG 实施救助计划。9 月 16 日起,纽约联邦储备银行(以下简称纽约联储)获权向 AIG 提供持续的信贷流动性安排,对价是美国政府获得 AIG 79.9%的股东权益,以及中止向普通股与优先股持有人支付红利的权利。同时,AIG 与纽约联储、纽约梅隆银行(Mellon Bank)达成了 ML II 与 ML III 协议(ML 全称为 Maiden Lane),通过这些协议,AIG 与纽约联储与纽约梅隆银行通过购入 CDS 组合与 CDS 基础资产——多部门担保债务凭证(collateral debt obligations, CDO)的方式,终结和转移了大量 CDS 合约的负面影响。

AIG[2]在政府的支持下维持了自身偿付能力,而政府也通过股权收购成为 AIG 的最大股东。类国有化的股权结构使得 AIG 在日常运营、尤其是风险管理方面的侧重点发生了改变。根据 2009 年公司年报所示,公司在当年的优先任务除巩固国际国内市场业务之外,就是通过多种方式偿还政府债务,以及降低由于特定金融产品与衍生品交易造成的财务风险。这意味着在接下来的几年中,包含风险对冲在内的多种风险管理方式将在 AIG 的资产负债业务管理中体

---

[1] AIG. 2009 Annual Report [DB/OL]. 2010, http:// www.aig.com
[2] AIG. 2009 Annual Report[DB/OL]. 2010, http:// www.aig.com
Department of Treasury. Financial Regulatory Reform: A New Foundation[DB/OL]. http://www.treas.gov

现得更加显著。

来自公众的压力也是 AIG 加强风险管理、加大风险对冲力度的原因之一。由于 CDS 组合亏损的影响,AIG 股价年最低收盘价从 2007 年的 51.33 美元跌至 2008 年的 1.35 美元①,而 AIG 经营状况的低迷也带给证券市场和关联资产巨大冲击,这些导致了投资者的重大损失。在 2008 年 5 月 21 日至 2009 年 1 月 15 日之间,有八宗证券集体行动诉讼备案纽约地区法院,起诉对象为 AIG 及其旗下子公司 AIGFP(AIG Financial Products,CDS 合约的主要签发者)的一些高层管理者、外部监督者及证券发行承销商(underwriters of securities offering)。② 这些外部起诉从另一个角度推动了 AIG 的内部风险管理活动。

2. 危机后 AIG 资产组合的风险状况

对于 AIG 而言,流动性危机诱发的原因之一是其金融资产组合中纳入了较高比例的结构化证券产品,其中包含大量的 RMBS(residential mortgage-backed securities,住房抵押贷款支持证券)、CMBS(commercial mortgage-backed securities,商业房屋抵押支持证券),以及少量的 CDO 和 ABS(asset-backed securities,资产支持证券)。其中以 RMBS 类型最多,它既包括以普通住房抵押贷款为基础资产的结构化证券(如 US agencies,prime non-agency),以次级贷款为基础资产的结构化证券(subprime),也包括风险介于二者之间的结构化证券(Alt-A)。房地产信贷市场,尤其是次级贷款市场的崩溃带来 RMBS 及其他结构化证券组合的贬值,也进而导致大规模资产非暂时性减计(other-than-temporary impairments,简称 OTTI),成为财务损失的主要来源。危机之后,如何通过调整资产组合头寸和结构消化证券化资产组合带来的损失,同时加强内部风险分散,成为 AIG 在投资方面的主要任务。

表 1 给出了 2009—2012 年结构化证券组合及其他种类可售证券的摊余成本、公允价值和未实现净利得等情况。之所以选择这一时间区间,既是为了方便对危机前后的财务状况进行对比,也是因为相对较近的年份更能体现流动性

---

① AIG. 2009 Annual Report [DB/OL]. 2010, http://www.aig.com
② AIG. 2009 Annual Report [DB/OL]. 2010, http://www.aig.com

危机对 AIG 风险对冲策略的影响。

如表1所示，从投入成本看，危机后的 AIG 全线收缩了金融资产头寸，金融资产总成本由2009年的3 709.55亿美元降至2012年的2 477.89亿美元，这其中尤其更多减持了风险程度较高的资产种类，以降低投资组合的整体风险。

首先，存在较为严重信用风险暴露的结构化证券（含抵押贷款支持证券、资产支持证券、担保债券）为重点减持对象，成本从2009年的588.01亿美元降至2010年的346.24亿美元，2011年增至505.50亿美元，最终于2012年降至487.69亿美元。随着资产头寸的减少，也随着信贷市场的好转，该类资产所带来的未实现资本损失逐渐减少，由2009年的102.97亿美元降至2010年的19.94亿美元、2011年的6.98亿美元，并最终于2012年由负转正，成为40.90亿美元的未实现资本利得。危机之前，AIG 持有的抵押贷款和相关资产支持证券中 RMBS 和 CMBS 头寸比例都较高，危机之后的2009年，带来最高未实现资本损失的54.28亿美元的 CMBS 资产被大量减持，从187.17亿美元降为96.99亿美元，使得证券化组合风险实现了较快下降。

其次，AIG 重点减持了市场风险程度较高的公司债券和外汇风险较高的非美国政府债券，减持额度分别为494.60亿美元和376.31亿美元。除此之外，AIG 还大幅减持了享受税收豁免但收益率较低的州/市政和分支机构债券，减持额度为192.82亿美元。由于政府债券通常被视为安全性较高的资产，所以这一举措可以被视为局部追求风险的行为。

最后，比例较小的美国政府债券、权益类证券投资的头寸也有所减少，但由于其本身在资产组合中的比重较小，减持额度也相对较小，对资产组合的影响也相对微弱。整体来看，AIG 资产调整的方向比较明显，一是为了匹配保险负债与提高资产组合的安全性，提高了固定收益证券的比例；2009年与2012年相比，固定收益证券比例由98%升至99%。二是为了提高资产组合的收益性，增加了固定收益证券中高收益证券的比例，随着信贷市场的好转，被视为主要风险源的结构化证券组合在总资产中的比例不降反升，从2009年的16%升至20%；而非美国政府债券也仍占据10%以上的份额。

根据以上几个方面的分析可知，尽管 AIG 投资风险整体会有所下降，但 AIG 需要重点关注的风险仍与危机前相同，即所有固定收益证券面临的利率风险、结构化证券组合面临的信用风险及非美元债券面临的外汇风险，而权益类

表 1 AIG 可售证券的摊余成本、公允价值和未实现净利得

（单位：百万美元）

资产种类	2012.12.31			2011.12.31			2010.12.31			2009.12.31		
	摊余成本/成本	未实现净利得	公允价值	摊余成本/成本	未实现净利得	公允价值	摊余成本/成本	未实现净利得	公允价值	摊余成本/成本	未实现净利得	公允价值
美国政府或相关发起主体	3 161	322	3 483	5 661	417	6 078	7 239	111	7 350	5 098	125	5 223
州/市政和分支机构债券	33 042	2 663	35 705	35 017	2 481	37 498	45 297	1 323	46 620	52 324	1 778	54 102
非美国政府债券	25 449	1 351	26 800	24 843	892	25 735	14 780	564	15 344	63 080	2 504	65 584
公司债	135 728	15 384	151 112	134 699	10 119	144 818	118 729	7 629	126 358	185 188	6 950	192 138
抵押贷款支持/资产支持/担保债券	48 769	4 090	52 859	50 550	(698)	49 852	34 624	(1 994)	32 630	58 801	(10 297)	48 504
RMBS	31 330	3 062	34 392	34 780	(176)	34 604	20 661	(853)	19 808	32 173	(3 849)	28 324
CMBS	9 699	435	10 134	8 449	(503)	7 946	7 320	(909)	6 411	18 717	(5 428)	13 289
CDO/ABS	7 740	593	8 333	7 321	(19)	7 302	6 643	(232)	6 411	7 911	(1 020)	6 891
可售债券总额	246 149	23 810	269 959	250 770	13 211	263 981	220 669	7 633	228 302	364 491	1 060	365 551
普通股	1 492	1 537	3 029	1 682	1 739	3 421	1 820	1 879	3 699	4 460	2 838	7 298
优先股	55	23	78	83	60	143	400	87	487	740	74	814
互助基金	93	12	105	55	5	60	351	44	395	1 264	146	1 410
可售权益类证券总额	1 640	1 572	3 212	1 820	1 804	3 624	2 571	2 010	4 581	6 464	3 058	9 522
合计	247 789	25 382	273 171	252 590	15 015	267 605	223 240	9 643	232 883	370 955	4 118	375 073

数据来源：AIG, 2008 Annual Report; 2009 Annual Report; 2010 Annual Report; 2011 Annual Report; 2012 Annual Report。

证券面临的市场风险、流动性风险也比较重要,但相对排序靠后。

3. 危机后 AIG 的风险对冲活动

与所有其他金融机构一样,AIG 通常使用利率类衍生合约、外汇类衍生合约、权益类衍生合约、商品类衍生合约、信用类衍生合约及合成类合约等多种衍生品工具对资产组合头寸面临的风险进行对冲。表 2 显示了与这些资产种类相对应的衍生工具的资产、负债名义总额与认可收益。

从表 2 可知,2009—2012 年,与 AIG 资产组合的三种主要风险相对应,衍生品交易额度(包含资产名义总额与负债名义总额)从大到小依次为利率类衍生品、信用类衍生品和外汇类衍生品。由于固定收益类债券比例增大,利率类衍生工具合同在所有交易工具中占据的份额显著最大。与此同时,与资产头寸的减少相对应,三种衍生品的交易额度也在逐年减少,包括被认定为对冲工具和未被认定为对冲工具的衍生品。

3.1 利率、外汇及其他类衍生品对风险的对冲

在各类主要衍生品合约中,不被认定为对冲工具的利率类合约交易的名义额度有较大幅度下降,下降幅度超过被认定为对冲工具的利率类合约,从 2009 年的 6 464.61 亿美元降至 2012 年的 1 269.45 亿美元。但可以看到的是,对于利率类衍生合约,资产的名义总额和公允价值大多时候高于负债的名义总额和公允价值,这意味着 AIG 较多通过持有衍生品多头头寸对固定收益证券进行主动的风险对冲,而 2011、2012 年利率合约负债名义总额反超资产名义总额,说明 AIG 也增加了利用空头进行被动风险对冲的比例,这或许与相对稳定的利率变动预期及日益高涨的外部风险转移工具成本有关,目的是降低利率风险的管理成本。

外汇与权益类合约交易额度也相应减少,降幅更小,但变化趋势与利率类合约相似,说明外汇市场、资本市场的稳定性有所增强,资产价格变动的对冲压力有所减小。但总体来看,利率合约负债净额几乎为零,外汇合约与权益合约的负债净额为负但绝对值较小,认可收益为正或较小的负数,意味着作为衍生品本身其头寸风险是可控的。

表2 AIG不同类型衍生工具的名义交易量与认可收益

(单位:百万美元)

		2012.12.31			2011.12.31			2010.12.31			2009.12.31		
		资产名义总额	负债名义总额	认可收益	资产名义总额	负债名义总额	认可收益	资产名义总额	负债名义总额	认可收益	资产名义总额	负债名义总额	认可收益
认定为对冲工具的衍生品	利率类合约			87		481	89	1 471	626	75	10 612	3 884	277
	外汇类合约			0		180	0						
未被认定为对冲工具的衍生品*	利率类合约	63 463	63 482	(241)	72 660	73 248	603	150 966	118 783	254	345 614	300 847	726
	外汇类合约	8 325	10 168	96	3 278	3 399	137	2 495	4 105	(123)	16 662	9 719	(578)
	权益类合约	4 990	25 626	(641)	4 748	18 911	(263)	5 002	1 559	4	8 175	7 713	(876)
	商品类合约	625	622	(1)	691	861	4	944	768	1	759	381	
	信用类合约	70	16 244	641	407	25 857	337	2 046	62 715	1 227	3 706	190 275	(703)
	其他合约**	20 449	1 488	6	24 305	2 125	47	27 333	16 297	968	34 605	23 310	2 088
	合计	97 922	117 630		106 089	125 062		190 257	204 853		420 133	536 129	1 739

数据来源:AIG, 2008 Annual Report; 2009 Annual Report; 2010 Annual Report; 2011 Annual Report; 2012 Annual Report。

注: * AIG将GCM (Global Capital Markets, AIG内部的衍生品交易中介)与第三方交易的某些衍生品,包括利率与外汇互换合约认定为对冲工具,但实际起到风险对冲作用的衍生品不限于此。

** AIG将除认定为对冲工具意外的衍生品归入此类,但如前所述,尽管未在会计上被认定为对冲工具,这部分工具实际也发挥风险对冲作用。

3.2 信用类衍生品对风险的对冲

交易名义额度降幅最大的当属信用类衍生合约。如表2所示,2009年年末,信用类衍生合约交易的名义总额仅次于占比最大的利率类衍生合约,2012年年末,交易的名义额度已经低于外汇合约。而与其他衍生品不同的是,该类合约资产的名义总额和公允价值在这几年中均大大小于负债的名义总额和公允价值,且由于信用类合约里主要包含AIGFP签发的各类超级信用衍生工具(即CDS合约),可知AIG仅持有少量衍生品多头头寸对资产组合的信用风险进行了有限对冲,更多是以持有空头的形式进行被动对冲乃至投机。

但四年中资产负债名义总额之间的差异还是大大缩小了。2009年信用类合约负债名义总额为1 902.75亿美元,资产名义总额仅为37.06亿美元。2012年年末,资产名义总额降为0.70亿美元,负债名义总额则大幅降至162.44亿美元。无论负债名义总额的下降是ML(Maiden Lane)财务安排还是公司交易的结果,信用类合约负债净额的减少都说明AIG吸取了危机教训,增加了主动对冲的比例,同时通过建立衍生品相反头寸,努力减少信用类合约的风险暴露,对冲负债方面的风险。

如前所述,信用类衍生合约以资本市场CDS组合为主,2009年之后,与结构化证券组合结构变化相对应,AIG也通过建立不同的抵补型头寸来调整CDS组合结构。如表3所示,基于资产头寸的大幅减少,AIG在最大程度上减少了住房抵押贷款相关衍生品(包括RMBS、CMBS等)的负债净额,从2009年的932.76亿美元降至2012年的0.97亿美元,从CDS组合中的最高占比变为最低占比。同时AIG适度削减了以多部门CDO为基础的CDS合约和公司债(corporate debt)担保贷款凭证(collateralized loan obligation,CLOs)的负债头寸,以减少这些工具曾经产生过的未实现市场估值损失。

表3 不同类型CDS合约的负债净额和未实现市场估值盈利

(单位:百万美元)

基础资产类型	负债净额		未实现市场估值盈利		负债净额		未实现市场估值盈利	
	2012	2011	2012	2011	2010	2009	2010	2009
公司贷款	—	1 830	—	—	5 193	55 010	—	—

(续表)

	负债净额		未实现市场估值盈利		负债净额		未实现市场估值盈利	
住房抵押贷款	97	3 653	—	6	31 613	93 276	53	137
其他		887	9	8	1 263	1 760	4	35
多部门 CDOs	3 944	5 476	538	249	6 689	7 926	663	(669)
公司债/担保贷款凭证	11 832	11 784	67	44	12 269	22 076	(67)	1 863
合计	15 873	23 630	614	307	57 027	180 048	653	1 366

数据来源：AIG, 2009 Annual Report；2010 Annual Report；2011 Annual Report；2012 Annual Report。

由于信贷市场的逐渐好转，不同类型的 CDS 合约纷纷扭亏为盈，信用类合约的认可收益在过去的四年中总体保持了正的态势，表明流动性危机的负面影响在被逐渐消化，资产与负债方面的对冲效果都有所显现。

4. 风险对冲的效果

经过以上分析可知，虽然衍生品总交易额度有一定下降，但 AIG 整体保持了比危机之前更为积极的风险对冲策略，这体现在衍生品交易量根据资产头寸的变化进行灵活调整，主动对冲在整体对冲的交易量中比例上升，以及积极建立衍生品相反头寸对冲负债风险等方面。但需要注意的一点是，对于引发公司流动性危机的信用风险，AIG 虽然减少了信用类衍生品合约（主要为 CDS）的净负债头寸，但与其他合约相比采取的仍然是较为消极被动的对冲方式，或者说较为激进的投资方式，这或许与 AIG 对信贷市场触底反弹的基本市场判断有关。

经过政府财务安排和自身风险管理决策，经过主动或被动、资产或负债方面的对冲，AIG 转移了自身面临的主要风险，也自留了部分风险，对冲效果究竟如何，我们可以从 2008 年前后的财务数据得出粗略结论。

表 4　AIG 合并财务报表

(单位:百万美元)

	2012	2011	2010	2009	2008
总收入合计	65 656	59 812	72 829	70 173	(11 777)
保费收入与其他对价	40 802	41 695	48 029	51 239	63 137
净投资收益	20 343	14 755	20 934	18 992	10 453
净实现资本利得(损失)	929	701	(716)	(3 787)	(50 426)
其他收入*	3 582	2 661	4 582	3 729	(34 941)
保单赔付及费用合计	56 334	59 696	52 582	86 200	92 519
连续业务的税前利润	9 322	116	20 247	(16 027)	(104 296)

数据来源:AIG, 2008 Annual Report; 2009 Annual Report; 2010 Annual Report; 2011 Annual Report; 2012 Annual Report。

注:*其他收入中包含衍生品工具,例如 CDS 组合的未实现市场估值盈利以及来自 DIB(Direct Investment Book,直接投资目录)的收益。

如表4所示,2008年,由于资产头寸产生高额净实现资本损失,以及以 CDS 组合为主的衍生品产生高额未实现市场估值损失,AIG 当年承担了1 042.96亿美元的亏损。2009年,资产组合仍存在37.87亿美元的净实现资本损失,但以衍生品未实现市场估值为主的其他收入则转变为37.29亿美元的盈利,这使得当年 AIG 的总收入实现了701.73亿美元,亏损大幅减少。此后的2010年和2011年,正的其他收入项均对负的净实现资本损失项进行了抵补。而随着资产组合的净实现资本损失持续下降,2011年和2012年,AIG 的财务报表同时实现了正的净实现资本利得与其他收入项。稳定的收入流使得 AIG 的税前利润得到了巩固,利润波动性也有所下降,整体来看,AIG 风险对冲策略初见成效。

案例使用说明

1. 教学目的与用途

本教学案例编写的目的是通过梳理 AIG 在美国后危机时代(本文选取时段为金融危机后的 2009 年至 2012 年间)资产组合的风险状况,帮助学生深入分析 AIG 为降低公司风险所采取的全方位、多层次的风险对冲策略,大致评估其运用利率、外汇、信用类衍生品及其他类型衍生品对风险进行对冲的市场效果。

案例提炼了 AIG 年报及相关财务报表所反映的公司风险信息与对冲活动信息,可以帮助学生了解金融危机后 AIG 的真实状态,进而引导学生思考如何在市场实践中采取多种类型的风险对冲方式来转移企业所面临的系统性风险。除引导学生将日常学到的风险管理及财务知识运用到实际案例的分析中来以外,案例使用者也可以帮助学生掌握针对特定事件搜集相关支持资料和数据的具体方法。

本案例主要适用于《风险管理》《保险学》等课程,适用对象为保险专业的本科生与硕士生。其中,在本科生教学中使用时,可重点理清 AIG 进行风险对冲的逻辑与过程,使学生对系统性风险及其处理方式有较为清晰的了解。在研究生教学中使用时,可延伸讲解 AIG 进行风险对冲的操作细节,鼓励学生挖掘进一步的数据和模型信息,使学生了解结构化证券、金融衍生工具的基本特征、作用及局限性。

2. 启发思考题

(1) 结合图表说明,AIG 在后危机时代资产组合结构发生了怎样的变化?需要对冲的主要风险有哪些?

(2) 结合案例内容,你认为 AIG 采取了哪些具体措施来进行风险对冲?所涉及的衍生工具有哪些?

(3) 你认为 AIG 的风险对冲方式对于同类型企业的风险管理是否具有借鉴意义?请说明原因。

(4) AIG 的风险对冲取得了怎么样的财务效果?较强的风险对冲能力是否会削弱企业的风险预防与控制动机?如果是,监管部门应如何应对?

3. 理论依据与分析思路

（1）理论依据

本案例的理论依据涉及风险管理理论中的风险管理动机、风险敞口、风险对冲工具与运用等概念及原理。

案例从 AIG 风险管理动机出发，通过 AIG 资产组合结构变化，对 AIG 在危机后面临的主要风险进行了分析。从数据可知，AIG 资产组合风险整体在危机后有所下降，但 AIG 需要重点关注的风险种类仍与危机前相似，即所有固定收益证券面临的利率风险、结构化证券组合面临的信用风险及非美元债券面临的外汇风险。

在风险对冲过程中，利率类衍生合约资产的名义总额和公允价值大多数时候高于负债的名义总额和公允价值，这意味着 AIG 较多通过持有衍生品多头头寸对固定收益证券进行主动的风险对冲，而 2011 年、2012 年利率合约负债名义总额反超资产名义总额，说明 AIG 也增加了利用空头进行被动风险对冲的比例。外汇与权益类合约交易额度也存在相应减少，虽然降幅较小，但变化趋势与利率类合约相似，说明外汇市场、资本市场的稳定性有所增强，资产价格变动的对冲压力有所减小。

与其他衍生品不同的是，信用类衍生合约资产的名义总额和公允价值在这几年中均大大小于负债的名义总额和公允价值，由于信用类合约里主要包含 AIGFP 签发的 CDS 合约，可知 AIG 仅持有少量衍生品多头头寸对资产组合的信用风险进行了有限对冲。但四年中资产负债名义总额之间的差异还是大大缩小了，无论负债名义总额的下降是 ML 财务安排还是公司交易的结果，信用类合约负债净额的减少都说明 AIG 吸取了危机教训，增加了主动对冲的比例，同时通过建立衍生品相反头寸，努力减少信用类合约的风险暴露，对冲负债方面的风险。

在讨论 AIG 风险对冲过程时，案例涉及了众多传统和新兴的风险管理工具。学生在《风险管理》《保险学》或《金融学》中所学的知识有助于他们理解 CDS、CDO、RMBS、利率类/外汇类信用衍生品等相关金融产品的内涵与性质，也有助于理解 AIG 在对冲资产与负债组合风险时所依据的基本原理。同时，学生在《保险会计》和《财务管理》中所学的基本知识也将有助于他们理解 AIG 的财务报表,以及解读报表中各项财务指标的意义。

(2) 分析思路

简要介绍 AIG 在金融危机中所受到的影响,以及其在金融危机后的风险管理动机。分析 AIG 在金融危机后资产组合结构的变化,对 AIG 所面临的系统性风险进行排序和说明。以 AIG 的主要资产风险敞口为基础,分析 AIG 运用利率、外汇、信用类衍生品及其他类型衍生品进行的风险对冲活动。根据合并财务报表数据,简要评估 AIG 进行风险对冲的效果。

4. 建议课堂计划

本案例可以作为专门的案例讨论课来进行。课堂时间建议控制在 100 分钟以内。

课堂计划:

(1) 教师发言,明确案例与课程的哪些章节相关,案例讨论的目的是什么(5 分钟)。

(2) 发放案例材料,提出启发思考题,学生完成对案例的阅读和初步思考(15—20 分钟)。

(3) 将学生分组,并根据案例内容将不同主题分配给不同组别,各组同学进行集中讨论,并拟定发言提纲(30 分钟)。

(4) 根据讨论结果,请各组分别发言,可以幻灯片或板书相辅助(每组 5 分钟左右,总时间长度控制在 30 分钟以内)。

(5) 引导全班进一步讨论,并由教师进行归纳总结,布置课后作业(15—20 分钟)。

5. 案例的后续进展

危机后四年中,随着对冲活动的展开,AIG 财务报表同时实现了正的"净实现资本利得"与"其他收入"项,稳定收入流使得 AIG 的税前利润得到了巩固,利润的波动性也有所下降。近几年来,由于资本市场低迷、业务执行成本上升,以及内部产品结构调整等原因,AIG 的税前利润总额相比 2012 年出现了较为连续的下降,但由于在资产与负债方面都保持了较强的风险对冲意识,利润总额的下降总体来看是适度、可控的。与此同时,由于系统性风险的降低,资本市场对 AIG 的预期普遍好于 2012 年之前,其普通股账面价值从 2012 年的每股 57.87

美元升至 2015 年的每股 72.97 美元,说明投资者不再需要过高的风险溢价补偿,上升的股票价值为 AIG 创造了更多的资本缓冲空间。

参考文献

[1] Neil A. Doherty.综合风险管理:控制公司风险的技术与策略[M].陈秉正,等译.北京:经济科学出版社,2005.

[2] AIG.2008 Annual Report [DB/OL]. 2009, http://www.aig.com

[3] AIG.2009 Annual Report [DB/OL]. 2010, http://www.aig.com

[4] AIG.2010 Annual Report [DB/OL]. 2011, http://www.aig.com

[5] AIG.2011 Annual Report [DB/OL]. 2012, http://www.aig.com

[6] AIG.2012 Annual Report [DB/OL]. 2013, http://www.aig.com

[7] AIG. Fourth Quarter 2010 Results, Conference Call Presentation [DB/OL]. 2011-02-25, http:// www.aig.com

[8] AIG. Fourth Quarter 2012 Results, Conference Call Presentation [DB/OL], 2013-02-22, http:// www.aig.com

[9] Department of Treasury. Financial Regulatory Reform: A New Foundation [DB/OL]. http://www.treas.gov

[10] Leland, Hayne E. Agency costs, risk management, and capital structure[J]. Journal of Finance, 1998, 53: 1213-1243.

[11] Smith, Clifford W Jr, and Rene Stulz.The determinants of firm's hedging policies[J]. Journal of Financial and Quantitative Analysis, 1985, 28: 391-405.

[12] Subprime mortgage crisis. 2007-2012 Global Financial Crisis, and Liquidity Crisis of September [DB/OL]. 2008, http://en.wikipedia.org/wiki/AIG

[13] www.federalreserve.gov

[14] www.naic.org

大型国有企业全面风险管理研究：
鞍钢集团公司的重组之路[①]

薛 梅

摘 要：当前,我国企业风险管理水平整体处于初级水平,全面风险管理作为一种新理论,人们对它的认识还远未成熟,对其内在机理和本质规律的深层次的把握和应用更遑论及。因此,在实践中完善全面风险管理的方法体系和分析工具,使更多的企业、尤其是大型国有企业尽快建立并有效运行全面风险管理,符合国务院国有资产监督管理委员会的要求和企业自身健康持续发展的需要,是目前该领域急需解决的重要课题。

在改革日益深化的背景下,众多国有企业纷纷走上兼并重组之路,逐步丧失原有的政策优势、资源优势及规模优势,面临着更加复杂、严峻的风险环境。本案例以鞍钢集团公司重组之后面临的一系列风险为研究背景,运用全面风险管理的理论方法和工具,建立风险评估、风险应对和风险监控的流程与方案,构建全面风险管理体系,建立全面风险管理的实施模型,对我国准备或正在开展全面风险管理的国有企业具有一定的参考和借鉴意义。

关键词：企业风险管理 全面风险管理

鞍山钢铁集团公司始建于1916年,是中华人民共和国第一个恢复建设的大型钢铁联合企业和最早建成的钢铁生产基地,被誉为"中国钢铁工业的摇篮""共和国钢铁工业的长子"。2010年5月,鞍山钢铁与攀钢集团有限公司重组成立鞍钢集团公司,成为我国第二大钢铁集团,鞍钢由此走上重组之路。

---

① 本案例是在中央财经大学本科生科研创新项目《针对6项重大风险的内部控制体系研究——以某特大型中央企业为例》的基础上修改而成,项目组成员包括王硕、李倩、杨珺雅、殷佳薇等。

1. 鞍钢集团概况

鞍钢集团公司(简称鞍钢集团或鞍钢)成立于2010年5月,由鞍山钢铁集团公司(简称鞍山钢铁)和攀钢集团有限公司(简称攀钢)联合重组而成。鞍山钢铁始建于1916年,是新中国第一个恢复建设的大型钢铁联合企业和最早建成的钢铁生产基地,被誉为"中国钢铁工业的摇篮""共和国钢铁工业的长子";攀钢是世界最大的产钒企业,是我国最大的钛原料和重要的钛白粉生产基地及重要的铁路用钢、无缝钢管、特殊钢生产基地。重组后的鞍钢集团已形成跨区域、多基地、国际化的发展格局,成为国内布局完善、最具资源优势的钢铁企业。曾获得国家首批"创新型企业"、首批"全国企事业知识产权示范单位"荣誉称号和国家认定企业技术中心成就奖。是国内首家具有成套技术输出能力的钢铁企业。2011年迈入世界500强榜单。目前,鞍钢集团具备钢铁产能3 860万吨。

2. 重组后面临的重大及一般风险

重组后的鞍钢集团生产规模扩大、经营范围增加,面临的风险更加复杂、多变。按照对企业的影响程度,将风险划分为重大风险、重要风险和一般风险三类,如表1所示:

表1 鞍钢集团公司2013年风险清单

重大风险		重要风险		一般风险	
序号	风险名称	序号	风险名称	序号	风险名称
1	战略规划风险	1	金融资产投资风险	1	信息系统运维风险
2	海外项目投资风险	2	预算管理风险	2	技术研发风险
3	战略投资风险	3	一般股权投资风险	3	民主管理程序缺失风险
4	现金流风险	4	生产性投资风险		
5	集团管控风险	5	政策风险		
6	人力资源风险	6	安全风险		
		7	环保风险		

(续表)

重大风险		重要风险		一般风险	
序号	风险名称	序号	风险名称	序号	风险名称
		8	审计风险		
		9	信息系统安全风险		
		10	重大决策法律风险		
		11	合规法律风险		
		12	声誉风险		
		13	监察风险		
		14	法律纠纷风险		
		15	市场营销风险		
		16	采购风险		
		17	价格风险		

数据来源：2014年鞍钢集团公司年度报告。

3. 全面风险管理体系的构建

全面风险管理指企业围绕总体经营目标，通过在企业管理的各个环节和经营过程中执行风险管理的基本流程，培育良好的风险管理文化，建立健全风险管理策略、风险理财措施、风险管理组织体系、风险管理信息系统和内部控制系统等全面风险管理体系，实现风险管理总体目标的过程和方法。

3.1 全面风险管理的流程

全面风险管理的流程如图1所示。

3.2 风险评估

风险评估是指根据内外部环境的变化，对影响企业战略目标和经营目标实现的风险进行风险辨识、风险分析和风险评价。总部部门、子企业每年年初开展一次定期风险评估；并可针对重要业务流程和专项领域随时开展风险评估，对风险管理信息实行动态管理。总部部门、子企业在开展风险辨识、分析、评价工作中，应将定性与定量方法相结合。定性方法可采用问卷调查、集体讨论、专

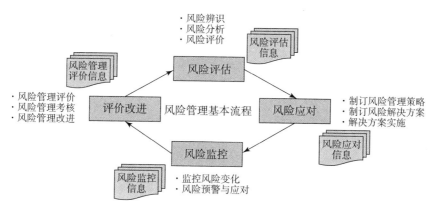

图 1　全面风险管理的流程

家咨询、情景分析、政策分析、行业标杆比较、管理层访谈、工作访谈和调查研究等。定量方法可采用统计推论、事件树分析、计算机模拟等。在评估多项风险时,应根据对风险发生可能性的高低和对目标的影响程度的评估,绘制风险图谱,拟定风险清单。

按照风险评估标准,从风险发生可能性及产生影响两个维度开展风险评价工作,其中,"风险影响程度"①细分为经营目标实现、日常运营、财务、公司声誉、安全、环保六个子维度②,每个维度均采用 5 分制评价,选取最大值。见表 2 和表 3。

表 2　风险事件发生可能性评价标准

评估方法	1	2	3	4	5
标准说明	风险事件发生的可能性非常小,几乎不会发生	风险事件发生的可能性很小	风险事件有可能发生	风险事件很有可能发生	风险事件极有可能发生

---

① 影响程度是基于过去风险发生的平均影响程度,考虑现有管控措施,做出的对未来的判断。
② 经营目标实现考虑风险对预算指标、管理目标的影响;公司日常运营维度考虑风险对效率、质量、运营可持续性等方面的影响;财务影响维度考虑风险给公司造成的成本上升、收益下降或直接财产损失;公司声誉维度考虑风险对公司造成的声誉或企业形象方面的影响;安全维度考虑风险对职工或公众健康/安全的影响;环境维度考虑对环境的影响。

(续表)

评估方法	1	2	3	4	5
参照标准一	极低	低	中等	高	极高
参照标准二	X<5%	5%≤X<20%	20%≤X<35%	35%≤X<50%	X≥50%
参照标准三	各单位几乎都不发生	在个别单位较少发生	在少数单位较少发生 在个别单位较多发生	在部分单位较少发生 在少数单位较多发生 在个别单位经常发生	在多数单位较少发生 在部分单位较多发生 在少数单位经常发生
大型灾难事故参考标准	今后10年内发生的可能少于1次	今后5年内可能发生1次	今后3年内可能发生1次	今后1年内可能发生1次	今后1年内至少发生1次

注：参考标准一是用文字描述的方式评价日常运营中可能发生的风险；参考标准二适用于日常可能经常发生，可以用概率方法进行估计的风险；参考标准三适用于发生频率相对较低的风险；大型灾难事故参考标准适用于灾难和事故的可能性评价。

表3　风险事件影响程度评价标准

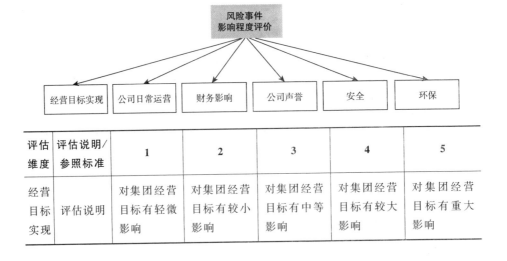

评估维度	评估说明/参照标准	1	2	3	4	5
经营目标实现	评估说明	对集团经营目标有轻微影响	对集团经营目标有较小影响	对集团经营目标有中等影响	对集团经营目标有较大影响	对集团经营目标有重大影响

（续表）

评估维度	评估说明/参照标准	1	2	3	4	5
经营目标实现	参照标准	对集团任一类预算指标有轻微影响	对集团任一类预算指标有较小影响	对集团任一类预算指标有中等影响	对集团任一类预算指标有较大影响	对集团任一类预算指标有重大影响
		影响集团某个一般管理类目标	影响集团某几个一般管理类目标	影响集团某一个重要管理类目标	影响集团某几个重要管理类目标	影响集团大部分重要管理类目标
		对流动资金有轻微影响 0<流动资产周转率<0.1次	对流动资金有较小影响 0.1次≤流动资产周转率<0.3次	对流动资金有中等影响 0.3次≤流动资产周转率<0.5次	对流动资金有较大影响 0.5次≤流动资产周转率<0.8次	对流动资金有重大影响 0.8次≤流动资产周转率<1次
		对集团利润预算指标有轻微影响 利润<1亿元	对集团任一类预算指标有较小影响 1亿元≤利润<2亿元	对集团任一类预算指标有中等影响 2亿元≤利润<4亿元	对集团任一类预算指标有较大影响 4亿元≤利润<8亿元	对集团任一类预算指标有重大影响 利润≥8亿元

注：重要管理类目标为战略规划中提及的集团要实现的管理目标，例如规模目标、盈利目标等。

流动资产周转率 = 销售收入／平均流动资产

风险事件影响程度评价					
评估维度	评估说明/参照标准	1	2	3	4	5
公司日常运营	评估说明	对集团正常运营有轻微影响	对集团正常运营有较小影响	对集团正常运营有中等影响	对集团正常运营有较大影响	对集团正常运营有重大影响

(续表)

评估维度	评估说明/参照标准	1	2	3	4	5
		风险事件影响程度评价				
公司日常运营	参照标准	影响集团某个一般业务类型/一般职能领域	影响集团部分一般业务类型/一般职能领域	影响集团某一主要业务类型/主要职能领域	影响集团部分主要业务类型/主要职能领域	影响集团大部分主要业务类型/主要职能领域
		对集团整体运营有轻微影响,短期内可自行消除	对集团整体运营有较小影响,短期内需付出一定代价恢复	对集团整体运营有中等影响,一定时间内需付出较大代价恢复	对集团整体运营有较大影响,较长时间内需付出较大代价恢复	对集团整体运营有重大影响,长期难以恢复

评估维度	评估说明/参照标准	1	2	3	4	5
		风险事件影响程度评价				
财务影响	评估说明	对财务指标有轻微影响	对财务指标有较小影响	对财务指标有中等影响	对财务指标有较大影响	对财务指标有重大影响
	参照标准一	负债总额<0.5亿元	5 000万元≤负债总额<1亿元	1亿元≤负债总额<10亿元	10亿元≤负债总额<30亿元	负债总额≥30亿元
	参照标准二	利润总额<0.01亿元	0.01亿元≤利润总额<0.05亿元	0.05亿元≤利润总额<0.1亿元	0.1亿元≤利润总额<0.5亿元	利润总额≥0.5亿元
	参照标准三	资产总额<8亿元	8亿元≤资产总额<24亿元	24亿元≤资产总额<48亿元	48亿元≤资产总额<80亿元	资产总额≥80亿元

评估维度	评估说明/参照标准	1	2	3	4	5
		风险事件影响程度评价				
公司声誉	评估说明	给集团造成轻微影响,短期内可自行消除	给集团造成较小影响,短期内需付出一定代价恢复	给集团造成中等影响,一定时间内需付出较大代价恢复	给集团造成较大影响,较长时间内需付出较大代价恢复	给集团造成极为重大影响,较长时间内需付出一定代价恢复

（续表）

评估维度	评估说明/参照标准	风险事件影响程度评价				
		1	2	3	4	5
公司声誉	参照标准	合作伙伴对产品质量、交货期、价格等条件基本满意，存在少量瑕疵	质量异议等突发情况导致合作伙伴抱怨，需对异议产品进行赔付，基本不影响合作	交货期过长、质量不稳定等时间频发，导致合作伙伴减少合作量	质量、交货期、价格等因素使合作伙伴持续抱怨，部分合作伙伴停止合作	各销售因素出现严重问题，大部分合作伙伴终止合作或减少合作量
		个别媒体出现了不利于公司品牌形象的负面报道	个别媒体出现负面报道，并经过多家转发，引起供方、客户开始关注	在一定范围内的负面报道，引起合作伙伴的普遍关注	在多家媒体上的负面报道，造成重要合作伙伴的关注和公司形象受到影响	在主流权威媒体上的负面报道，造成客户、供方与公司暂停合作
		产品应用过程中出现个别质量问题	产品应用中出现质量问题，引发客户不满或索赔	产品应用中出现质量问题，处理不当，造成客户对继续合作条件收紧	出现重大质量事故，造成合作无法继续进行，并间接影响了与同类客户的合作	产品应用于重点工程项目出现重大质量问题，造成了一定的社会影响，公众认可度下降
		发现假冒鞍钢产品的个别事件，造成客户抱怨	发生假冒事件，影响鞍钢客户正常的销售	发生假冒事件，影响鞍钢客户正常的销售，造成客户要求退货或澄清	发生假冒事件，影响正常销售渠道和回款，使公司和客户利益都受损	发生假冒事件造成恶劣影响，使公众的认可度和客户的忠诚度下降
		基本不会引起监管机构注意	监管机构开始关注集团负面消息	被监管机构要求内部整改	被监管机构通报或公开谴责	被监管机构勒令停业整顿

评估维度	评估说明/参照标准	风险事件影响程度评价				
		1	2	3	4	5
安全	评估标准	影响个别职工/公众健康/安全	影响极少数职工/公众健康/安全	影响少数职工/公众健康/安全	影响部分职工/公众健康/安全	影响一定数量职工/公众健康/安全
	参考标准	伤害	死亡	较大事故	重大事故	特别重大事故

(续表)

评估维度	评估说明/参照标准	风险事件影响程度评价				
		1	2	3	4	5
环保	评估标准	轻微的环境影响	一定的环境影响	中等程度的环境影响	较大的环境损害	严重的环境损害
	参考标准	对环境产生短暂的、可短期自行恢复的不利影响	污染和破坏行为造成千元以上、万元以下损失的	污染和破坏事故造成万元以上损失，有人员中毒症状、引起厂群冲突等	污染或事故造成5万元以上损失，人员明显中毒或辐射伤害或致残，对环境造成较大伤害	污染或破坏造成10万元以上损失，人群出现明显中毒或辐射伤害；人员中毒死亡，对环境造成严重危害

根据评分结果形成了集团公司 2013 年度风险图谱(见图 2)。

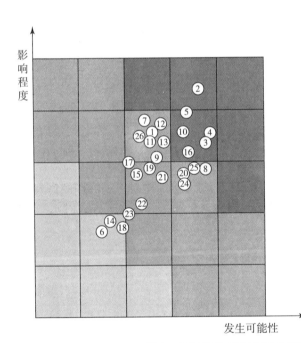

图 2 集团公司 2013 年风险图谱

数据来源：2014 年鞍钢集团公司年度报告。

3.3 风险应对

风险应对是指企业根据风险评估结果,研究提出相应的风险管理策略,选择风险承担、风险规避、风险转移、风险转换、风险对冲、风险补偿、风险控制等各种风险管理工具,并确定风险管理所需资源的配置原则(见表4)。

表 4　风险应对工具

• 风险承担	被动接受风险,承担风险带来的后果,特别是影响小,但管理成本高的风险,以及企业没有能力管理的风险。
• 风险规避	回避、停止或退出蕴含某风险的商业活动或商业环境,避免成为风险的所有人,如退出激烈竞争的市场、拒绝与信用不好的客户合作、停止生产存在潜在隐患的商品等。
• 风险控制（降低）	控制风险事件发生的动因、环境、条件等,来达到减轻风险事件发生时的损失或降低风险事件发生的可能性的目的,通常控制对象是内部可控的风险。
• 风险转移	通过合同将风险转移到第三方,企业对转移后的风险不再拥有所有权,但需支付转移成本,如保险、风险证券化、融资租赁等。
• 风险对冲	采取各种手段,引入多个风险因素或承担多个风险,使得这些风险能够互相对冲,即使这些风险的影响互相抵消,如套保、投资组合、利用不同行业经济周期的对冲。
• 风险转换	通过战略调整等手段将企业面临的风险转换成另一个风险,但并不会减少风险总和,如降低交易信用风险,抬高应收风险。
• 风险补偿	对风险可能造成的损失采取适当的措施进行补偿,如风险准备金和应急资本金等。

风险应对与风险评估的对应图谱如图3所示,集团公司2013年风险管理策略如图4所示。

3.4 风险监控

风险监控是指对各项风险指标实行实时跟踪,随时关注风险环境的动态变化并做出及时反应和调整。总部部门、子企业按照全面风险管理的要求,定期对本部门、本企业风险导向的内部控制方案执行情况进行自查,及时发现问题并改进;重大问题自查及整改情况应及时通报风险管理主管部门。

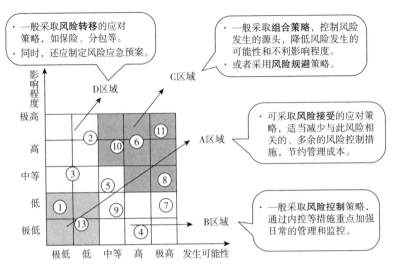

图 3　风险应对与风险评估的对应

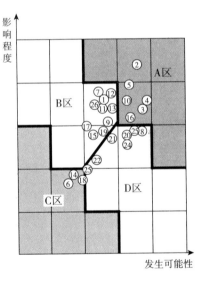

图 4　集团公司 2013 年的风险管理策略

3.5　全面风险管理组织体系的构建

全面风险管理的三道防线

集团公司全面风险管理实行统一领导、分级分类管理，即由集团统一领导，各子企业分级管理,集团总部各业务部门分类管理。全面风险管理的三道防线如图5所示：

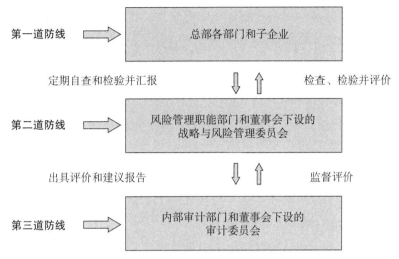

图 5　全面风险管理的三道防线

全面风险管理的组织构成

集团公司各部门各司其职、分工协作,形成严谨、规范的风险管理组织体系（见图6）。

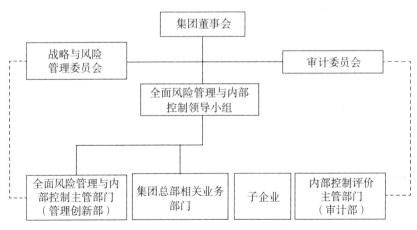

图 6　全面风险管理的组织构成

各部门的职责

集团公司董事会是企业全面风险管理与内部控制的最高决策者和推动者,对企业全面风险管理与内部控制体系的有效性负责。负责审批企业全面风险管理与内部控制工作计划、年度全面风险管理报告、内部控制手册、内部控制自我评价报告。

战略与风险管理委员会负责检查指导企业全面风险管理与内部控制体系运行情况;审议企业全面风险管理与内部控制工作计划、年度全面风险管理报告、内部控制手册、内部控制自我评价报告;办理董事会授权的全面风险管理与内部控制相关事项。

审计委员会负责指导企业内部控制体系建设;督导内部审计制度制定及实施,评估审计体系的完整性和运行的有效性。

全面风险管理与内部控制领导小组负责审核企业全面风险管理与内部控制工作计划、年度全面风险管理报告、内部控制手册、内部控制自我评价报告。集团总经理担任领导小组组长,副组长由集团相关领导担任,领导小组成员由集团各相关职能部门主要领导构成。

全面风险管理与内部控制主管部门为集团管理创新部,负责全面风险管理与内部控制体系建设与组织实施;负责起草集团全面风险管理与内部控制工作计划、年度全面风险管理报告、内部控制手册;负责对总部各部门、子企业全面风险管理与内部控制工作的指导监督和考核评价。

内部控制评价主管部门为集团审计部,负责组织集团内部控制评价工作。内部控制评价工作相关规定见《集团公司内部控制评价管理办法》。

全面风险管理与内部控制相关业务部门是风险防控的实施主体和责任主体。负责贯彻落实全面风险管理与内部控制制度和流程,开展与本部门有关的风险评估工作,制订本部门的重大及重要风险管理策略与解决方案、风险导向的内部控制方案,对相关风险进行监控管理和分析,建立风险预警机制,配合做好建立风险管理信息系统的有关工作,针对本系统重大、重要风险和重大事项,指导子企业开展风险管理与内部控制,并对其监督监察、考核评价。

子企业负责贯彻落实集团全面风险管理与内部控制制度和流程,建立健全全面风险管理与内部控制体系。开展风险评估工作,制订本企业的重大及重要风险管理策略与解决方案,制订本企业风险导向的内部控制方案,对本企业重大及重要风险进行监控管理和分析,建立风险预警机制,按期上报本企业年度全面风险管理报告和内部控制手册,建立风险管理信息系统,培育风险管理文化,开展全面风险管理和内部控制的其他有关工作。

案例使用说明

1. 教学目的与用途

（1）本案例适用于《风险管理》课程，也适用于《企业风险管理》课程。

（2）本案例的教学目标：使学生了解全面风险管理的内涵及特点，掌握全面风险管理的内容与流程，培养科学的风险管理意识和理念。

2. 启发思考题

（1）我国企业风险的特点是什么？钢铁企业风险的特点是什么？

（2）全面风险管理的含义是什么？包含哪些内容？

（3）对大型国有企业实施全面风险管理应注意哪些事项？

3. 理论依据与分析思路

（1）全面风险管理的要素

风险管理框架包括内部环境、目标设定、事项识别、风险评估、风险应对、控制活动、信息与沟通、监控八大要素。

内部环境：管理当局确立关于风险的理念，并确定风险容量，为内部环境中的主体（人们）如何看待风险和着手控制风险确立了基础。

目标设定：管理当局采取恰当的程序设定目标，确保所选定的目标支持并切合该主体的使命，并且与它的风险容量相一致。

事项识别：指识别可能对主体产生影响的潜在事项，涉及从影响目标实现的内部或外部原因中识别潜在的事项。它包括区分代表风险的事项和代表机会的事项，以及可能二者兼有的事项。

风险评估：指对识别的风险进行分析，以便形成确定应该如何对它们进行管理的依据。风险与可能被影响的目标相关联。既要对固有风险进行评估，也要对剩余风险进行评估，评估时要考虑风险的可能性和影响。

风险应对：管理当局选择回避、承担、降低和分担风险的一系列措施使风险与主体的风险容限和风险容量相协调。

控制活动：制定和实施政策与程序以帮助确保管理当局所选择的风险应对措施得以有效实施。

信息与沟通：员工识别、获得和沟通有关他们的职能和责任的相关信息。主体的各个层级都需要借助信息来识别、评估和应对风险。有效沟通包括信息在主体中的向下、平行和向上流动。

监控：对企业风险管理进行全面监控，根据环境的变化，在必要时加以修正。监控通过持续的管理活动、对企业风险管理的个别评价或者两者相结合来完成。

（2）全面风险管理的未来与挑战

全面风险管理（integrated risk management，简称 IRM）突破了传统风险管理对风险的狭隘理解，将风险看作一个整体进行研究，这其中有两方面含义：

第一，研究和解决的是风险对企业的整体影响，而不是个别风险对企业的个别影响和个别解决办法；

第二，从整体上去认识风险，既要看到风险的负面影响，也要看到风险可能带来的正面效应，从而全面把握风险的本质和可能的全部机会。这样一种全新的思维模式为今天和未来的企业风险管理提供了更新的理念和更有效的解决方案。

然而，全面风险管理能成为风险管理哲学的主流吗？全面风险管理能成为企业风险管理的基础吗？

从全球范围来看，全面风险管理正处于起步阶段，许多创新的方法还正在发展之中。目前 IRM 市场的供给相对而言还比较零散，大致可分为两个部分：

第一，IRM 方法服务。包括各种风险分析服务、企业层面上适用的分析软件、咨询服务、风险价值模型及风险调整资本度量工具等。

第二，IRM 风险融资服务。IRM 风险融资服务实际上是 IRM 方法服务的继续，也就是利用风险管理的分散化和组合效应来提供构造风险和转移风险的产品。

总体而言，IRM 市场到目前的发展还是谨慎的。这是因为已经出现的各种 IRM 产品在经济性方面还不令人满意，特别是在传统保险市场疲软时，IRM 产品表现出的却是较高的交易成本。然而，技术进步的速度会加快，IRM 市场的发展只是时间问题。当保险市场恢复坚挺，并且分析工具进步到可以使人们更清楚地看到 IRM 带来的价值时，便是 IRM 获得巨大增长的开始。

据调查，在美国每 10 个公司中通常只有 1 个公司（通常是大公司）会考虑全面风险管理方法。就全部公司来看,只有1%的公司真正开展了这方面的计划。在IRM方案中最常考虑的风险包括财产、一般责任、外汇和信用风险。如果在接下来的十多年里,有10%的公司能对其总风险的一定比例采取全面风险管理方法,并且经济能保持适度持续增长的话,那么IRM市场将会达到每年100亿—120亿的规模,这意味着每年的增长率将会接近25%。不过,即使有这样巨大的增长潜力,如果没有发生一个或一系列有重要影响意义的事件的话,IRM市场仍然只在整个财产/意外伤害保险方面的应用中占据一小块位置。

IRM市场一般是由大型的拥有良好资本的保险公司、再保险公司及为具有大量金融专门知识或风险暴露(如银行、医药公司或保险公司)的大型的复杂的公司提供服务的投资银行所组成的。中小型公司是否会接受IRM还有待进一步观察,而面向中小型公司的市场发展的重点是要能提供商品化的产品,包括可以通过互联网或其他电子商务分销系统提供的产品。如果得以成功,这一部分的市场潜力将会几倍于IRM所面向的大型公司的市场份额。

4. 补充材料

大型国有企业在我国国民经济中具有十分重要的地位。国有企业规模化发展,行业并购和整合盛行,竞争激烈,受到宏观经济形势和产业政策影响明显,财务、审计风险增加,存在"六乱"现象:(1)乱投资,有的企业贪多求大,对高负债率、低现金流的财务风险缺乏防范措施,不做投资分析,不做投资风险分析;(2)乱担保,有的企业对从事证券、期货、股票、外汇等业务的被担保企业风险防范意识不强,由于对外担保而负连带责任,被冻结资产甚至被强行偿债;(3)乱扩张,有的企业对并购企业的成本和风险估计不足,在并购企业的同时引入了风险,对潜伏问题缺乏了解,以至于引发危机;(4)乱理财,有的企业盲目进行风险理财,而对风险理财手段的不当使用,如策略失误和内控失灵,给企业带来了巨大损失;(5)乱借款,有的企业盲目借贷,高负债率带来的较大财务风险,沉重的利息负担进一步加剧了企业的亏损;(6)乱放权,有的企业因为没有控制好境外企业和境外业务的风险,从而发生了巨额亏损,给企业造成了颠覆性灾难,解决存在问题提高企业风险防范能力已迫在眉睫。

自2003年国务院国有资产监督管理委员会成立后,先后发生三九集团财务危机、中航油新加坡公司衍生品交易重大损失、上海华源集团财务危机和其他特大风险事件,反映出一些企业风险管理失控。按照国务院国有资产监督管理委员会《中央企业全面风险管理指引》精神,鞍钢集团于2008年启动了全面风险管理体系建设,在集团层面成立了全面风险管理领导机构并设置风险管理职能部门,按照"试点先行、分步实施"的原则,制定了总体工作规划并组织实施。2012年8月,推广施行风险评估和重大风险专项管理的工作经验在国务院国有资产监督管理委员会召开的中央企业风险管理专项提升培训会议上,被编入"十七家央企典型经验交流材料汇编",得到国务院国有资产监督管理委员会领导肯定,并在国务院国有资产监督管理委员会管理提升专栏发布。

5. 建议课堂计划

本案例可用作专门的案例讨论课。建议使用3—4课时进行讨论。

课前计划:事先发放案例材料。

课中计划:课堂组织同学开展讨论,建议采取分组讨论形式,之后各小组配合以幻灯片发言,每组发言时间控制在5—10分钟;教师进行点评和总结性陈述,并引导大家进一步思考。

课后计划:讨论结束后要求学生提交案例分析报告。

6. 案例的后续进展

经过数年的运作,鞍钢集团已经形成一套成熟、严谨而高效的风险管理体系,牢固树立"以人为本、安全发展"的理念,贯彻"安全第一、预防为主、综合治理"的安全生产方针,加强全面风险管理,取得了明显的成效。

2015年,鞍钢集团位列世界500强的第451位,较上年上升24位,至此,鞍钢集团已连续四年入围世界500强榜单。

参考文献

[1] 熊旭辉,吴翠兰.浅论企业内部控制与风险管理关系[J].企业管理,2012,12:31—32.

[2] 丁友刚,胡兴国.内部控制风险控制与风险管理[J].会计研究,2007,12:51—54.

[3] 白华,刘蔓莘,康林.论风险导向审计中的"风险"定位[J].财贸研究,2012,4:149—150.

[4] 周放生.企业的风险管理及内部控制[J],中国流通经济,2009,11:11—13.

[5] 吴艳.谈企业风险管理与内部控制[J].吉林工商学院学报,2010,6:31—33.

[6] 杨雄胜.内部控制理论研究新视野[J].会计研究,2005,7:49—55.

[7] 张立民,唐松华.内部控制、公司治理与风险管理——《托普典章》为什么不能拯救托普[J].审计研究,2007,5:35—41.

[8] 谢志华.内部控制、公司治理、风险管理:关系与整合[J].会计研究,2007,10:37—45.

[9] 法约尔.工业管理与一般管理[M].北京:中国社会科学出版社,1982.

[10] 王山海.风险管理是内部控制的发展方向[J].合作经济与科技,2010,12:44—45.

[11] 鲍建青.基于风险管理的内部控制研究[J].会计师,2009,10:55—56.

[12] 张倩.基于风险管理的企业内部控制研究[J].经济师,2010,09.

[13] 张桂玲.基于"大"风险管理的内部控制研究[J].会计之友,2009,02:38—40.

[14] 杨华.风险管理型内部控制研究[J].现代商业,2009,24:204—205.

[15] 王慧.公司风险管理与内部控制研究[J].时代经贸,2011,21:108.

[16] 王晖,郑宏涛.基于风险管理的内部控制研究[J].现代企业教育,2010,2:115—116.

[17] John Pound. The promise of the governed corporation[J]. Harvard Business Review, 1995, March.

[18] Stephen J, Root. Beyond COSO internal control to enhance corporate governance[M]. New York: John Wiley & Sons, 1998.

[19] Leitch, Matthew. When is a good time to talk about saving money on SOX404 compliance. Balance Sheet, 2004, 12: 6-7.

[20] COSO. Enterprise risk management-integrated framework[R]. 2004.

[21] COSO. Internal control—integrated fl"8. nlework[R]. 1992.

[22] Robbins S P. Management(4thed).[M]. Prentice-Hall, Inc., 1994.

××财务公司风险预警指标体系构建

郑莉莉

摘　要：本案例描述了××财务公司风险预警指标体系构建的过程。××财务公司是一家非银行金融机构,成立于2007年。基于××财务公司各项业务均处于扩张期、新业务开展频繁的实际情况,同时为满足国务院国有资产监督管理委员会和中国××集团公司对企业全面风险管理体系建设的要求,××财务公司计划建立风险预警指标体系。××财务公司经过对公司整体的风险识别、风险衡量,最终构建了风险预警指标体系。

关键词：风险预警　指标体系　风险识别　风险衡量

××财务有限责任公司(以下简称"财务公司")是经中国银行业监督管理委员会批准,在国家工商行政管理总局登记注册,具有企业法人地位的非银行金融机构,公司服务于中国××集团公司(以下简称"集团公司"),是以加强集团公司资金集中管理和提高资金使用效率,为集团成员单位提供财务管理及多元化金融服务的非银行金融机构。财务公司于2009年正式成立,注册资本25亿元人民币。财务公司的发展定位:集团资金的管理中心、投融资中心、金融服务中心和内部结算中心,为集团公司及其成员单位提供多元化的金融服务,充分发挥集团内金融平台作用。

财务公司总部设立经理部、风险管理部、计划财务部、结算部、信贷部、投资部和代理业务部等部门。主要业务范围包括四方面:对集团成员单位的存、信贷业务;成员单位相关结算业务;一级证券市场投资业务、货币市场基金投资业务;对成员单位保险代理业务。其中,集团内成员单位存款是财务公司的主要资金来源;对集团内成员单位的贷款业务是财务公司的主要收入来源,占财务公司总收入的70%—80%。

基于财务公司各项业务均处于扩张期、新业务开展频繁的实际情况,同时为满足国务院国有资产监督管理委员会和集团公司对企业全面风险管理体系建设的要求,财务公司计划建立风险预警指标体系。

1. 财务公司的风险管理概况

财务公司董事会下设风险管理和审计委员会,公司高级管理层设立了贷款审查委员会和风险评估委员会,负责公司贷款和投资领域重大事项的决策,并向董事长提交有关报告。为保障公司各项业务的持续健康发展,公司初步建立了风险管理三道防线,分别是职能部门、风险管理部门和内部审计部门(见图1)。

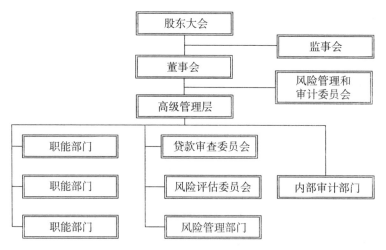

图1 财务公司风险管理组织体系

公司具体负责风险管理的部门是风险管理部,其主要职能是:(1)组织实施风险管理工作方案;(2)负责各项业务风险识别、评估、防范和化解;(3)内控制度监督管理,协助业务部门建立健全各项规章制度,并执行;(4)组织实施内部审计、稽核工作方案;(5)审查业务活动合规性、规范性、安全性、真实性,确保规章制度贯彻执行;(6)对分公司、各部门的经营及业务活动的效率、盈利情况及效果进行监督和评价。

财务公司是非银行金融机构,其服务对象为集团成员单位,但是其业务范围及交易对手则涉及了各类金融机构,如银行、保险、证券、信托等。由于这样的特性,财务公司在经营的过程中就要面临着各种各样的风险,如信用风险、市场风险、操作风险、流动性风险、法律风险、战略风险等。因此如何防范风险,进行风险预警,对财务公司而言十分重要。2010年财务公司全面启动了全面风险管理体系建设工作,开展了全面风险管理制度建设、全面风险管理流程建设、全面风险管理文化建设工作。财务公司下一步是要建立风险预警指标体系,对财务公司的风险进行预警。

2. 财务公司风险管理面临的问题

财务公司的风险管理存在不足,一是全面风险管理体系尚未健全,内控制度及流程有待完善。以全面风险管理体系的要求来衡量的话,公司全面风险管理体系建设仍存在较大差距。风险管理基本流程、风险管理文化仍然有待加强,风险管理信息系统尚未全部建成,已有功能目前仍然处于初级阶段。财务公司成立以来,经营一直处于超常规的发展阶段,资产规模、业务量逐年大幅增加。在这种前提下,公司已有制度、流程、岗位职责已经无法适应快速发展的需要。先业务后流程、流程无法满足业务管理需要等情况相继出现。制度流程体系缺失问题逐渐显现,风险点、尤其是流程中关键风险点尚未梳理。这些已经在客观上制约了公司的发展。

二是量化分析尚未有效应用。定性分析多于定量分析,在日常的风险审查中,"可能""较大"等词语应用较多,这导致了在日常的风险评估中,虽能识别风险,但无法准确度量风险,也无法对风险进行预警。

3. 风险识别和风险衡量

建立风险预警指标体系,需要先进行风险识别和风险衡量,目的是识别财务公司当前所面临的各项风险,形成财务公司当前的风险事件库;对风险进行重要性排序,绘制集团公司风险图谱;明确集团公司的重大风险。

3.1 风险识别

风险识别是系统地、连续地发现经济单位所面临的风险类别、形成原因及其影响的行为,包括感知风险和分析风险。

资料梳理与分析

搜集和梳理财务公司战略规划、组织结构、制度流程、财务报告、部门工作计划及总结等各项资料,以及近几年的行业资料、政策法规等信息。通过对内、外部资料进行分析,提炼相关风险信息,初步了解财务公司整体的风险环境,发掘财务公司存在的内、外部风险。

现场访谈与调研

主要通过访谈财务公司总部部门领导和部分关键岗位的员工,以及分支公司主要领导和关键部门领导,根据访谈内容和资料分析情况,建立风险事件信息。最终形成财务公司风险事件72条,其中:战略风险事件11条,运营风险事件40条,财务风险事件4条,市场风险事件6条,法律风险事件11条,部分风险描述如表1所示。

表1 财务公司风险事件(部分)

序号	一级风险	二级风险	二级风险编号	风险事件描述	动因
1	战略风险	资金归集风险	101	财政部改变国拨资金的使用拨付办法,将导致存款资金归集总量减少	政府部门改变国拨资金管理方式
2	战略风险	资金归集风险	101	证监会对上市公司的资金集中管理政策尚不明确,如有限制性政策出台,将影响资金的归集规模	监管部门加强关联交易管理,监管严格大股东占用上市公司资金情况
3	战略风险	信贷政策风险	102	未来存贷利差逐步缩小,将影响公司信贷业务的盈利能力	宏观经济和调控政策波动
4	战略风险	信贷政策风险	102	国家渐进推行利率市场化,将对公司信贷业务收益产生消极影响	金融市场化改革
5	战略风险	战略定位风险	103	集团公司、投资公司对财务公司战略定位调整,导致财务公司未来发展不确定	集团公司、投资公司下属其他专业公司运营业务与财务公司现有经营业务冲突
6	战略风险	品牌声誉风险	104	客户维护力度不够,公司知名度、美誉度和认同感不高,影响公司业务开展	业务发展快、岗位人员短缺;服务观念需要提高;公司负面报道传播

（续表）

序号	一级风险	二级风险	二级风险编号	风险事件描述	动因
7	战略风险	金融管制风险	105	如果国家调整对非银行金融机构的政策,会影响财务公司的主体定位、经营范围、经营模式及经营持续性	财政部、银监会等对企业集团财务公司的管理政策发生变更
8	战略风险	行业周期风险	106	集团所属行业出现下行周期、发展增速放缓,将对公司的业务规模、盈利能力产生负面影响	行业(产业)发展放缓
9	战略风险	业务组合风险	107	公司收入过度依赖单一业务,导致整体业绩波动较大	公司收入主要依赖信贷业务收入
10	战略风险	战略决策风险	108	公司对自身资源、市场环境等战略环境认识、评估不准确,导致制定的战略指标与规划脱离现实	战略要素评估过程不认真;对关键战略要素认识不清楚、不全面;缺乏明确、成体系的公司战略规划管理办法
11	战略风险	战略决策风险	108	公司缺少战略评估系统,未能对战略执行情况进行定期检查和评价,可能造成战略执行出现问题或偏离战略规划	战略规划浮于表面,实际业务执行脱离战略规划;缺乏战略执行情况检查长效评价机制
12	运营风险	信用风险	201	公司对客户的信用评级主要依赖于经验和定性分析,缺乏完善的信贷客户信用评价规则、评价模型,导致对信贷客户的信用评价不准确	没有信用评级标准;缺乏足够的数据支持;信贷规定缺乏定量、精确标准
13	运营风险	信用风险	201	贷前调查工作不深入、不全面,导致贷款审批人产生错误理解	对信贷经理培训不足;信贷风险意识薄弱;信贷人员工作未尽职;贷款审核方式单一(以客户纸面资料审核为主);信息来源过度依赖客户或对客户缺乏独立性的集团内其他成员

(续表)

序号	一级风险	二级风险	二级风险编号	风险事件描述	动因
14	运营风险	信用风险	201	贷款审批执行不严肃、审查结果不能客观反映客户真实情况,导致不良贷款的产生	信贷工作承受集团行政、政策压力,导致贷款审批程序执行不充分
15	运营风险	信息系统风险	202	信息系统的规划、研发、建设、运行等委托给外部技术供应商,可能导致关键数据和涉及贷款企业资料的泄密	信息系统管理外包规范不严密

风险分类

根据《巴塞尔新资本协议》(New Basel Accord),以及国务院国有资产监督管理委员会 2011 年发布的《中央企业全面风险管理指引》,结合财务公司的实际情况,确定风险分类框架,将财务公司的风险划分为五大类一级风险,24 类二级风险(见表 2)。

表 2 财务公司风险分类框架

战略风险		运营风险		市场风险		财务风险		法律风险	
风险编号	风险名称	风险编号	风险名称	风险编号	风险名称	风险编号	风险名称	风险编号	风险名称
101	资金归集风险	201	信用风险	301	利率风险	401	税务风险	501	纠纷风险
102	信贷政策风险	202	信息系统风险	302	价格风险	402	会计核算风险	502	合同风险
103	替代竞争风险	203	物资采购风险	303	汇率风险			503	合规风险
104	品牌声誉风险	204	投资风险						
105	金融管制风险	205	人力资源风险						
106	行业周期风险	206	流动性风险						
		207	集中度风险						

(续表)

战略风险		运营风险		市场风险		财务风险		法律风险	
风险编号	风险名称	风险编号	风险名称	风险编号	风险名称	风险编号	风险名称	风险编号	风险名称
		208	公司管控风险						
		209	档案机要风险						
		210	操作风险						

3.2 风险衡量

风险衡量是在风险识别的基础上，通过对搜集的资料加以分析，运用定性或定量的方法，估测和预测风险的发生概率和影响程度。财务公司由于前期数据的积累不足，因此采用定性的方法进行分析。

风险衡量的维度

每一类风险均从发生概率和影响程度两个维度衡量：

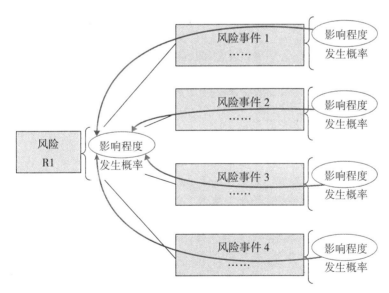

图 2 风险衡量的维度

根据目标不同，影响程度又具体分为五个方面（子维度）：集团战略目标实现、管理难度、公司声誉、公司利润总额、日常运营五个子维度。每个维度设置了由弱到强的五个等级，并相应赋予 1 分到 5 分的分值，依次表示可能性和影响程度由弱到强,从而对每一个等级的评价标准进行了划分。

表 3 风险评估的维度

衡量方法	维度	1—轻微	2—较小	3—中等	4—严重	5—非常严重
定性方法	社会责任目标	该风险事件发生对公司社会责任履行状况无显著影响	该风险事件发生意味着公司社会责任履行失职	该风险事件发生意味着公司社会责任履行不到位,会造成一定范围的社会影响	该风险事件发生意味着公司社会责任履行不到位,会造成较大范围内的不良社会影响	该风险事件发生是公司社会责任履行的严重失职,会造成全国范围内的恶劣社会影响
	安全健康目标	影响个别职工、公众的健康、安全;造成人员轻伤,没有导致人员死亡	影响极少数职工、公众的健康、安全;造成1人死亡或5人以下重伤(中毒),或者100万元以下直接经济损失	影响少数职工、公众的健康、安全;造成2—5人死亡或6—9人重伤(中毒),或者100万元以上500万元以下直接经济损失	影响部分职工、公众的健康、安全;造成6—9人死亡或10—20人重伤(中毒),或者500万元以上1 000万元以下直接经济损失	影响一定数量职工、公众的健康、安全;造成10人以上死亡或20人以上重伤(中毒),或者1 000万元以上直接经济损失
	集团公司赋予的职能目标的实现	该风险对资金集中管理、提高资金使用效率无影响;但会影响提供财务管理及多元化金融服务的职能目标的实现	该风险对资金集中管理、提高资金使用效率无影响;但会使得提供财务管理及多元化金融服务的职能目标无法实现	该风险对资金集中管理无影响;但会导致资金使用效率下降,提供财务管理及多元化金融服务的职能目标无法实现	该风险会导致资金集中水平降低,资金使用效率严重下降,无法提供财务管理及多元化金融服务	该风险会导致资金集中水平显著降低,根本无资金使用或资金使用效率严重下降。无法提供财务管理及多元化金融服务

（续表）

衡量方法	维度	1—轻微	2—较小	3—中等	4—严重	5—非常严重
定性方法	业务运营稳定性	对公司经营稳定性影响较轻微，公司业务人员团队保持稳定，主要业务客户保持稳定	对公司经营稳定性有一定影响，有少量业务人员离职，主要业务客户基本保持稳定	对公司经营稳定性影响显著，业务团队核心成员离职，部分业务客户与公司解除合作关系	对公司经营稳定性产生严重影响，近半业务人员离职，一半以上业务客户与公司解除合作关系	公司主要业务已无法正常运营，业务团队成员纷纷离职，仅与极少业务客户维持合作关系
定性方法	风险管理的复杂性	此风险可由单一岗位或部门进行管理	此风险需要2—3个部门协调统一进行管理	此风险需要全公司协调一致进行管理	此风险需要对公司现有组织架构进行调整以进行管理	此风险需要从公司治理、股权结构等更深层次、更复杂层面协调以进行管理
定量方法	市场占有率	该风险事件发生导致的公司市场份额下降小于1%	该风险事件发生导致的公司市场份额下降大于1%，小于3%	该风险事件发生导致的公司市场份额下降大于3%，小于5%	该风险事件发生导致的公司市场份额下降大于5%，小于7%	该风险事件发生导致的公司市场份额下降大于7%
定量方法	对公司整体现金流的影响	造成公司现金净流出持续三天以上，导致公司现金储备持续减少	造成公司现金净流出持续一周以上，导致公司现金储备持续减少，需要进行少量资金拆借保证正常经营	造成公司现金净流出持续两周以上，且流出规模巨大，需要出让资产或增加负债以维持正常经营	造成公司现金净流出持续一个月以上，且流出规模巨大，需要大量出让资产或增加负债以维持正常经营	公司现金净流出持续两个月以上，且流出规模巨大，公司经营非常困难、濒临破产

（续表）

衡量方法	维度	1—轻微	2—较小	3—中等	4—严重	5—非常严重
定量方法	对主要资产在99%置信水平下的在险价值(VAR)的影响	主要资产损失程度逼近在99%置信水平下的在险价值(VAR)	主要资产损失程度首次突破在99%置信水平下的在险价值(VAR)	主要资产损失程度多次突破在99%置信水平下的在险价值(VAR)，逼近公司风险管理机构设置的最大亏损限额	主要资产损失程度多次突破在99%置信水平下的在险价值(VAR)，超出公司风险管理机构设置的最大亏损限额	主要资产损失程度多次突破在99%置信水平下的在险价值(VAR)，给公司造成巨大损失
	业务发展状况	该风险事件引起的公司业务放缓时长少于1个月	该风险事件引起的公司业务放缓时长在1个月到3个月之间	该风险事件引起的公司业务放缓时长在3个月到6个月之间	该风险事件引起的公司业务放缓时长在6个月到12个月之间	该风险事件引起的公司业务放缓时长在12个月以上

风险评估

财务公司由于累计的历史数据较少，所以采用专家打分法进行风险评估，通过组织公司各部门人员进行风险评估的方式开展，部分财务公司风险评估问卷如表4所示。

表4 财务公司风险评估问卷（部分）

部门名称	请选择您的部门	提交人姓名		职务	请选择您的职务
电话		Email		提交时间	
序号	一级风险	二级风险	二级风险编号	风险事件描述	动因	风险发生可能性	风险影响程度
1	战略风险	资金归集风险	101	财政部改变国拨资金（如基建技改项目）的使用拨付办法，将导致存款资金归集总量减少	政府部门加强国拨资金管理		

根据风险评价问卷的填写结果、风险事件的部门属性、评价人的岗位属性等,对不同打分人设置权重,并根据权重统计出各风险的发生概率和影响程度,部分财务公司风险衡量结果如表5所示。

表5 财务公司风险衡量结果(部分)

	二级风险编号	风险发生可能性										风险影响程度										
		高层管理人员		中层管理人员		其他管理人员		风险部高层		风险部其他		可能性得分	高层管理人员		中层管理人员		其他管理人员		风险部高层		风险部其他		影响程度得分
		得分	人数	得分	人数	得分	人数	得分	人数	得分	人数		得分	人数	得分	人数	得分	人数	得分	人数	得分	人数	
1	101			14	5	58	24	3	1	3	2	2.45			16	5	85	24	4	1	6	2	3.4
2	108			21	7	70	31	4	1	3	2	2.45 / 2.79			27	7	95	31	5	1	7	2	3.3 / 3.5

风险图谱和风险排序

根据财务公司的风险评估结果,绘制财务公司的风险图谱(见图3)。风险图谱的横坐标是风险的发生概率,纵坐标是风险的影响程度。由风险图谱可以看出,财务公司最重大的六个风险依次是:金融管制风险、流动性风险、操作风险、利率风险、汇率风险和合规风险。

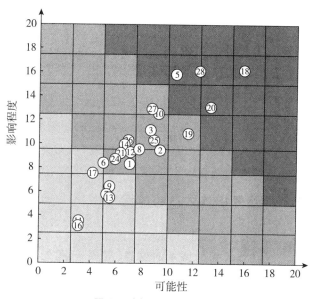

图3 财务公司风险图谱

4. 财务公司风险预警指标体系构建

4.1 构建风险预警指标体系的原则

一是重要性原则。预警是以全面识别的财务公司风险为监测目标的,因此在设计财务预警指标时,首要的原则就是考虑所选预警指标对财务公司活动的重要性,即对财务风险预测的贡献程度。

二是代表性原则。对于某一风险,等价反映其变化特征的预警指标之间具有可替代性。因此,在建立财务预警指标体系时必须选取代表性较强、能突出反映企业业务活动特征的指标,这对精确预测结果,减少误差,减轻工作量是大有裨益的。

三是灵敏性原则。不同的指标有着不同的灵敏度,有的较为敏感,有的则较为迟缓。因此,企业设计的风险预警指标必须具有高度的敏感性,能灵敏地感应到财务活动中异常因素的萌动,这样才能及时、准确、科学地将财务状况反映出来,使变动异常的情况得到控制,始终把财务活动的变动状况维持在合理的置信区间。

四是可操作性原则。在精准的前提下,所设定的风险预警指标还应尽量做到好算易懂,可操作性强,能够根据已掌握的公司信息直接或间接地计算出各有关指标。

五是稳定性原则。稳定性原则是评价企业风险预警系统优劣的重要条件,一般来说,大多预警指标的相对变化范围是可以确定的,但他们也有着极大的波动性,这增加了预警的困难性,同时也降低了准确度。但通过相关的模拟操作,对各个指标的变化幅度进行有效总结和科学划分,使满意值或理想范围、允许范围和不允许范围的标准在较长时间内保持稳定,这对提高财务预警的准确度和提高工作效率是大有帮助的。

4.2 构建风险预警指标体系的过程

整体思路

构建财务公司风险预警指标体系的思路(见图4)是先对二级风险的预警指标进行汇总,再对一级风险预警指标进行汇总,最后汇总整个公司的风险预警指标。

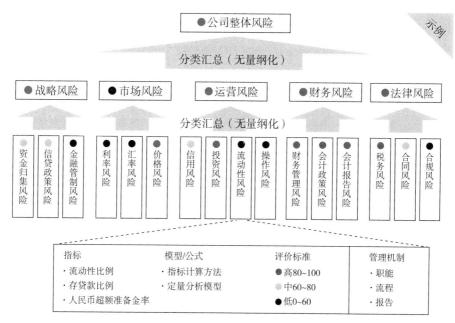

图4 财务公司风险预警整体思路

具体的方法(见图5)是先将风险库中的风险进行分解,对应风险预警(KRI)指标库,在与考核指标(KPI)对应,而考核指标来自企业目标分解。

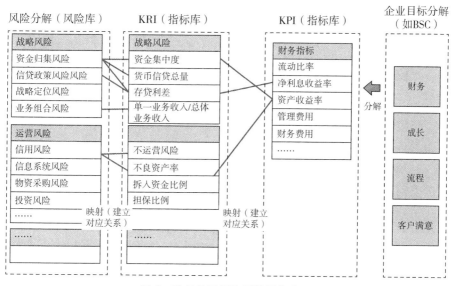

图5 财务公司风险预警具体方法

风险预警指标设计

表6 单个风险指标

二级风险编号	二级风险分类	备选指标	评价周期	计算方法/模型
105	金融管制风险	国家对财务公司主体定位、经营范围、经营模式政策的变动频率	季	比对财务公司现有的经营范围、经营模式与国家对财务公司的政策
206	流动性风险	流动性比例 存贷款比例 人民币超额准备金率	月	银监会已有的监管指标
209	操作风险	超过一定期限尚未确认的交易数量 失败交易占总交易数量的比例 客户投诉次数	月	
301	利率风险	缺口分析 久期分析 敏感性分析 VAR 压力测试	日	利率敏感性缺口 = 利率敏感性资产 − 利率敏感性负债 修正久期 $D = -dP/P/dr/(1+r)$ $P(w \leq VAR) = 1-a$
303	汇率风险	汇率波动率	月	(计算期汇率 − 基期汇率) × 100%/基期汇率
503	合规风险	违规指数 法规修订频率 内部制度跟进速度 违规事件发生次数	季	违规指数 = 评估期内公司被依法追究刑事责任次数×10+评估期内公司受到责令予以撤换、限制业务范围、责令停止接受新业务、责令停业整顿或吊销经营保险业务许可证处罚次数×10+评估期内公司受到10万元以上罚款处罚次数×7+评估期内公司受到10万元以下罚款处罚次数×5+评估期内公司受到警告次数×3+评

(续表)

二级风险编号	二级风险分类	备选指标	评价周期	计算方法/模型
				估期内公司受到没收违法所得、没收非法财物、责令改正、责令退回所收保费、责令转回财产处罚次数×3+评估期内受到通报批评次数×2+评估期内受到监管意见书或监管谈话次数×1
				内部制度跟进速度＝每季度对现有内部制度进行诊断,如果有新的业务而未有相应法规的,取1

多指标汇总

由于指标单位不同,无法进行汇总,可以采用功效系数法(单个指标数值→功效系数→风险得分)和无量纲化法对指标进行处理。风险预警指标分为极大型指标、适度型指标和区间型指标。使用无量纲化方法对指标进行处理的方法如表7所示。

表7 无量纲化方法

指标类型	指标举例	计算公式
极大型指标	总资产报酬率 净资产报酬率 利息保障倍数 总资产周转率	$y_{ij}=\dfrac{x_{ij}-b_j}{a_j-b_j}$
极小型指标	管理费用率 成本费用率	$y_{ij}=\dfrac{a_j-x_{ij}}{a_j-b_j}$
适度型指标	资产负债率 流动比率 速动比率	$y_{ij}=\dfrac{1}{1+q-x_{ij}}$

(续表)

指标类型	指标举例	计算公式
区间型指标		$y_{ij} = \begin{cases} 1 - \dfrac{q_1 - x_{ij}}{\max(q_1 - b_j, a_j - q_2)}, & x_{ij} < q_1 \\ 1 - \dfrac{x_{ij} - q_2}{\max(q_1 - b_j, a_j - q_2)}, & x_{ij} < q_1 \\ 1, & q_1 \leq x_{ij} \leq q_2 \end{cases}$

使用功效系数法对指标进行处理的方法如表 8 所示。

表 8 功效系数法

指标类型	指标举例	功效系数计算公式	条件
极大型变量	总资产周转率 净资产收益率	[(实际值−不允许值)/(满意值−不允许值)]×40+60	实际值<满意值
		100	实际值≥满意值
极小型变量	客户投诉比率	[(不允许值−实际值)/(不允许值−满意值)]×40+60	实际值>满意值
		100	实际值≤满意值
区间型变量	资产负债率	[(上限不允许值−实际值)/(上限不允许值−上限值)]×40+60	实际值>上限值
		100	下限值≤实际值≤上限值
		[(实际值−下限不允许值)/(下限值−下限不允许值)]×40+60	实际值<下限值

指标汇总的方法是将指标的值与权重相乘，汇集到上一级，最后到一级风险，具体如图 6 所示。

项目类别	评估分	测评内容	权重	二级评估值	指标	权重	百分比评估值	指标值	指标值来源
控股投资类项目	76	投资回报	30%	68	年平均投资回报率	80%	65	25%	（总投资回报-原始投资）/投资总额/年限 其中：总投资回报=归属母公司净资产+长期借款利息总额+累计分红
					年平均分红回报率	20%	70	2%	公式1（数据来源于财务系统财务科目或手工录入）
		盈利性	20%	20	净资产收益率	50%	45	8%	公式2
					收入成本比	20%	32	52%	公式3
					人均净利润	30%	45	155%	公式4
		流动性	15%	34	资产负债率	60%	65	12%	公式5
					流动比率	40%	55	12%	公式6
		发展性	30%	78	净利润增长率	20%	77	12%	公式7
					净资产增长率	20%	76	12%	公式8
					营业收入增长率	10%	56	12%	公式9
					潜在收益评估	50%	34	12%	公式10
		控制力	5%	67	业务关联性及控制程度	100%	65	12%	公式11

图 6　财务公司风险指标汇总

风险预警

接下来需要确定各类警限的区间，具体如表 9 所示。根据确定数值的大小，便可根据各类警限的区间，预报警情。当一个变量指标值超越了给定阈值，则称为"发出警情"。

表 9　阈值的确定

警限	综合功效系数
红灯	≤60
黄灯	60—70
黄灯	70—80
绿灯	80—90
绿灯	≥90

案例使用说明

1. 教学目的与用途

（1）本案例适用于保险专业硕士的课程。

（2）本案例的教学目标：使学生掌握企业风险管理的方法和程序，了解风险识别、风险衡量的过程，学会如何构建风险预警指标体系；学会如何选取风险指标，如何进行风险预警；培养学生解决实际问题的能力。

2. 启发思考题

（1）如何分析一个企业面临的风险？

（2）什么是风险预警，如何理解风险识别、风险衡量和风险预警之间的关系？

（3）如果你是财务公司风险管理部的经理，你会为财务公司构建风险预警指标体系提供什么样的方案？如何执行？

（4）财务公司的案例对于我国企业风险管理具有哪些借鉴意义？

3. 理论依据与分析

风险预警在对金融企业风险进行预警时，需借助一定的技术手段，即构建商业银行风险预警模型。模型通过选取一系列反映银行风险因素的预警指标，构建计量经济模型或统计模型，对模型中变量的关系进行分析，以识别商业银行所面临的风险，及时发出预警信号，以便有关部门做出决策。

4. 补充材料

在构建财务公司风险预警指标体系前，财务公司已经开始根据中国银监会政策及法规的要求对风险实施监控。根据中国银监会政策及法规的要求，财务公司从2007年开始填报非现场监管报告。非现场报告体系是运用技术方法分析、检测、监控和检查公司经营状况、风险管理状况和合规情况，发现公司风险管理中存在的问题，评价公司风险状况的一套相对完整的报告体系。

（1）数据采集

（2）数据核对、整理、分析后进行分类和归纳

（3）监管及监测指标

（4）分析报告

（5）评价和预警

在建立风险预警指标体系后，需要定期整理风险库，定期调整指标与风险的对应关系，定期调整单个指标的评价标准。

5. 建议课堂计划

建议使用2—3课时对案例进行讨论。

课前计划：事先发放案例材料，让同学搜集构建风险预警指标，财务公司的特点及存在的风险等相关资料。

课中计划：引导同学把握构建风险预警指标体系的过程，并对此开展讨论，尤其是要求同学站在决策者的立场上进行讨论，分析财务公司的做法还有哪些可以改进的地方。

课后计划：讨论结束后要求学生提交案例分析报告。

6. 案例的后续进展

财务公司构建了风险预警模型，提升了公司整体的风险管理水平。财务公司各项监管指标执行情况良好，资产质量优异，准备金计提充足，抵御风险和消化损失的能力得到增强，各项风险可控。

在建立财务公司整体风险预警指标体系的基础上，财务公司还定期编制风险预警报告，提交公司高层，以便对发出预警信号的指标进行处置。

7. 相关附件

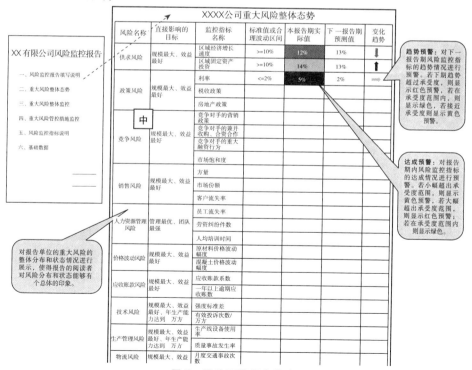

图7 风险预警报告格式

- **企业定期风险评估：**
    - 目标：评估企业当前的重大风险、确定管理重点
    - 频率：年度（或半年）定期
    - 方法：定性评估（如专业意见评分）

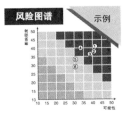

- **专项风险评估：**
    - 目标：评估专项业务或管理领域（如投资项目、经营预算等）
    - 频率：定期、不定期
    - 方法：定性与定量结合（如蒙特卡洛数据模拟）

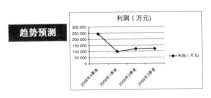
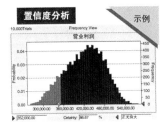

图 8　风险评估

保险经营管理

应充分发挥保险在灾害损失补偿中的作用：
以北京"7·21"暴雨灾害为例

许飞琼

摘 要：中国每年的灾害损失相当严重，但灾害损失补偿结构不尽合理，尤其是商业保险补偿并没有发挥其应有的作用。北京2012年"7·21"暴雨灾害反映了中国保险补偿的缺失。因此，应采取相关措施，充分发挥保险在灾害损失补偿中的作用。

关键词："7·21"事故 灾害损失 保险补偿 相关措施

保险业是当代社会一种具有普适意义的风险管理与经济损失补偿制度，因具有强大的损失补偿功能与专业化的风险管理技术，在许多国家防灾减灾体系中占据异常重要的地位，其不仅扮演着补偿灾害损失的主要角色，也是整个社会防灾减损的主力军。据瑞士再保险统计，2012年全球因自然灾害和人为灾难造成的经济损失高达1 860亿美元，保险补偿约为770亿美元，占全部损失的41.4%[1]；2014年墨西哥的飓风"奥黛尔"给墨西哥的保险人带来16亿美元的保险损失，占飓风"奥黛尔"带来的经济损失的比率为64%；在欧洲，风暴和雹暴"埃拉"给法国、德国和比利时部分地区造成的财产和车辆等保险损失高达27亿美元，占风暴和雹暴"埃拉"导致的经济损失的比率高达77%[2]；2015年全球自然灾害和人为灾难造成的经济损失总额为920亿美元，保险损失为370亿美元，占总损失的40.22%[3]。可以说，保险业在发达国家通常成为防灾减灾体系

---

① 2012年全球保险损失约770亿美元成历史第三高[N/OL].和讯保险,2013-03-27. http://insurance.hexun.com/2013-03-27/152561669.html？fromtool=roll
② 2014全球灾害风险与巨灾保险发展（五）[N].中国保险报,2015-02-26.
③ 肖扬.2015年自然灾害创历史新高,全球灾害导致保险损失370亿美元[N].金融时报,2016-04-06.

中的主力军并发挥巨大作用,而政府应对灾害问题的压力通常不会很大,更不会轻易因灾而造成对国家财政的重大冲击。

我国是多灾之国,各种自然灾害自古以来就是危及国家正常发展与人民生计的重大因素。进入21世纪以来,各种灾害的频繁发生,既造成了巨大的生命财产损失,也对国家与社会的正常发展带来了严峻的挑战。而保险业的落后状态,事实上构成了我国防灾减灾体系中的短板,北京"7·21"暴雨灾害的保险补偿事实就暴露了保险业在参与国家或社会灾害管理及综合防治机制构建上的缺憾。

1. 北京"7·21"暴雨事故保险理赔回顾

1.1 灾害损失及其保险理赔概况

2012年7月21日,北京市遭遇了中华人民共和国成立以来最大的一次暴雨灾害。根据北京市气象局发布的数据,这次暴雨全市平均降水量是170毫米,城区最大降水量为328毫米,降水量最大的地区是房山区的河北镇,其降水量高达460毫米。① 另外,本次暴雨还引发了山洪、泥石流、城区道路积水断路、危房倒塌、京港澳高速断行、韩村河油气泄漏等次生衍生灾害,房山区成为灾情最严重的地区。在暴雨肆虐的16个小时中,共造成北京受灾面积16 000平方公里,成灾面积14 000平方公里,受灾群众将近200万人,遇难者79人(包括在抢险救援中因公殉职的5人),停产企业761家,公路中断4万余条、损害448处,累计达90公里,损害水闸230处。此次灾害共造成直接经济损失116.4亿元。②

据北京市保监局统计,事故发生后,截至当年7月30日24时,机动车辆保险接报案4.2万件,估损金额约3.9亿元;企业、家庭、工程等财产保险接报案2 331件,估损金额约5.1亿元;种养两业估损金额约9 142.6万元,已向农户预先赔付保险金超过2 000万元;人身保险预计赔付保险金额457.6万元,已赔付

---

① 专家全面解析北京"7·21"特大暴雨[EB/OL]. 新浪新闻中心,2012-07-24. http://weather.news.sina.com.cn/news/2012/0724/093878383.html
② 笪婵娟. 地方政府公共危机事件应对能力研究[D]. 西安:陕西师范大学,2013.

220.3万元,涉及53人。各保险公司在北京市保监局监管的全面理赔过程中,抓住救灾和理赔两个重点,根据理赔原则,统一理赔标准,建立了快速理赔通道。截至2012年年底,受灾的投保人报案4.4万件,保险损失13.45亿元,北京保险业累计赔付12.14亿元,已赔款项占灾害损失的10.43%。其中除企业财产保险、工程保险等相关险别没有结案外,车险、农险均已基本赔付完毕。①

1.2 机动车辆保险理赔

由于"7·21"暴雨事故中,机动车辆损失理赔案占整个保险理赔案的89%,是最大且复杂的一部分。为进一步做好机动车辆保险理赔服务工作,在北京市保监局指导下,北京市保险行业协会协调在京各财产保险公司,就受灾车辆保险理赔事宜作出了如下六项承诺:第一,各保险公司按照"重合同、守信用"的原则,执行适度宽松的理赔政策,在保险合同范围内"应赔尽赔、足额赔付"。第二,各保险公司处置因暴雨受损车辆时,积极协调汽车修理企业先行采取车辆排放水、晾晒、内部电路封堵保护等必要处理措施,再开展车辆查勘定损等后续工作,以避免车辆损失进一步扩大,维护车主利益。第三,保险公司在机动车辆损失保险保障范围内,承担因暴雨责任导致的车身、车内饰、车上电子元器件等各方面损失,以及发动机进水后对发动机的拆装、清洗、换油等费用;在附加险"涉水损失险"(或类似附加险条款)保障范围内,保险公司承担因水淹、涉水行驶、在水中启动导致发动机损坏的相应损失。第四,对于没顶或车内水淹至仪表台之上的车辆,保险公司与被保险人协商一致后,可做推定全损处理,依据机动车辆损失保险条款给予赔偿。第五,各保险公司建立快速理赔绿色通道。对于责任明确、损失确定的案件,可实行现场定损、现场赔付。第六,保险公司承担投保车辆因暴雨受损后自行施救产生的合理费用。② 由上述六项承诺可以看出,行业协会希望各保险公司能特事特办,开门理赔,对于符合条件的,应及时受理、及时理赔,不要拖延。然而,在车险理赔过程中,却产生了纷争。

---

① 坚持创新、突出重点,2012年北京保险监管工作成效明显[N/OL].中国保监会北京监管局网站.2013-02-01. http://www.circ.gov.cn/web/site3/tab408/info235431.htm

中国保险监督管理委员会.2015年重大灾害事故保险理赔案例选编[M].北京:中国财政经济出版社,2015:410.

② 北京保险业就"7·21"特大自然灾害机动车辆保险理赔作出六项承诺[N/OL].中国保监会北京监管局网站,2012-08-03. http://circ.gov.cn/beijing/tabid/3599/InfoID/210469/frtid/409/Default.aspx,2012-08-03

纷争之一:发动机进水是否应该赔偿?

在我国车险市场上,保险公司销售的车辆损失保险产品一般都规定,凡是被保险车辆在淹及排气筒或进气管的水中启动,或被水淹后未经必要处理而启动车辆,致使发动机损坏,则不属于赔偿范围,除非被保险人另外为这一风险购买了车损险的涉水附加保险产品才能从附加险中获得赔偿。也就是说,发动机进水的理赔保险目前只适用于涉水险产品,其全称是发动机涉水损失险,属于车主专门对车辆发动机购买的一种附加险,投保的车辆在涉水路段行驶或被水淹没后导致的发动机损坏,适用涉水险的理赔条款。"7·21"暴雨灾害发生后,受损车辆发动机涉水受损是否属于保险赔偿范围在保险公司与被保险人之间产生了争议。

保险公司即承保人认为,暴雨只是使机动车辆进水,并没有损坏发动机,将被保险车辆拖至维修厂进行发动机清洗与机油更换即可恢复使用,保险公司对这部分的维修费用是可以赔偿的;但被保险车辆进水后遭到驾驶人员二次点火而使发动机损坏,发动机的更换维修费用在车损险中属于除外责任,保险公司不承担赔偿责任。但若被保险人另外购买了车辆涉水附加险,则发动机的维修费用可以由保险公司在附加险的赔偿范围内进行赔偿。

被保险人则认为,在为机动车投保时,承保人并没有如此详细地介绍发动机涉水损失的赔偿责任,只知道既然购买了机动车"全险",则意味着被保险机动车的全部损失都在保险公司的理赔范围之内,何况车损险条款中的保险责任包括自然灾害中的水灾损失。而这次损失即是自然灾害中的暴雨所致,如果没有暴雨就不会有机动车进水,驾驶人员面对机动车进水时二次点火肯定是出于将进水车辆驶离水中的考虑,而非故意损坏车辆,因此,将水灾中的车辆再次点火发动而导致发动机受损很明显属于保险责任范围,理应由保险公司赔偿。

纷争之二:"全险"是不是应该全赔。

"7·21"暴雨事故中,一些受灾的参保人在汽车销售商(包括4S店)、维修商那里购买了机动车"全险",即车辆除了本身损失险外,还包括交通强制险、不计免赔险、第三者责任险、车上人员责任险、全车盗抢险、划痕险、玻璃单独破损险、涉水险等八个附加险,意即购买了上述全部保险产品,机动车辆的全部风险都转移给保险公司了,车子全损,当然应该按车子的投保价格获得全赔。而保险公司认为,全险并不是将车子的全部风险都通过保险转移了,即使不计免赔险也会有绝对免赔额。

1.3 灾后保险应对措施

总体而言,保险公司在"7·21"灾害发生后,应对措施基本还是积极有效的。各承保公司基本做到了各级理赔人员一直坚守在自己的工作岗位上,在正常理赔的状态下加大了对受损保险标的的查勘定损力量,并在客户报险的第一时间快速救援与处理,以及与维修厂、配件商等相关部门协调,为受损的保险客户开通绿色通道,提供最快的救援服务。但由于"7·21"事故发生时,大量社会车辆同时受损,灾害发生后短时间内,车辆的救援、检验、修理等资源出现了临时性的紧张,而对于水淹的被保险车辆而言,救援与修理的时效性对减少损失起着至关重要的作用。虽然在北京市保监局的指导和调度下,各保险公司迅速启动应急预案,调度各方面资源,及时处置接报案、开展事故救援等工作,如平安产险北京分公司在灾害发生后与合作救援公司沟通,从外省调入了42辆救援车,以缓解北京市的救援压力,并为出险客户免费提供了4 301次道路救援①,但由于北京61年来没有遇到过如此在短时间内形成灾害的强降雨,以致一些保险公司短时间内无法拿出操作性强的水灾整体应急预案,像灾害理赔流程、查勘拆检工具、拖车资源供应、修理企业零部件配备状况、零部件的价格等数据信息一时无法掌握,结果,暴雨灾害导致的损失有所扩大、保险救援与理赔还是存在一些不到位的地方。

2. 从"7·21"看保险在灾害补偿中的缺位

2.1 灾害损失补偿方式

在灾害损失日益严重的背景下,我国现行的灾害损失补偿方式包括政府补偿、保险赔偿、社会捐助及自我补偿四种,补偿的内容包括灾民生活救济、灾后重建及其他补偿三个部分。②

政府补偿即各级政府财政预算中用于灾害补偿的拨款及灾害发生后的追加拨款,它反映了政府对灾害补偿的财政规模及运用途径,体现了政府灾后补

---

① 暴雨之伤:迟来的风险课[N]. 金融时报,2012-08-10.
② 许飞琼. 财产保险[M]. 北京:高等教育出版社,2014.

偿的职责与义务。中华人民共和国成立以来,由于商业保险业等的不发达(商业保险在1959—1979年甚至被停办),政府一直承担着主要的灾后补偿责任与义务,中国政府每年都要将救灾支出作为一项固定的财政开支项目纳入预算,并无偿用于对受灾人口的救济补偿。政府补偿的优越性主要表现在:第一,应急性,即在灾害发生时能及时进行补偿(如紧急赈济、医疗救助等);第二,集中性,即能够集中调度救灾资源,对重大灾害事件的补偿尤其具有优越性;第三,款物结合,即不仅能提供货币形态的经济补偿(如救灾款),而且能提供实物形态的经济补偿(如粮食、建房材料等)。北京"7·21"暴雨灾害发生后,各级政府相关部门连续多次拨付救灾资金用于灾后救助及重建。如针对京津冀遭受的严重洪涝灾害,财政部、水利部于7月22日紧急拨付特大防汛补助费1.2亿元,以支持做好防汛防险和水毁水利设施的修复工作;7月26日,中央财政下达北京市自然灾害生活补助资金1.3亿元,专项用于洪涝灾区受灾群众紧急转移安置、过渡性生活救助、倒塌受损住房恢复重建和向因灾死亡人员家属发放抚慰金[①];北京市财政局拨付相关单位"7·21"特大自然灾害恢复重建应急项目资金3.565亿元,主要用于受灾严重地区排水、环卫、河道治理、道路桥涵、教育、卫生、电力等领域恢复重建,水务工程水毁应急修复,城市应急排水能力提升等固定资产投资项目[②];7月31日,财政部再次拨付北京市第二批特大防汛补助费7 000万元;8月6日,财政部拨付北京市农业生产救灾资金3 000万元,用于补助受灾农民购买种子、种畜、种苗、农药和农膜等生产资料。[③] 此外,国家开发银行北京分行在灾害发生后不久即为受灾严重的房山、平谷两区提供4亿元救灾应急贷款支持,其中房山区3亿元、平谷区1亿元,后又于2013年4月与中国农业银行北京分行联合组建银团,向小清河、刺猬河、吴店河三个项目承诺贷款

---

① 中央财政拨付北京市"7·21"特大自然灾害生活补助资金1.3亿元[N/OL].北京财政网,2012-07-26.http://www.bjcz.gov.cn/zwxx/czxw/t20120726_389717.htm

② 市财政拨付"7·21"特大自然灾害恢复重建应急项目建设资金3.565亿元[N/OL].中华人民共和国财政部网站,2012-09-20. http://www.mof.gov.cn/xinwenlianbo/beijingcaizhengxinxilianbo/201209/t20120920_683935.html

③ 中央再拨3 000万支援北京救灾[EB/OL].网易新闻,2012-08-08.http://news.163.com/12/0808/02/88BR ERQE00014AED.html

8.65亿元,为水利工程建设提供了长期、稳定的资金支持。① 但政府补偿也存在缺陷:第一,灾害的不平衡发生与政府财政的年度预算存在着难以调和的矛盾;第二,国家财力的有限性决定了政府很难满足日益增长的灾害损失补偿需求;第三,政府财政充当唯一的经费后盾,灾害损失补偿风险客观上无法分散。因此,在任何社会或时代,政府补偿都是必要且重要的灾害损失补偿途径;但在当代社会,政府补偿又不能成为灾害损失补偿的唯一途径,而是需要正视其不足,多利用其他灾害补偿途径。

商业保险补偿,即保险公司按照自愿成交、等价交换的原则开展各种财产保险、人身保险业务,通过保险手段组织保险基金,当合同约定事故发生后,对受损的保险客户进行经济补偿。与政府补偿相比,商业保险具有如下优势:第一,商业保险可以集中全社会的力量对灾害损失进行补偿,其补偿实力较政府补偿实力强大很多;第二,商业保险可以适应灾害的不平衡发生规律,具有自我调节、自我平衡的功能,而政府补偿因财政预算的有计划性不仅缺乏弹性,而且自身会受到大灾害的冲击;第三,商业保险可以将灾害损失的风险在全国乃至世界范围内分散,即将灾害损失分摊到尽可能大的范围,而政府补偿却不行。正因为商业保险补偿的优越性高,许多国家的自然灾害损失40%及以上是通过商业保险来进行补偿的。然而,北京"7·21"暴雨损失,保险公司的补偿占灾害总损失的比率仅为10.43%(含人身给付),与西方国家灾害损失保险补偿相比,我国的商业保险作用根本没有发挥。北京作为国家的首都,其保险水平还走在全国前列,尚且是如此低的补偿水平,更何况其他省市地区。

社会捐助,即灾害发生时,社会各界出于人道主义,自愿对灾区或受灾成员给予无偿的款物帮助。它是有别于政府补偿与商业保险补偿的又一种社会性灾害补偿。从现实情况来看,社会捐助既有政府组织的也有民间团体如慈善基金会、红十字会、残疾人基金会等组织的,还有企业、家族及个人自发进行的。一般而言,大灾发生时,社会捐助的力度较大,但在一般年份,社会捐助是非常有限的,也是非常分散的。如"7·21"暴雨灾害发生后,截至2012年7月25

---

① 曹华. 北京市中小河道治理工程获得首笔金融机构贷款——国开行携手农行8.65亿元支持"7·21"灾后重建[N]. 人民网,2013-04-12. http://finance.people.com.cn/bank/n/2013/0412/c202331-21119763.html

日,社会各界向北京雨灾捐款超 6 000 万元。①

自我补偿,即受灾体通过平时储蓄或亲朋好友援助或借款来达到补偿灾害损失的方式,它取决于受灾体的经济承受能力。居民自我补偿客观上也是补偿灾害损失的重要途径,但个人行为并非社会行为,它一方面完全取决于个人的经济承受能力和储蓄意识,另一方面则通过参加商业保险或互助合作形态的灾害补偿等形式来实现自我补偿,即实现个人补偿行为向社会补偿行为的转化,在本文中不再赘述。

由上可知,尽管中国的灾害损失补偿有前述四种方式,但自然灾害救助却一直主要采取中央财政拨款无偿救济灾民的模式。即以中央财政作为经济后盾,每年通过相应的预算科目做出预算,再根据各地灾情大小分配给各受灾地区,无偿救济灾民,对一些重大自然灾害,往往还需要跨年度的救灾预算拨款。可见,政府的救灾责任是持续加重的,如果再加上大灾之后的灾后重建拨款,政府的灾害损失补偿责任更为沉重。此外,灾害特别是重大灾害作为激发人们捐助意愿的重要因素,使社会捐助构成了灾害损失补偿的又一个来源,它在许多国家或地区是一种常态性的机制。而在中国,虽然有大灾害发生时的捐助高潮,但这种高潮往往需要广泛的政治动员,不确定性十分明显。②

值得强调的是,在国外灾害损失补偿中扮演主角的保险业在我国的灾害损失补偿中却一直未能发挥其应有作用。

2.2 商业保险的缺位

21世纪以来中国商业保险补偿力度虽然正在加强,并已远远超过政府救灾补偿等其他补偿方式,但是,与发达国家相比,中国的商业保险在灾害损失补偿中并没有达到其应有的水平或发挥其应有的功效,北京"7·21"暴雨灾害损失就是一个很好的保险缺位例子。中国商业保险补偿的缺位主要表现在:

一是商业保险补偿占整个灾害损失的比率不高。从前面分析不难看出,北京暴雨损失116.4亿元,受灾的投保人报案4.4万件,保险损失13.45亿元,北京保险业累计赔付12.14亿元,已赔款项仅仅占灾害损失的10.43%。而在西方国

---

① 魏铭言等.各界向北京雨灾捐款超 6 000 万元,市领导带头捐款 22 万元[N].新京报,2012-07-26.

② 许飞琼.财产保险[M].北京:高等教育出版社,2014.

家,保险补偿一般占到自然灾害事故损失的30%—40%,这一比例在发达国家甚至更高。例如,2007年英国的洪水损失约30亿英镑,保险补偿了20亿英镑,占其损失的67%;2011年泰国遭受50年不遇的洪水,造成直接经济损失超过300亿美元,保险补偿了约120亿美元,占其损失的40%;2012年美国的飓风"桑迪"带来的洪水造成近700亿美元的经济损失,而保险补偿了50%;等等。[①]北京是中国的首都,其经济发展水平走在全国的前列,保险水平也一直排名前三,2012年北京地区累计实现保费收入923.1亿元,居全国第四位。然而,如此低的保险赔付率,足见中国的商业保险补偿在整个灾害损失补偿中并没有发挥其真正的补偿功能作用。

　　二是保险补偿结构不甚合理。就财产保险而言,其主要险种有企业(团体)财产保险、家庭财产保险、机动车辆保险、责任保险、货物运输保险、工程保险、农业保险、信用保证保险、船舶保险等,由于历年在展业承保时存在重视机动车辆保险等个别业务的现象,结果导致出现保费收入结构的不合理及保险灾害事故损失补偿结构的不协调。而21世纪以来,中国的机动车辆保险损失补偿占整个财产保险损失补偿的70%,而每年因灾导致直接损失约2 000亿元的农业,从保险机构获得的补偿却不到1%。北京"7·21"暴雨灾害保险补偿亦是如此。责任保险、货物运输保险、工程保险、家庭财产保险等险种,更是存在灾害损失与保险补偿不匹配的现象,且有加重的趋势。

　　三是损失补偿的范围窄。保险的损失补偿范围一般是保险合同规定的保险责任范围。保险合同是格式合同,其保险责任的约定一般由保险人事先规定,投保人或被保险人只有接受与不接受的权利。保险人为了自身的利益,在供需失衡的情况下,一般将保险责任范围约定在尽可能小的范围内,许多责任则被列为除外责任或免赔责任,如地震、洪水、旱灾等易导致巨大损失的灾害一般均是保险合同的除外责任。因此,当灾害事故发生造成损失后,鉴于保险合同的规定,许多灾害损失便不能获得保险补偿。如"7·21"暴雨灾害中的受损车辆,如果没有购买发动机涉水附加险,车损险中虽然保自然灾害损失(也包括洪水),在被保险机动车涉水过程中发动机受损是不予赔偿的。正因为如此,保险消费者就涉水赔偿问题与承保人产生了不少纠纷。而在许多国家,发动机涉

[①] 瑞士再保险公司. Sigam[J]. 2008,2. 2012,2. 2013,3.

水是被纳入车损险责任范围内的,且其补偿的范围更加宽泛。如德国、美国、加拿大等国家车险,洪水、飓风导致的水灾等均纳入保险责任范围,且保险补偿是坚持"可赔可不赔时坚决赔"的原则,即保险补偿能够帮助被保险人重新购买一辆相当于损失前的车辆。

四是保险赔付率较低。赔付率指标具有双重性,一方面,该指标的高低,表明保险经营者业务经营成本的高低及承保业务质量的好坏,赔付率低可以说明经营业务成本低及承保的业务质量好;但另一方面也表明保险补偿未尽其能,甚至可能存在保险惜赔、该赔而拒赔的现象。保险经营是负债经营,其产品的定价,原则上应该保持所收的保险费与所支出的保险赔偿相等,保险公司的盈利一般应通过利用保费收入与保险赔付的时间差将保险资金进行投资来获得。正因为如此,国际上的保险经营者的保险赔付率一般在100%及以上。然而,中国的保险赔付率与国际相比却显得过低。如根据历年的统计年鉴资料分析,除了机动车辆保险、企业(或团体)财产保险、农业保险的赔付率目前超过了50%外,其他险种的赔付率基本上在40%以下,家庭财产保险的赔付率仅仅为15%—20%。保险的赔付率低,说明灾害损失补偿的范围窄、补偿的额度低。

3. 商业保险的功能作用

作为一种经济补偿制度,保险的作用主要表现在对各种风险进行管理的专业化与社会化方面。一方面,保险业是专门经营各种风险的行业,各国的保险制度更是普遍规定了保险专业经营的法律原则,保险业务经营的专业化,使其在开展风险管理和组织经济补偿时具有更高的效率和更多的经验;另一方面,保险又是一种高度社会化的业务,其业务经营活动因风险管理的需要和再保险、再再保险机制的作用,往往超越国界而成为一种全球性业务,这种高度社会化的经营方式,使投保人或被保险人的各种风险能在最大的范围内得以分散,各种保险损失得以在尽可能大的范围内分摊,最终实现保险业务经营的稳定化和可持续化。因此,保险在管理风险、组织经济补偿方面,具有其他制度无法比拟的优越性,其作为应对各种灾害与风险的市场机制,在许多国家防灾减灾体系中占据异常重要的地位,其不仅扮演着补偿灾害损失的主要角色,也是整个社会防灾减损的生力军。①

第一,保险业具有强大的补偿功能,这使其成为许多国家特别是工业化国家灾害损失补偿机制中最重要的组成部分,在许多国家其对灾害损失的补偿水平远远超过政府救灾对灾害损失的补偿。

表1 2009年和2010年全球灾害损失保险补偿情况简表

(单位:亿美元)

地区	2009			2010		
	经济损失	保险补偿	保险补偿占比(%)	经济损失	保险补偿	保险补偿占比(%)
北美	200.9	126.55	62.99	205.51	153.48	74.68
欧洲	201.1	76.97	38.27	352.04	63.03	17.9
亚洲	167.4	24.36	14.55	748.4	22.4	2.99
南美	5.6	0.5	8.93	533.78	89.77	16.82
大洋洲/澳大利亚	20.5	12.97	63.27	131.31	88.6	67.47
非洲	4.8	1.8	37.5	3.37	1.24	36.8
海洋/航天/全球	20.0	19.55	97.75	206.23	16.23	7.87
全球	620.2(其中自然灾损500)	262.7(其中自然灾损223.6)	42.36(其中自然灾损的保险补偿占比为44.72)	2 180.64(其中自然灾损1 940.5)	434.75(其中自然灾损400)	19.94(其中自然灾损的保险补偿占比为20.61)

数据来源:瑞士再保险公司.Sigma[J].2010,2.2011,2.

注:表中数据包括人为事故。

从表1可见,在2009年和2010年,全球灾害损失分别达到620.2亿美元和2 180.64亿美元,其中,工业化国家所处的北美、欧洲等地区的损失更重,但其经济损失通过保险补偿年均达到50%以上,北美和澳洲的灾害经济损失补偿更高,在60%以上。2008年和2011年是全球巨灾损失大年,直接经济损失分别达到2 690亿美元和3 700亿美元,全球保险补偿占比分别达到了19.52%(该指标

---

① 许飞琼.让保险业成为国家防灾减灾体系中的生力军[J].中国减灾,2012,6(上).

因我国南方冰灾和汶川地震几乎没有保险补偿而较低,如果扣除几乎没有保险补偿的汶川地震损失,全球 2008 年的保险补偿为灾害损失的 36.21%)和 31.35%,而北美的保险补偿占经济损失比分别达 76% 和 63%,欧洲也在 50% 以上。在巨灾损失补偿方面,美国作为飓风频发的国家,其购买的财产保险巨灾风险限额占全球的 1/3,其支付的再保险费占全球财产险再保险保费的 1/2。正因为平常保险预防机制的确立,美国每次飓风造成的损失均可得到 50% 以上的保险补偿。例如,据瑞士再保险公司的 *Sigma* 统计,1992 年"安德鲁"飓风带来的洪水总损失 300 亿美元,保险补偿 165 亿美元,占损失的 55%;2005 年发生的"卡特里娜"飓风带来的洪水损失 1 500 亿美元,保险补偿占其 50%;2007 年因飓风造成洪水损失 20 亿美元,保险补偿 16 亿美元达到了 80%;等等。日本 2011 年"3·15"大地震损失 2 100 多亿美元,保险补偿了 350 亿美元,其 1964 年新泻大地震后于 1966 年立法建立的地震再保险株式会社作为巨灾风险积累防范机制起到了作用。①

第二,保险业因为长期经营风险和应对各种灾害问题的丰富经验,故在灾害防范与损失减少方面能够发挥重大作用。发达的工业化国家不仅通过巨灾保险或再保险方式来提前安排灾害损失财务风险,还专门成立有主攻防灾业务的保险公司以达到预防灾害发生、减少灾害损失的目的。例如,美国法特瑞互助保险公司(FM Global)虽然是一家保险公司,但其核心和重点却放在了以工程技术为基础的防灾防损风险管理上。依靠"绝大多数财产损失是可以预防的""损前预防胜过损后补救"等理念,该公司从承保到理赔等各个方面,都贯穿以防为主的原则,有效地把防灾防损风险管理技术与保险紧密结合起来。事实上,国际上许多成熟的保险公司为达到减少赔偿的目的,都内设防灾防损机构,专门提供有特色的防灾防损服务。例如,英国的一些保险公司成立火灾保险科研机构,开展预防火灾的技术研究;德国保险公司有的设有防损工程部,为客户和准客户提供防灾防损方面的工程咨询服务,包括通过地震灾害地图的描绘、实地勘查通过对灾害风险进行综合性评估、对存在的安全隐患问题提交书面整改建议等。许多保险公司还经常对客户进行防震、消防等安全培训,培训包括如何制定防灾减灾应急程序等。此外,在英国、美国等发达国家,大的保险公司

---

① 瑞士再保险公司. Sigma[J]. 2012,2.

甚至成为国家消防力量的中坚,参与方式包括建立专业的保险消防队伍、资助政府的减灾机构等。

正是因为保险业具有独特的优势和强大的损失补偿与防灾功能,所以工业化国家都十分重视保险业的发展。凡是保险业发达的国家,因专业分工和保险业自身利益的需要,通常会在国家防灾减灾体系中占有重要地位并发挥巨大作用,政府应对灾害问题的压力通常不会很大,更不会轻易因灾而产生对国家财政的重大冲击,灾害损失也往往能够得到较为充分的补偿,灾区社会秩序不会失控,灾后重建也会有序推进。凡是保险业落后的国家,政府面临的应对灾害的压力巨大,重大灾害的发生往往对一国或一地区的财政与正常发展造成重大打击,甚至可能因灾而一蹶不振。因此,保险业的发达程度,事实上与国家防灾减灾及损失补偿能力构成了十分紧密的正相关关系。

4. 促进中国保险业作用发挥的措施

从前面分析可知,由于各种原因,中国商业保险在灾害损失补偿中的作用并没有得到充分发挥。而保险作为一种市场化的风险转移机制,在灾害日趋严重的情况下,提高社会防灾防损能力,最大补偿灾害损失,稳定社会环境、促进人与自然和谐等方面应该是大有作为的。因此,笔者认为,为了充分发挥保险在灾害损失中的补偿作用,保险经营者和管理者应该尽快树立新的经营与管理观念,有力地采取科学的、必要的措施。

4.1 强化保险意识教育

一方面是尽快提高公众的保险意识。现阶段,社会公众对保险的认知度还比较低,保险意识淡薄,投保率过低则说明了保险需求还未得到有效激发。由于商业保险的补偿程度取决于投保者向保险公司投保金额的高低,如果消费者的保险意识逐渐加强,在经济实力逐渐增强的今天,保险消费者所投保的金额也会逐渐提高甚至会趋向于足额投保,从这个意义上讲,投保率的提升,保险对灾害补偿的力度也就会随之加大。因此,必须建立起一套适应消费者市场的保险宣传策略,正确引导社会公众的保险消费行为,把商业保险的潜在需求逐步转化为现实、有效的保险需求。另一方面是强化经营者的保险服务意识,增强广大员工服务和谐社会的自觉性。发挥好商业保险的灾害损失补偿功能和作用,有赖于商业保险行业广大干部和职工保险服务意识的提高,有赖于全保险行业对加快商业保险发展重要性认识的提高,以及明确商业保险既是国民经济的组成部分,也是支持和推动国民经济发展重要手段的认识。因此,经营者与管理者应有意识地把商业保险的发展融入到社会经济发展的全局中去,注重商业保险经济效益的同时注重其社会效益,克服畏惧风险的心理,积极扩大承保金额,增强保险经营者的社会责任感,为和谐社会建设做出应有的贡献。

4.2 尽快开发新的保险产品

以满足不同层次的保险消费者的需求。一方面,保险经营者应尽快打破过去险种单一、结构雷同、毫无特色和侧重、缺乏竞争力和对消费者无吸引力的局面,积极对市场进行全方位、多层次的调查研究,在充分考虑需求结构变化和宏观经济因素影响的基础上,按照市场情况,针对不同的经济发展地区、家庭结构等条件设计多层次、多品种的保险产品。在尽量短的时间内,形成产品丰富的市场供给,以满足保险消费者全方位、多层次的保险需求。另一方面,加强对机动车辆保险、企业(团体)财产保险、意外伤害保险等老产品的改良和创新,巩固已开发的保险市场。此外,对于风险大、技术含量高、赔付率高的产品,如责任保险、农业保险、地震保险,应充分利用政府将进一步重点扶持该领域的政策,抓住机遇开发此类保险产品,并使开发的新产品具有前瞻性、预见性、适应性和相对稳定性。

4.3 积极培育良好的保险供给市场

中国的保险供给市场存在着供给总量不足和供给结构不合理的矛盾,这个矛盾涉及保险经营者的供给能力、保险产品价格、保险经营人才、保险服务水准、保险管理者的监督管理水平等众多因素。培育一个能够满足保险需求的完善供给市场,必须解决上述矛盾并消除相关因素的不良影响。因此,目前应该做到:第一,加快批设保险公司的步伐,使保险公司的数量规模再上一个台阶。第二,增强现有保险经营者的供给能力。所谓保险供给能力是指保险经营者可主动向社会提供的接受和承载保险风险的容量及满足社会不断增加的新保险需求的产品创新能力。保险供给能力一方面可通过扩股增资及公司上市的方式来提高,通过保险投资来使保险资金不断增值,以增强保险公司的经济实力和承保能力;另一方面可通过健全保险公司的法人治理结构、建立健全保险公司的风险预警系统及偿付能力指标体系等来提高保险经营者的资本实力和市场竞争力。第三,确保人力资本投资优先。尽管有一些保险公司在人力资本投资方面加大了力度,但总体而言,中国保险行业对人力资本的投入仍然是偏低的,许多保险公司甚至没有任何人力资本投入,而是单纯寄希望于从其他公司挖人才,这对于个别公司也许能够起到节省成本的作用,但对整个保险业来说却是一种短视行为。因此,建议保险监督管理部门能够对各保险公司的人力资本投入进行规范与指导。只有保险公司将人力资本投入置于优先考虑的地位,整个保险业人才兴旺的格局才会真正形成,保险供给市场才能良性循环。第四,做好承保与理赔工作,增加防灾防损、风险咨询、风险管理等延伸服务,主动、积极提高服务水平,最大限度地方便保险消费者。

4.4 科学地培育再保险市场

再保险是经营直接保险业务的原保险人分散所承接风险的基本工具。完善的再保险市场可以在保险经营中充分发挥平衡风险的机制效用,提高原保险人的风险处理技术水准,扩大其承保能力。因此,在现有再保险市场不发达的情况下,一方面可以通过再保险市场主体的增加、资本实力的补充,进一步提高商业化程度,增强总承保能力;另一方面可以通过增加再保险产品的种类、提高再保险技术和服务水平来满足不同层次的市场需求,提供充足的承保能力支持。此外,政府相关部门应积极促进再保险市场的建立,鼓励向再保险市场投资,规范保险公司的再保险行为,以保证直接保险业务的稳定发展和保险业有效率的增长。

4.5 在商业保险制度建设中政府应尽其职责

一方面,政府部门应该树立正确的保险观念,尤其要认识到商业保险在巨灾保险建设中承担责任的必要性和重要性。如前所述,政府在历次大灾中承担了较大的灾害补偿责任,但政府这种缺乏市场化应对机制的救灾补偿方式在频繁发生的大灾大难面前是存在较大缺陷的。而这个缺陷,恰好可用保险的方式来弥补。因此,政府要认识到保险不仅仅是企业的行为,也是政府自身的行为。对于那些无利可图甚至亏损的,但与百姓切身利益相关的保险业务如地震、洪水、环境污染等保险,商业保险公司不去经营或较少涉及,这并不违反经营法则,但政府可以积极介入,牵头去组建专门的保险机构,或交由特许的保险公司去完成,政府必须认识到自身应该承担诸如地震等巨灾保险制度建设的重大责任。事实上,许多发达国家如美国、德国、日本等的政府部门在巨灾保险中均扮演了主人翁的角色,承担着主要的责任。另一方面,政府要明白,灾害发生后救济越多,灾民或百姓对政府的依赖性就越强,而参加商业保险的可能性就越弱。因此,鉴于商业保险在灾害损失补偿中的主导作用,政府要改变过去只重视灾害救济的观念,在政府实施灾害紧急救助的基础上,更多的灾害损失补偿及灾后恢复重建工作应交由保险公司来进行。当然,政府可以在立法、税收、保险教育投资等方面给予一定的支持。此外,对于巨灾保险制度的建设,政府应协调相关部门共同推动巨灾风险数据平台和巨灾模型的建立,为建立巨灾保险提供技术支持,同时探索利用保险风险证券化等方式,将巨灾风险通过资本市场予以分散。

案例使用说明

1. 教学目的与用途

本案例结合北京"7·21"暴雨灾害及其保险补偿事实,阐述了保险的功能作用。在教学中,可以结合国内外的灾害与保险补偿整体状况及相关国家的个案来比较分析中国保险制度存在的不足,使学生了解保险的基本职能及其在国家综合防灾减灾体系中应发挥的生力军作用。本案例适用于《财产保险》《保险学概论》等课程使用,尤其是在介绍保险功能作用时运用本案例更有说服力。

2. 启发思考题

(1) 保险的职能作用有哪些?

(2) 如何理解保险在灾害损失补偿中发挥的作用?

3. 理论依据

本案例的理论依据为灾害损失补偿理论、保险分摊损失与补偿职能理论等。

参考文献

[1] 许飞琼.保险业在国家(地区)防灾减灾中的战略定位与发展[J].教学与研究,2012,6.

[2] 许飞琼.让保险业成为国家防灾减灾体系中的生力军[J].中国减灾,2012,6(上).

[3] 许飞琼.中国的灾害损失与保险业的发展[J].南昌:江西财经大学学报,2008,5.

[4] 许飞琼.财产保险[M].北京:高等教育出版社,2014.

[5] 专家全面解析北京"7·21"特大暴雨[EB/OL].新浪新闻中心,2012-07-24.http://weather.news.sina.com.cn/news/2012/0724/093878383.html

[6] 坚持创新、突出重点,2012年北京保险监管工作成效明显[N/OL].中国保监会北京监管局网站,2013-02-01. http://www.circ.gov.cn/web/site3/tab408/info235431.htm

[7] 中国保险监督管理委员会.2015重大灾害事故保险理赔案例选编[M].北京:中国财政经济出版社,2015:410.

[8] 瑞士再保险公司.Sigma[J]. 2008,2.2012,2.2013,3.

中小保险公司发展探析：
以华泰保险为例

郭丽军　栾丰裕

摘　要：华泰保险集团股份有限公司是一家集财险、寿险、资产管理于一体的综合性金融保险集团。成立于1996年的华泰保险，经过20年的发展，总资产已突破400亿元人民币。历经两次转型，华泰保险走上了以质量效益为主导的发展之路；2000年进行第一次转型，实现了从"规模"主导到"质量效益"主导的转变；2011年进行第二次转型，发展战略由"利润增长型"转变为"价值成长型"。作为一家中小保险公司，华泰保险与国内其他公司不同，在经历最初的规模高速扩张后，发展速度在转型调控下趋向缓慢。本案例描述了华泰保险集团股份有限公司的发展历程，对其20年来的几次重大变革进行了探索和分析。

关键词：华泰保险　发展模式　转型　差异化竞争　投资驱动

华泰保险集团股份有限公司（以下简称"华泰"）是一家集财险、寿险、资产管理于一体的综合性金融保险集团，前身是1996年成立的华泰财产保险股份有限公司。华泰旗下拥有华泰财险、华泰人寿、华泰资产管理、华泰基金等全资或控股子公司，其经营范围十分广泛，涵盖了财产损失险、责任险、水险、健康险、传统寿险、意外险、健康险等保险业务，同时开拓了基础设施、股权和海外投资等业务，发行了多款项目投资产品，为客户和保险资金的保值增值做出了努力和贡献。

与国内其他中小保险公司相同，华泰的市场份额常年不超过1%；与其他中小保险公司不同的是，在经历了1996—1999年快速增长后，华泰通过战略转型，确立了以"质量效益"为主导的发展模式，截至2016年，华泰已在这条与众不同的发展道路上摸索了16年。

1. 快速成长期(1996—2000年)

1996年1月22日经国务院同意和中国人民银行批准,华泰财产保险股份有限公司进入筹建阶段,并于同年8月29日正式开业,公司总部设在北京。作为我国第一家全国性股份制财产保险公司,华泰财险是我国金融体制改革新形势下产业资本与金融资本相结合的产物,公司设立之初,实收资本为13.33亿元人民币,由中国建筑总公司、中国船舶工业总公司、中国海洋石油总公司、中国华北电力集团公司等63家大型国企发起设立,公司股东囊括电力、电子、机械、石油、粮食、建筑、冶金等24个行业。开业元年,公司营业收入达4 000万元,实现投资收益5 000万元。

1997年我国保险业进入发展的新时期,随着华泰等一批新保险公司的建立,我国保险市场由过去中保、太保、平安三足鼎立转向多元化的竞争格局。作为新兴保险公司,华泰面临着激烈的市场竞争压力。和很多初创的中小保险企业一样,华泰选择了"激流勇进",确立了"稳中求进,开拓市场规模,加强管理效益"的经营方针。一手抓保险业务发展,一手抓资金运用:不断扩大业务规模,注重风险比例管理,努力开辟适合中国市场的新险种,先后开发出商品房抵押贷款保证保险、办公室综合保险等新险种,并开始涉足一些高技术、高风险业务,参加航天保险联合体,成功承保两颗卫星发射险,船舶险承保额跃居全国第二,取得了良好的经济效益和社会效益。

1998年面对世界性金融危机和经济动荡的挑战,我国金融业进入风险防范阶段,中国保险监督管理委员会成立,为我国保险市场的规范与健康发展创造了新的有利条件。在困难、复杂的市场环境里,华泰坚持以效益为先,走集约经营的发展道路,保险和资金运用都取得了长足进展。1998年在财险业务市场份额仅0.5%的情况下,实现净利润1.09亿元,占全行业利润总额的10%。

1999年凭借着优良的业绩,华泰成功实现了"三年立世"的目标,在以规模效益为主导的方针指引下,公司迅速发展壮大,全年公司实现保费收入5.02亿元,完成投资收益1.97亿元,保险业务规模在北京市场升至第二位。同年,中美达成中国加入WTO协议,为我国经济发展带来了新的机遇与挑战。为取得更好更快的发展,华泰没有因已取得的成绩沾沾自喜,而是抓住成立三周年的契机,深刻总结经验,反思不足,谋求进步。公司成立制度体系建设委员会,聘请咨询顾问机构安达信公司按照国际标准协助公司改善和建立新的财务、业务管理体系。

安达信对华泰经营状况的检查结果不容乐观,在采用国际会计准则通用的1/24未到期责任准备金提取法对华泰的经营状况进行了重新计算,得出了华泰已出现较大亏损的新结果。"高投入、高成本、高消耗、低效率"的粗放式发展道路显然是华泰成长的歧途,面对随保费规模不断增长的风险,2000年华泰在香山召开了中层以上干部会议,研讨公司的发展方针和战略问题。

在此次会议上,董事长王梓木提出了崭新的发展观念"真正决定企业命运的是企业的质量和效益,而不是企业的规模。华泰不以保费论英雄,要以质量效益比高低"。香山会议后,华泰改变了过去"以效益为核心、以规模为主导"的发展方向,确立了"以质量效益为主导"的发展道路。摒弃了粗放式增长,在摸索中华泰开始实行"改进财务管理制度""建立以承保利润为核心的保险业务考核指标体系""以1/24法提取未到期责任准备金""建设两级管理体制"等一系列转型举措。公司充分发挥核保委员会的作用,建立相应的核保理赔制度工作程序、保户投诉制度和信息反馈制度,大大提高了理赔质量,同时以应收保费为管理突破口,对保险业务进行了全面清理。

1996—2000年是华泰的快速成长期,在最初的"规模效益"方针的主导下,华泰业务规模实现了飞速发展,市场份额也排名前列,但同时也带来了实际承保利润亏损的问题。作为一个发展保险、稳健投资的企业,承保利润亏损是不小问题,为了化解这一问题,华泰在2000年进行了公司的第一次转型,比其他保险公司更早地走上了以"质量效益"为主导的发展道路。

2. 转型发展期(2001—2005年)

2001年是华泰五年规划的第一年,为巩固制度体系建设的成果,公司继续落实各项业务管控措施,加强核保核赔,保险业务质量明显好转。同时确定了优化险种结构、发展效益险种的整体思路,有效地扩大了财产险、房屋险的规模,并通过对不同险种制定不同的业务政策,使险种结构达到一定程度的改善。在2001年公司业务结构中,机动车险占66.44%、船舶及货运险占16.97%、企财险占8.4%、房屋险占3.59%。此外,公司资金运用业绩良好,实现投资收益1.17亿元,在全国银行间市场的国债承销额列全国保险公司的第一名,并成为财政部向中国社保基金推荐的唯一国债交易承销商,公司的投资运营在全国保险同业中形成了比较优势。

华泰于2001年开始进行上市准备,为优化股权结构,提高公司在专业领域的经营和管理水平,完善公司治理的科学性和成熟度,2002年,华泰引入美国安达保险集团,签订《战略合作备忘录》,建立首席执行官管理体制,在公司治理、保险业务管理结构、产品研发创新、服务及风控等层面实现了进一步完善。2002年华泰实现净资产收益率8.87%的历史最高水平,全年保险业务收入7.9亿元,比上年增长19%,超过全国财险市场平均增长水平;实现投资项下收益1.82亿元,投资收益率8.78%,明显高于市场水平。但是,在投资收益超过预期的同时,华泰在2002年的承保亏损并没有得到明显改善,甚至超过预算水平。

2003年是华泰大力推进战略转型的一年,面对产险市场尤其是全国车险费率放开后的过度竞争局面,以及公司自身存在的一些问题,华泰提出了"发展速度要适当,结构要合理,产品和服务要创新"的即期发展指导方针,在充满变化和挑战的市场中明确了自身的定位和前进方向。公司全年保险业务收入8.47亿元,比上年增长7.08%,首次实现承保利润221万元,完成了从简单规模扩张向质量效益型发展的初步转变;投资业务实现收益1.39亿元,投资收益率5.25%,继续保持业内领先。在个人保险业务方面,公司根据精算结果及时调整核保政策,使车险等业务的风险得到有效控制;在商业保险方面,加强了对承保标的的审核和查勘,对业务的选择更加严格,整体险种结构有所改善,非车险业务同比增长50%,所占比重由2002年的37%提高到41%,车险业务本身也进行了结构性调整,效益车型的承保比例提高。

2004年华泰在没有增加人员和分支机构的情况下,保费收入达到10.52亿元,实现承保利润5 657万元,综合成本率控制在同业平均水平以下;车险保费增长20.67%,首次全面实现盈利,货运险业务取得全国市场排名第四的好成绩,短期意外险、投资连结型保险产品获得一定成功,进一步巩固了华泰在非寿险投资型产品上的特有优势,并受保监会委托,成功举办了非寿险投资型产品国际研讨会。此外,面对2004年债市、股市大跌的环境,华泰采取了审慎的防御性投资策略,债权久期由2003年的6降到2以下,最大限度地规避了风险,按资产净值计算,在提足跌价准备金后,2004年资金运用收益率为1.73%。同年8月、11月,华泰召开第一次和第二次临时股东大会,先后批准了《关于资产管理公司增加资本金的议案》和《华泰人寿增加注册资本金的方案》。

2005年1月,华泰资产管理公司正式开业,标志着华泰建立专业化投资机构的战略目标的实现,有力地推动了投资业务的快速发展。并在开业当月投下了中国保险资金入市的第一单。2005年3月,华泰人寿获得保监会开业批准,成为国内首家由财险公司发起成立的人寿保险公司。华泰成为全国第一家集财险、寿险和资产管理公司于一体的综合性保险企业。2005年,在竞争加剧、灾害频发的情况下,华泰取得承保利润1 816万元,实现了可持续的、有效益的增长,公司险种结构得到进一步改善,车险占比持续下降,为公司整体业务的55.17%,非车险业务占比较上年提高5.92%达到44.83%。在保持原有业务的基础上,华泰继续开拓目标市场,加大意外险和责任险,特别是对出口产品责任险和董事、监事责任险的销售。

2001—2005年是华泰的转型发展期,通过优化险种结构、改善保险业务,华泰实现了承保利润。同时优化股权结构,以内生式增长的形式成为我国第一家集财险、寿险和资产管理公司于一体的综合性保险企业。作为中小保险企业,华泰在发展传统车险业务的同时,积极开拓新的目标市场,在货运险、投资连结型非寿险、董事、监事责任险等领域取得了一定成绩。

3. 创新发展期(2006—2010年)

2006年国务院颁布《关于保险业改革发展的若干意见》,指出"保险具有经济补偿、资金融通和社会管理的功能,是市场经济条件下风险管理的基本手段",标志着我国保险业迎来了新的发展。但我国保险业属于寡头垄断市场,保险产品同质化严重,内容上缺乏竞争力,长期以价格作为主要竞争手段,对中小保险企业的发展十分不利。在这种环境下,华泰做出实施"蓝海战略"、建设创新型保险公司的重大决策。通过产品创新、服务创新、销售创新和管理创新在内的价值创新,提高华泰的市场竞争力,实现又快又好的发展。在产品创新方面,华泰成功开发了新一代投资型保险产品"华泰理财一号",同时针对责任险市场潜在的巨大发展空间,推出了旅行社责任险、高新技术产品研发责任险、货运代理责任险等一系列新产品,有力推动了责任险业务的快速发展。

2007年华泰财险累积原保费收入25.64亿元,公司净利润达到16.53亿元,其中保险业务利润3.22亿元,投资净收益13.60亿元。在责任保险市场,华泰成为国内董事、监事及高管人员责任险的主要承保人,截至2007年10月底,已成功承保多家A股、H股、A+H股、红筹股、美国上市及非上市的公司;在投资型保险市场,华泰针对不同的目标客户群体,先后推出了"华泰理财一号""华泰理财二号""华泰稳健"等多款投资型保险产品,截至2007年12月底,公司投资型保险产品总资产规模已达131.60亿元。华泰人寿实现保费收入7亿元,并推出团体年金投资连结型产品,一个月保费收入近2亿元。华泰资产管理公司除运营集团内资产,还为国内43家保险机构提供资产管理服务,托管资产规模近360亿元。

2008年,华泰继续推动产品创新和营销组织管理创新,先后完成了"货代责任保险""注册会计师执业责任保险"等多项新产品开发工作,丰富了公司的产品线,提高了华泰作为保险市场创新者的地位,在责任保险、投资型保险市场取得了极大优势。同时公司开始探索新的营销组织管理模式,对国外成熟的市场专属代理人营销模式进行专题考察,结合中国市场实际和公司实际,着手在福建分公司开展新型营销模式的创新试点。公司实现原保险保费收入24.88亿元,同比增长24.89%,比全国财险平均增长水平约高7个百分点,保险业务在GAAP(一般公认会计准则)调整后,仍然有1 103万元的承保利润,是全国保险公司中为数不多的有承保利润的公司之一。

2009年,经过一年的筹备,华泰引入了专属代理人(exclusive agent,EA)模式,并在福建进行试点,开创了中国规范开展专属代理人经营模式的先河;在产品创新方面,华泰准确把握自身定位,推出了火灾公众责任险、特种设备检验检测责任险、口腔医疗责任险等11项责任险新产品,进一步巩固了华泰在责任险业务上的传统优势和市场创新者的地位。在执行《企业会计准则解释第2号》后,公司实现净利润3.51亿元。同年,凭借着技术优势、承保经验和公司品牌,华泰成为出口产品责任保险服务网络覆盖面最大的保险企业。

2010年,华泰财险保险业务利润首次超过投资收益,标志着华泰从过度依赖投资收益向获取承保利润的转变,也标志着华泰完成了从简单的规模扩张向质量效益型的转变,体现了华泰作为保险公司风险保障的积极作用。在营销模式创新方面,EA 模式取得突破性进展,公司还开发了针对 EA 渠道的中小商户综合保险;在产品创新方面,依托 2009 年成立的电子商务部,华泰首创了针对淘宝网网购人群的购物运费损失保障保险;在服务方面,华泰推出了非事故道路救援等创新服务模式,建立了非车险重大事故/事件主动查询制度,积极履行保单义务和社会责任,客户体验得到提升。

2006—2010 年是华泰创新发展的五年。针对我国保险市场寡头垄断的竞争环境,华泰凭借着技术优势,针对细分市场客户需求,推出创新型保险产品,并在责任险市场、投资型保险市场取得了不错的成绩。同时,在传统车险市场,通过创新营销模式和服务模式,不断提升客户体验,树立公司口碑。通过差异化竞争战略,华泰避开了同大型保险企业进行价格竞争,实现了自身规模和价值的共同增长。

4. 成熟发展期(2011—2015 年)

2011 年 8 月经中国保监会批准,华泰保险集团股份有限公司完成更名,注册资本金为 30.4 亿元人民币,总部设在北京;至此,华泰保险告别"类集团"运作模式,成为保监会下发《保险集团公司管理办法(试行)》后按照新规设立的第一家保险集团公司。集团化改组完成后,公司通过旗下主要子公司,即华泰财险、华泰人寿、华泰资产管理向客户提供财险、寿险和资产管理服务。华泰财险业务规模与效应稳步提升,在责任险市场中差异化竞争优势逐步显现,EA 模式得到市场初步认可,截至 2011 年年底,已有 150 余家 EA 门店投入运营。华泰人寿以"价值提升"为中心发展寿险业务,不断优化产品结构和提高服务水平,并根据市场需求和渠道业务发展策略,加大寿险保障性产品与创新型产品的开发工作,设计推出变额年金产品,已成功进入市场,银保渠道和上海工行、慕尼黑再保险公司合作,采用核保前置的方式,推出了两款保障期更长的组合产品,对银保业务新的发展方向进行了有效的探索。

2012 年,华泰财险年度累计实现保费收入 55.91 亿元,其中车险保费收入 34.26 亿元,商险实现保费收入 16.01 亿元,个险实现保费收入 5.64 亿元。通过加强产品与渠道创新,优化运营环节,提升客户体验,努力在产品、服务、品牌的细分市场中建立差异化竞争优势。EA 模式步入快速增长轨道,在已开设 EA 渠道的省份,其保费贡献度达 12.19%;电子商务业务实现快速增长,推出业内首创的酒店取消险、退运费险、票务取消险、机票取消险等产品。华泰寿险实现总规模保费收入 28.57 亿元,继续秉持"价值成长"理念,推出"最惠理赔"等业内创新服务,理赔服务承诺达成率 100%,申诉重申率 0。

2013 年华泰"产、寿、资"三大板块的战略转型工作均取得阶段性进展:财险的 EA、经纪和电子商务三大战略主渠道向纵深化发展;寿险通过反复探索与论证明确了"全面聚焦中高端客户,力争成为中高端市场先行者"的细分市场战略,并提出了保障战略落地的六大举措;资产管理通过组织架构的调整,整合资源,构建起新的专业化运作平台,以集团为核心的各大战略版块布局更加合理、协作机制不断完善。集团全年实现保险业务收入 93.40 亿元,总资产达 365.48 亿元。

2014 年我国保险业全年保费收入突破 2 万亿元,总资产突破 10 万亿元,增速达 17.5%,保险市场规模已由世界第六上升为世界第三,成为全球最具潜力的保险大国。同年,国务院先后颁布了《关于加快发展现代保险服务业的若干意见》(新国十条)和《关于加快发展商业健康保险的若干意见》两个文件,进一步奠定了保险的社会地位。2014 年是华泰财险推动主渠道实施的"转型攻坚年","EA、商险、电商"三大业务单元基本成形,差异化竞争优势逐步显现,截至 2014 年年底,EA 渠道累计保费收入达 15.56 亿元,同比增长 99.70%,占车险整体保费的 40.93%;电子商务专注于互联网保险业务发展,逐步建立起跨产品线的华泰电商品牌和行业领先优势,淘宝和旅行险两大特色业务得到强化。寿险实现五个转型:市场转型,逐步聚焦城镇中高端客户市场;产品转型,由理财型转变为长期保障和长期财富积累型;经营转型,聚焦价值持续稳定增长,业务指标关注点由规模保费、标准保费向价值保费及新业务价值转型;渠道转型,聚焦个险渠道建设;风控转型,通过调整产品结构,防范高现金价值业务的风险,注重防范资金运用风险。通过精细化管理,华泰人寿实现经营利润总额 0.76 亿元,其 2005 年成立以来首次盈利。

2015 年,华泰集团将"成为细分市场领导者"作为差异化竞争的战略目标:财险 EA 新模式获保监会批准在全国推广,三大事业部和区域化管理改革实现落地;寿险个险主渠道竞争优势逐步显现,跨入持续盈利期;资产管理深化事业部改革,基金公司筹建取得实质进展。在深化发展 EA 模式的同时,华泰财险持续关注互联网保险业态发展,积极聚焦"网络购物、旅行险、高净值人群、手机3C(computer,计算机;communication,通信;consumer electronics,消费类电子产品)和个人消费信用"五大细分市场,将传统财险与互联网新渠道结合,推出网络约车综合责任险等创新产品,年内电商单元累计实现保费收入6.5亿元,位居非车险互联网保费收入行业第二。寿险方面,于2014年推出的"百万系列"新业务价值率进一步提升,监管准则口径下全年实现新单标准保费7.36亿元,盈利0.19亿元,"偿二代"监管体系下公司偿付能力充足率达222%。

2015年华泰召开抚仙湖会议,确立了价值成长型的发展理念,推动战略转型的升级。

2011—2015年是华泰集团发展相对成熟的五年,进一步明确自身中小保险企业定位,秉持"集约化管理、专业化经营、质量效益型发展"的同时,确立"差异化竞争"的战略思路,在细分市场上寻求领导地位,通过产品创新成为开拓新市场的翘楚,开启了从"利润增长型"向"价值成长型"的转变。

5. 结语

与很多同业公司相比,华泰选择了一条与众不同的发展道路,不仅在于其以"质量效益"为指导的发展方针,而且在于其不断创新、不断拓展新市场的发展战略。经历了最初三年的急速扩张,在第一次转型后走上了缓慢发展的道路,直到今日,其行业排名依旧落后,整体规模也相对较小。曾经"煊赫"的责任险市场地位如今也趋向"平凡",取而代之的是互联网保险市场的"初露锋芒"。作为中小保险企业,华泰的发展面临着很多压力与局限,成立20年来,一直通过自身努力去克服、去成长。正如华泰董事长王梓木在华泰20周年庆典上的致辞所言,华泰一直在探索中国保险公司的发展规律,过去是,现在是,未来也是,华泰将会继续地找路、上路和赶路,在发展之路上走下去。

案例使用说明

1. 教学目的与用途

本案例适用于《保险学》课程,涉及保险市场、保险公司经营管理等章节的内容。

本案例的教学目标:使学生掌握保险公司在不同市场环境下发展战略的制定过程,了解我国保险行业情况及中小保险公司发展面临的问题,通过总结华泰的发展历程,启发学生思考我国中小保险公司的发展方式,从而提高学生解决实际问题的能力。

2. 启发思考题

(1) 什么是中小保险企业,中小保险企业和大型保险企业各有哪些特点?

(2) 华泰提出"不以保费规模论英雄,要以质量效益比高低",你认为有哪些评价指标可以衡量保险公司的质量效益?

(3) 保险细分市场的划分方式是什么?你认为中小保险公司和大型保险公司相比,谁更容易成为细分市场的领导者,为什么?

(4) 你认为我国中小保险公司在发展中会遇到哪些困难,产生这些困难的原因是什么?

(5) 你认为华泰保险的发展之路是否具有借鉴意义?如果有,请具体归纳;如果没有,请阐述理由。

3. 理论依据与分析思路

我国保险市场是典型的寡头垄断市场,中小保险公司在竞争中处于明显的不利地位,面临着重重困难。同时保险市场的排名一直以保费规模作为主要参考数据,在此引导下大部分保险公司都以规模为主导制定发展战略,从而走上了粗放式的发展道路,这在给公司带来保费收入增长的同时不可避免地会产生巨大风险。尤其是对于根基未稳的中小保险企业来说,这种发展方式极其不利于其长久持续发展。

在分析本案例时,可以从中小保险企业面对的发展困境入手,结合保险公司质量效益评价指标进行分析,分析华泰20年发展过程中的具体做法,总结经验,探讨我国中小保险企业的发展道路。

4. 背景信息

（1）王梓木对巴菲特模式的考量

王梓木认为现在一些保险公司热衷于投资驱动,崇尚所谓的巴菲特模式。巴菲特模式的核心是坚持价值投资、长期投资,许多人将注意力放在巴菲特模式在投资上取得的重大成就,但很少有人对巴菲特模式的负债端进行认真考量。

首先,巴菲特收购的是产险公司而不是寿险公司。巴菲特认为寿险确实是提供长期使用资金,但也是长期负债,在资产配置上受利率影响非常大。而产险公司一年结账一次,只要将公司的综合成本率控制在100%以内,所能运用的资金就是无成本的。因此,巴菲特在选择产险公司的时候,要求产险公司必须盈利,也就是必须有承保利润。他认为,只有这样的保险公司才有投资价值。

产险公司的综合成本率超过100%达到102%或103%的时候,即便保费有40%的年化使用率,5%的投资收益,也只有两个百分点的收益用于弥补承保亏损;如果保费有20%的年化使用率,10%的投资收益,同样只有两个百分点的收益。所以,负债端的成本方面有很多约束,不能过高,否则投资收益是无法弥补承保亏损的。保险公司资产端的收益如果弥补不了负债端的成本,就是亏损的。

此外,保险公司追求过高的投资收益意味着承受过高的市场风险,不符合保险资金的性质和特点。

（2）未到期责任准备金的提取方法

未到期责任准备金的提取方法有以下 4 种:

① 年平均估算法,又称50%估算法,1/2 法。

未到期责任准备金 = 当年自留保险费总额 × 50%

其中,自留保险费 = 全年保费收入 + 分入保费 − 分出保费

② 季平均估算法,又称1/8 法。

若以 A_n 表示某季度的自留保险费,P_n 表示某季度的未到期责任准备金,n 表示某季度,$n = 1,2,3,4$;$(2n − 1)/8$ 表示未到期责任准备金时间系数;P 表示全年未到期责任准备金,则其计算公式为:

$$P_n = A_n \times (2n-1)/8$$
$$P = P_1 + P_2 + P_3 + P_4$$

③ 月平均估算法，又称1/24法。

若以 A_n 表示某月的自留保险费；P_n 表示某月度的未到期责任准备金；n 表示某月度，$n = 1,2,3,4,\cdots,12$；$(2n-1)/24$ 表示未到期责任准备金时间系数；P 表示全年未到期责任准备金，则其计算公式为：

$$P_n = A_n \times (2n-1)/24$$
$$P = P_1 + P_2 + P_3 + \cdots + P_{12}$$

④ 日平均估算法，又称1/365法。

若以 A_n 表示某日的自留保险费；P_n 表示某日的未到期责任准备金；n 表示某日，$n = 1,2,3,4,\cdots,365$；$(2n-1)/730$ 表示未到期责任准备金时间系数；P 表示全年未到期责任准备金，则其计算公式为：

$$P_n = A_n \times (365-n)/365$$
$$P = P_1 + P_2 + P_3 + \cdots + P_{365}$$

我国《保险法》(1995)规定未到期责任准备金除人寿保险业务外，应当从当年自留保险费中提取。提取和结转的数额，应当相当于当年自留保费的50%，人寿保险业务的未到期责任准备金应当按照有效的人寿保险单的全部净值提取。《保险法》(2009)第九十八条规定，保险公司应当根据保障被保险人利益、保证偿付能力的原则，提取各项责任准备金。保险公司提取和结转责任准备金的具体办法，由国务院保险监督管理机构制定。

根据保监会《保险公司非寿险业务准备金管理办法（试行）》（保监会令[2004]第13号）的要求，产险公司从2005年1月15日开始，对未到期责任准备金的提取采用1/24法或1/365法等。寿险公司的非寿险业务仍可以按照1/2法来提取未到期责任准备金。

（3）保险营销模式

保险营销渠道是指保险商品从保险公司向保户转移的途径。保险营销渠道的选择直接制约和影响着其他营销策略的制定和执行效果。选择适当的营销渠道，不仅会减少保险公司经营费用的支出，而且会促进保险商品的销售。按照有无中间商参与的标准，可将保险营销渠道划分为直接营销渠道和间接营销渠道（见图1）。

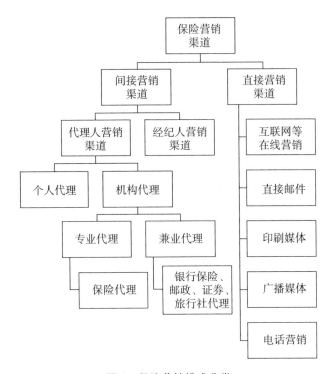

图 1 保险营销模式分类

(4) EA 模式

EA 是指在代理协议规定的时间和地点内,对指定商品享有专营权的代理人(即委托人)。保险 EA 通常选择一家保险公司作为唯一保险产品供应商,通过与其签署保险产品代理合同,形成排他性委托代理关系的专业保险代理公司。被委托人不得代理和接受除该委托人以外的其他委托人的委托和代理进行销售,也不得在以上范围内通过其他代理人进行销售。

EA 是一种以长期合作为目的的代理关系,因为保险公司后期会对代理人提供一整套产品管理、服务、培训等方面的支持,长期投入较多,因此保险公司在选择 EA 时门槛相对较高,在选择代理人时也十分慎重,对 EA 的经营能力、管理能力、业务能力都有较高的要求。EA 通过开设社区销售门店逐渐开展业务,它的服务水平比独立代理人要高,EA 长期销售保险公司的特定产品,与保险公司产生共生关系。

EA 是以社区门店的形式进行经营活动的,而这些社区门店使其有可能为客户提供更加便捷的服务,在客户的家门口就能实现很多服务,从而真正做到服务便民,为客户节约了大量的精力和时间。同时,EA 熟悉保险客户和产品,服务水准和服务能力会更高一些。EA 都有相对固定的客户,而且能充分了解客户的需求,可以为客户提供很多个性化的产品,同时可以为特定的消费群体提供良好的客户服务,或者可以通过单独签订合同来满足客户的某些个性化需求,从而提高保险公司的服务水平。

5. 建议课堂计划

本案例可以作为专门的案例讨论课来进行。建议 2 课时。如下是按照时间进度提供的课堂计划建议,仅供参考。

课前计划:提出启发思考题,发放案例材料,请学生在课前完成阅读和初步思考。

课中计划:课堂前言(3—5 分钟),简明扼要向学生介绍本次案例讨论课主题,并发放案例;分组讨论(30 分钟),要求各小组根据思考题整理准备发言提纲;小组发言(每组 5 分钟)可利用多媒体,总体控制在 30 分钟以内;引导全班进一步讨论,并进行归纳总结(20 分钟)。

课后计划:请学生阅读相关文献资料,搜集行业最新信息,围绕我国中小保险企业发展问题给出更加具体的报告或案例分析报告。

参考文献

[1] 华泰保险集团股份有限公司.华泰保险年报[R].北京:华泰保险集团股份有限公司,2016.

[2] 中国保险监督管理委员会.2015 中国保险市场年报[R].北京:中国金融出版社,2015.

[3] 肖小珍.华泰保险 EA 营销模式研究[D].北京:北京交通大学,2014.

[4] 葛良骥,张庆洪.寡头垄断市场下中小企业价格竞争策略研究——以保险企业为例[J].价格理论与实践,2007,6:75—76.

[5] 赵秀池.中小保险企业发展瓶颈探析[J].特区经济,2010,8:283—285.

[6] 王梓木.在路上自有远方[EB/OL].http://news.xinhuanet.com/fortune/2016-05/10/c_128974029.htm,2016-05-10

[7] 金投保险.华泰保险成长之路——在路上自有远方[EB/OL].http://mt.sohu.com/20160829/n466583512.shtml,2016-08-29

工银安盛人寿保险有限公司"大银保"战略

陈 华 饶玮慧

摘 要:本案例描述了工银安盛人寿保险有限公司"大银保"战略的发展过程。工银安盛人寿保险有限公司是一家银行系保险公司,其前身金盛人寿成立于1999年。2012年,经中国保监会批准,中国工商银行股份有限公司入股原金盛人寿保险有限公司,工行入股后,公司更名为工银安盛人寿保险有限公司,正式转化为银行系保险公司。公司从2012年便推行"大银保"战略,然而其发展走向也不是一成不变、一帆风顺的,中方和法方的合资,银行与保险公司的联姻,自然是存在矛盾的,在这个过程中,公司的"大银保"战略布局自然有所调整。本案例便介绍了工银安盛的战略调整及其背后的纠葛。

关键词:工银安盛人寿 银行保险 银行系保险公司

过去十年来,银行渠道已成为保险公司最重要的销售渠道之一。公开数据显示,从2009年开始,个人寿险业务超过半数保费收入来自银行渠道,占比近60%。

由于之前的银保合作模式主要是代理关系,利益分配就是双方长期博弈的结果。传统的以代理销售为核心的银保合作模式,由于合作模式松散,利益纽带单一,双方地位不对等,银保合作模式亟须在合作方式、合作范围上进行创新。2009年是一个重要的时间点,交通银行入股中保康联最终获得监管机构审批通过,拿到了银行控股保险的第一单,标志着银保股权合作模式进入了一个新的阶段。随后两年间陆续审批通过了建设银行入股太平洋安泰、工商银行入股金盛人寿、北京银行入股首创安泰、农业银行入股嘉和人寿等多个项目,主流银行通过股权收购方式,拥有了自己的寿险公司,一时间股权合作模式为行业所瞩目。银行系保险公司的集中出现,必将会为银保合作方式带来新的契机。在股权合作的模式下,银行和保险公司合作的稳定性和长期性得到了加强,通过更广泛的资源共享,合作双方的竞争力得以增强,使得未来的盈利基础更为牢固,盈利预期和分润机制更为明确,大大减少了双方的博弈成本,更利于实现双赢和长远发展。在这里要介绍的就是当前发展较好的工银安盛人寿保险有限公司(以下简称"工银安盛")。

1. 工银安盛的发展历程

工银安盛总部位于上海,注册资本 57.05 亿元人民币,经营范围覆盖全国 20 多个重要省市。公司将有计划地加速发展,稳健经营,为更多市场的客户带去保险保障和财富规划服务。然而,该人寿保险有限公司并不是一开始便是工银安盛,1999 年 6 月在上海正式成立的金盛人寿保险有限公司(以下简称"金盛人寿")为其前身,金盛人寿是一家普通的外资保险公司,直到 2009 年 11 月《商业银行投资保险公司股权试点管理办法》发布,金盛人寿才有了往银行系保险公司转化的可能,经过两年多的协商与运作,2012 年 5 月,经中国保监会批准,中国工商银行股份有限公司(以下简称"工商银行")入股原金盛人寿保险有限公司。工商银行入股后,公司更名为工银安盛人寿保险有限公司,正式转化为银行系保险公司。

1.1 前身——金盛人寿

金盛人寿是由法国 AXA 安盛集团(以下简称"安盛集团")和中国五矿集团公司这两大全球 500 强集团合资组建的,是中国第一家中法合资的保险公司,也是中国保险监督管理委员会成立后批准的首家寿险公司,于 1999 年 6 月在上海正式成立。"承诺发展,贡献中国"是金盛人寿不变的信念。依托 AXA 安盛集团与中国五矿集团的雄厚实力,金盛人寿以成为"首选公司"为愿景,保费收入从 2005 年的不到 3 亿元快速增长到 2011 年的近 16 亿元(见表 1)。2011 年,该公司先后获得"中国保险业品牌竞争力高峰会十大外资品牌奖""中国最佳服务保险公司""中国最佳呼叫中心"等荣誉。

表1 金盛人寿2005—2012年保费收入情况

年份	保费收入(亿元)	占寿险公司总保费比例(%)
2005	2.9458	0.08
2006	4.8334	0.12
2007	9.0103	0.18
2008	5.8924	0.08
2009	8.3032	0.10
2010	11.7787	0.01
2011	15.9994	0.17
2012(1—6)	6.3433	0.11

金盛人寿是中国第一家中法合资的寿险公司,也是中国唯一一家外资持股超过50%的寿险公司,安盛集团本有机会在中国大展拳脚。安盛集团总部位于法国巴黎,是全球保险界的翘楚,全球有1.01亿人使用它的产品,旗下员工达16.3万人,管理资产约合10 650亿欧元。无奈外来的和尚不大会念本地的经,金盛人寿在中国发展异常缓慢。安盛集团过于强调控制权,不重视中方股东的资源,其运营、管理与中国国内市场环境不协调,五矿的资源根本没有派上用场,导致公司在中国"水土不服"。

据金盛人寿2011年年报,其历年累计综合亏损额已高达8.87亿元。其中仅2009—2011年这三年时间,金盛人寿就亏损3.95亿元,占历年亏损额的44.5%。2011年,其综合亏损额为2.51亿元,相较2010年的0.85亿元暴增195%。此外,虽然2011年金盛人寿偿付能力充足率达255%,但在2010年同比下降5个百分点的基础上,2011年再次同比下降22个百分点。安盛集团急需尽快扭转局面,因此对工商银行的入股期望很大。而为了与工商银行尽早达成合作,安盛终于在2011年选择卖出其在另一家保险公司——泰康人寿的股份,由高盛接盘。对刚刚挂上工商银行招牌的工银安盛来说,如何扭亏为盈,摆脱近9亿元的亏损,是当务之急。

1.2 转折——面临收购

2009年11月,经国务院批准,中国银监会发布了《商业银行投资保险公司股权试点管理办法》,打开了商业银行进军保险业的大门。自此,国内商业银行纷纷开始了投资保险公司的努力。作为全球市值最大、盈利最多的上市银行，中国工商银行对保险业务十分重视，先后与国内几家保险公司进行了接触，经过多轮磋商与谈判，最终花落金盛人寿。

2010年10月28日，工商银行与中国五矿集团、安盛集团达成协议，后两者分别将自己持有的36.5%和23.5%金盛人寿股权转让给工商银行。协议签订后，金盛人寿股权交易进入监管机构审批流程。2011年，工商银行派出观察员入驻金盛人寿，人员培训等前期工作相继展开。

2012年4月9日，国家工商总局的公告显示，工银安盛人寿保险有限公司已经通过名称变更核准。业内人士认为，这意味着工商银行入主金盛人寿的步伐已经进入实质操作阶段。

2012年6月5日，中国保险监督管理委员会（以下简称"保监会"）发布公告，批准金盛人寿保险有限公司的股权转让申请。转让完成后，工商银行持有金盛人寿60%的股权，成为控股股东；而安盛集团中国公司和中国五矿集团则分别持有27.5%和12.5%的股权。保监会同时批准金盛人寿更名为工银安盛人寿保险有限公司。

工银安盛的成立，意味着工商银行继基金、金融租赁牌照后，又获得一张珍贵的保险牌照，向"全牌照金融集团"迈出了坚实的一步；工银安盛也将借助工商银行强大的集团优势迅速发展，不断提升市场地位，努力打造中国寿险市场的领军品牌。

1.3 腾飞——工银安盛

2012年7月19日，工银安盛在上海举行挂牌仪式，各路高管齐聚一堂，为工银安盛发展保驾护航，工商银行时任董事长姜建清承诺，工商银行将充分发挥在网点渠道、客户基础、信息科技、品牌影响力等方面的优势，全力支持工银安盛的发展。据了解，安盛集团、工商银行和五矿集团三大股东已经签订内部协议，未来三年将投入约合116亿人民币的资本金支持工银安盛的发展。

金盛人寿"傍上"全球市值最大的商业银行，工银安盛人寿渠道资源令业界艳羡。工商银行拥有2.82亿位个人客户、411万个公司客户、16 648家境内机构、239家境外机构，以及遍布全球的超过1 669家代理行和网上银行、电话银行、自助银行等分销渠道，有助于工银安盛开拓业务。

依托股东无以匹敌的雄厚资本实力和卓著的品牌声誉,工银安盛充分融合股东工商银行在中国金融领域的丰富经验和扎实根基、安盛集团全球领先的风险管理和保险专业优势及中国五矿集团公司雄厚的财务实力和丰富本土资源,坚持以客户需求为导向,通过差异化经营策略、产品创新优势、多元化销售渠道,针对子女教育、退休规划、家庭保障和财富管理这四大人生最需要财务保障和财富规划的关键领域,为客户提供量身定制的个性化保险解决方案及服务,满足客户日益提升的多样化需求。

自 2012 年 7 月 19 日工行入主以来,工银安盛保费规模快速攀升:2011 年年底金盛人寿的保费收入仅为 16 亿元,市场排名第 32 位;2012 年上半年,金盛人寿保费规模尚在 6 亿元左右,1—9 月实现保费收入 23 亿元,短短三个月,保费剧增约 17 亿元;2013 年,工银安盛在第一个完整经营年度实现保费收入 102.87 亿元(见表 2),同比增长 116%,市场排名第 12 位,资产规模 215 亿元,同比接近翻番。工银安盛 2013 年首次实现扭亏为盈。

表 2 工银安盛 2012—2016 年保费收入情况

年份	保费收入(亿元)	占寿险公司总保费比例(%)
2012	47.51	0.48
2013	102.87	0.96
2014	154	1.21
2015	235.38	1.48
2016(1—3)	237.3	2.46

在第一个完整经营年度就实现了盈利,工银安盛完成了其前身——金盛人寿经营 13 年都没有达成的目标。

虽然 2012—2013 年发展高歌猛进,但工银安盛放弃了三年达到行业第七的目标,以更务实的态度发展期交业务,构建较成熟的业务结构形态。工银安盛有意下调趸交业务目标,提高期交占比。保监会数据显示,2014 年 1—2 月,各家银行系保险公司的原保险保费收入增长显著,其中建信人寿同比增长 507.95%,中邮人寿同比增长 273.64%,农银人寿同比增长 158.42%,而工银安盛增速仅为 19%。

2. 工银安盛与"大银保"战略的波折

作为一家银行系保险公司,工银安盛自2012年7月成立以来,一直全面推行"大银保"战略,全力加快业务转型。然而在这个过程中,矛盾丛生,中方与法方的股东在经营理念、发展方向、发展目标等方面存在不同的想法。

2.1 中法标准之争

争端伊始

在2012年工银安盛的一次管理大会上,外方总裁马哲明因不满工商银行主导开发的一款产品,勃然大怒,表示这款产品是唯一的例外,以后再也不会做这样的产品了。在这次大会上,马哲明批评了在计算盈利方面的所谓中国标准,认为安盛集团使用的欧洲标准才是正确的。他认为工商银行的策略太过冒险,而安盛集团是一家保守的公司,安盛集团如今和工商银行的合作,就是为了借助股东的力量,帮助业绩的发展,而不是用客户的资产去赌博。这场管理大会,后来被戏称为外方老总的发飙大会。

这样的冲突并不是特例,在2013年,工银安盛原先计划推出的一款价值型产品项目正式终止。这是公司现任市场部负责人上任四年来第一个被拒的产品项目报告。

员工无比苦恼,因为在产品立项或更早的探讨阶段,管理层可能会对产品有许多分歧。但是一旦产品立项,从来没有出现过产品在投票的时候被拒的现象。产品部员工最为辛苦,"翻牌"后,如何平衡中方和法方成了他们的主课题,设计的产品既要满足中方的要求,也要满足法方的要求。而事实上,中方和法方的意见不一却是常态。

这些,只是工银安盛两方众多磨合小插曲的冰山一角。工银安盛中方和法方的矛盾由来已久,也可以说,在意料之中。合资公司里,中方和外方的经营理念不同,产生分歧是不足为奇的。

工银安盛中方负责人主张走家乐福的路线,作为一家银行系保险公司,深受银行文化的影响。银行一般采用薄利多销的模式,先把数量和资产规模做起来。资产规模上不去,其他则无从谈起。因此,工商银行方面,认为先要市场占有率再要利润,而安盛集团方面则一直强调利润率的底线,不愿牺牲利润率来增加市场份额。

这样的理念分歧并不令人意外,合资公司股东偏好往往不一样。处在国内经济十几年来快速发展的环境里,中资公司往往较为乐观,认为市场潜力无限,对风险的接受度比较高。基于此,中资公司的立足点往往是先占领市场,再提高利润,秉持"没有市场,没有销量,就不要谈利润率"的态度。

相比之下,传统的欧洲公司因为经历过较多起伏,多数遵循价值指标这样一个比较安全的指标,对利润率的要求很高。宁愿少赚,也不愿意生产太多亏损的产品。

然而在工商银行"翻牌"前,金盛人寿在中国13年累计亏损接近9个亿。这样的亏损甚至让公司的员工都无法淡定。员工纷纷吐槽"老外"喜欢动不动就搬出长期发展策略,都亏损了13年,还有什么资格讲长期,理论上公司亏了13年都可以回法国去了。

尽管手中的股权由51%降至27.5%,作为保险界的元老,安盛集团依然坚持自己的理念。工银安盛老员工透露,法方在销售方面,有着惊人的固执。

员工反映自己公司银行渠道保障型产品卖不动,其他公司的分红型产品畅销。法方却坚持己见"为什么我们不能说服(educate)人家呢?我们才是世界上最好的保险公司,而工商银行只是世界上最好的银行之一,它又不懂保险,我们才懂保险,怎么卖保险应该由安盛集团说了算。"安盛集团的天真显露无遗。

作为全球市值最大的银行,工商银行在银行业的地位毋庸置疑。而工商银行到底懂不懂保险?自然是懂保险的,而且非常懂保险。第一,工商银行曾经是平安保险的控股股东,也是平安保险的第一大股东,后来卖掉了股权;另外,太平洋保险是工商银行一手扶植起来的,工商银行曾经是太平洋保险的第二大股东,从2002年到2012年这十年间,太平洋保险的公司规模从20亿发展到现在拥有2 000亿,可以说工商银行功不可没。

孰赢孰输

2013年传来消息,执掌帅印八年的法方高层马哲明将离开,张文伟就任总裁兼首席执行官。这也传递了一个很明显的讯息:这家中法合资公司的法国气息逐渐淡去,中国味渐浓厚。

马哲明 2005 年 12 月起担任金盛人寿总裁兼首席执行官,在 2012 年金盛人寿变身工银安盛之后,继续担任总裁职务。金盛人寿时期,马哲明的成绩单算是中规中矩。马哲明曾尝试多种方式提升业绩,例如,坚持实行多元化渠道发展,培养理财顾问,推出变额年金产品,等等。该公司保费收入从 2005 年年末的 2.95 亿元增至 2011 年年末的 16 亿元,公司在 2007 年一度实现了当年盈利,不过公司 2011 年当年仍净亏损 1.96 亿元,保费排名位于外资寿险第 9 名。2007 年 7 月在工商银行强势入主后,马哲明仍担任总裁一职,但公司原本策略几乎被全盘改变。挂牌之后工银安盛便提出了"三年内冲到寿险市场前七"的目标,银保渠道也成为公司的绝对主力渠道。

对于工商银行这个股东而言,一位深谙中外方经营思路、同时又深刻了解内地寿险经营特点的高管可能更合其意。

张文伟或是其相中的新人选。根据公开资料,张文伟 1992 年进入保险行业,加入瑞士瑞泰人寿中国台湾分公司任财务长,历任各职;1999 年加入瑞士苏黎世人寿中国台湾分公司任总经理,两年间使公司转亏为盈;2001 年转战中国内地,参与筹建中英人寿并带领其发展至今。在外资保险总教头中,张文伟算是适应内地水土的极少数成功者之一。成立于 2002 年的中英人寿比金盛人寿晚成立三年,至今已经连续四年盈利。2011 年年末,该公司保费收入一度排名外资寿险第三。2012 年受到寿险转型和银保渠道冲击,当年保费收入 36.01 亿元,排名降至第六位。

工商银行旗下有另一家合资金融机构——工银瑞信,现在似乎并没有瑞士信贷公司什么事儿了。难怪有人指出,对于金融机构而言,外资所能带来的,无非是技术、系统、风控和国际业务。但是困扰大部分人的问题是,如果这是一个根本不需要技术和系统的市场,那我们要他们做什么。工银安盛在中法的十字路口,方向似乎已经越发清晰。或许,早在股权变更的那天,结局就已经注定。

安盛集团是骄傲的,工商银行也是骄傲的,两个骄傲的公司碰到一起,肯定需要很多磨合。马哲明的离开,不得不看成是骄傲的安盛集团的一次低头。

2.2 发展目标之变

初始发展目标

2012 年,工银安盛时任董事长孙持平提出了三年目标,即当年年收入保费

35亿元;2013年82亿元,并争取在外资保险公司中做到第一;2014年冲进全国前七名(2012年时中国寿险市场前六位分别是中国人寿、平安人寿、新华保险、太平洋人寿、人保寿险、泰康人寿)。

自2012年7月19日工商银行入主以来,工银安盛保费规模快速攀升:2012年上半年,其保费规模尚在6亿元左右,1—9月实现保费收入23亿元。短短三个月,保费剧增约17亿元。在如此战绩下,工银安盛股东们提出了三年冲入寿险公司前七的目标。股东们认为银保渠道是工作的重中之重,更加强调和银行个金渠道的密切配合。

目前寿险市场前六名的公司排位短期内难以撼动,希望在2015年达到第7—10名的位置,成为国内一流寿险公司。以保费规模计,2011年寿险市场前六名分别为中国人寿、平安寿险、新华人寿、太保寿险、人保寿险、泰康人寿。而同期工银安盛前身金盛人寿保费收入仅为16亿元,在25家外资寿险公司中位列第9,在61家寿险公司中排第36名。

于是,工银安盛开启了井喷式增长,总保费从2012年的47.51亿元增长到2013年的102.87亿元,再增长到2014年的154亿元,而银保业务也迅速增长,2013年保费中有89.5亿元来自银保业务,占总保费的87%,而2014年有140.5亿元保费来自银保业务,占比达91%。工银安盛总保费增长的同时,银保业务也在急剧增长,工银安盛对于银保业务也更为依赖。

事实上,工商银行对工银安盛尤为重视。在2012年7月19日工银安盛的开业典礼上,工商银行时任董事长姜建清、时任行长杨凯生及一位副行长、董秘和银行卡部负责人均参加了仪式。据工银安盛内部人士透露,其目前在国内有分支机构的省份的工商银行分行行长也都参加了这一仪式。合资公司的成立,标志着工商银行正式进入了保险领域,向全功能金融集团的目标又迈进了一步。寿险业务与零售银行业务有很强的互补性,而且保险配置在我国居民的资产配置中的占比也越来越高,在利率市场化及金融脱媒的大背景下,通过控股寿险公司,工商银行可以为客户提供更全面的金融服务。拥有一张保险牌照,显然对于工商银行有着重要的意义,目前工商银行每年的代理保险保费规模达到1 000亿元,相当于一家国内大型保险集团全年的保费收入,而工商银行也有意深耕银保渠道。

转变后发展目标

虽然 2012—2013 年发展高歌猛进,但工银安盛放弃了三年达到行业第七的目标,以更务实的态度发展期交业务,构建较成熟的业务结构形态。

工银安盛放弃行业第七的目标、改变趸交冲规模的战略是从张文伟任工银安盛总裁时开始的。2013 年下半年中英人寿原总裁张文伟接替马哲明,任工银安盛总裁。张文伟上任后曾经极度劝说股东,称工银安盛高歌猛进的姿态不可取,将有后顾之忧。在张文伟的带领下,工银安盛放弃追逐行业第七的目标,一方面继续银保优势,一方面开发期交产品、夯实期交业务。

银行股东经营保险公司后,发现原先对保险认识有偏差,原先银行股东以规模保费的多寡来判断市场份额,认为规模保费达到多少亿就能达到什么样的市场排名和江湖地位,事实上保险公司的经营没有这么简单。

如果工银安盛要在 2015 年达到行业第七,势必要靠银保渠道、趸交产品冲规模保费,那么业务结构就形成趸交占压倒性优势、期交产品很少的状况,这对工银安盛长久发展没什么好处。期交业务对寿险公司的意义从平安寿险 2013 年年报可以看出来:2013 年,平安寿险个险续期业务保费远远高于新业务保费,呈现倒挂状态。2013 年全年平安个险渠道实现总保费 1 970 亿元,其中新业务规模保费 441.6 亿元,占比 22.4%;续收业务 1 528.8 亿元,占比 77.6%,续收业务保费远远高于新业务保费,这样的业务结构使得平安寿险在面临银保新政、行业寒冬时,也能保持持续的现金流入和稳定经营。在市场不景气时,续收业务能带来稳定的现金流,使经营更稳健。而且续收的成本远远低于开发一个新客户的成本,大力发展期交业务,对寿险公司非常有利。

在放弃对寿险行业排名第七的争夺后,工银安盛有意下调趸交业务目标,提高期交占比。公司今年计划积累一定量的期交业务,明年积累再多一些,通过积累期交业务,产生续收保费。当然趸交也不能丢,因为如果趸交丢了连规模都无法保证。但是每年必须有相当比例的期交业务增长,接下来三年到五年,期交业务有 85% 以上的继续率,才能给公司带来持续的现金流和续收来源,这样公司才有资格、有底气和其他公司一决高下。

公司一方面开发期交、保障型产品,另一方面做大团险,加大对代理人渠道、网销、电销等新渠道的投入。依靠银保渠道太单一了,工银安盛开始尝试多元化渠道营销,包括微信、工商银行自助终端、工商银行网站、公司网站等。

工银安盛认为依靠银保趸交业务,保险公司自己没有核心竞争力,命悬于人手。依靠银保渠道,合同一签立竿见影,不过钱来得快去得也快,哪一天没有合同保费就没有了。其实这不光是银行系保险公司的问题,寿险行业大部分公司现在还是把大部分保费来源押注在银保渠道,销售主力是分红型的保险产品,没有自己的竞争力。那么一旦混业经营,保险公司能做的事银行都可以做,保险公司还有什么存在的意义?这是整个行业面临的问题,并不是工银安盛一家的问题。

2.3 工银安盛的未来

在众多银行系保险公司中,工银安盛自挂牌三年多以来,呈现出蓬勃发展的良好态势。根据保监会发布的权威数据,2015 年,工银安盛凭借不俗表现,获得第十届 21 世纪金融年会颁发的"2015 年度最佳管理寿险公司"、《中国保险报》颁发的"中国价值成长性十佳保险公司"、《上海证券报》颁发的"第七届中国金理财奖""第一财经金融价值榜最佳发展实力寿险公司"等多项荣誉,品牌美誉度明显提升。

2015 年,在探索银保发展新路上,工银安盛不断实践,做到了"四个创新",分别是产品体系创新、营销渠道创新、销售模式创新和客户服务创新。2016 年第一个季度,工银安盛总保费就达到 237.3 亿元,已超过 2015 年总保费 235.38 亿元。工银安盛在"大银保"战略下,转型发展,走适合公司特点的银保新路。经营策略从以规模为主向规模价值并重转变;产品创新由以简单投资型为主向复杂保障与简单投资并重转变;销售模式从以银行柜面为主向线上线下多渠道并重转变;银保合作由原来的单一业务产品代销向战略协同深度融合转变。工银安盛通过"大银保"战略的实施,能否成为中国一流的寿险公司,仍需时间的检验。

案例使用说明

1. 教学目的与用途

（1）本案例适用于《保险学》课程。

（2）本案例的教学目标：使学生了解银行保险模式的转变，掌握银行系保险公司的发展过程；学会分析合资公司可能遇到的矛盾，学会结合市场情况选择战略目标；培养学生解决实际问题的能力。

2. 启发思考题

（1）什么是银行系保险公司，如何理解银行保险关系的转变？

（2）如果你是马哲明，你会如何调节中法股东间的矛盾？如何看待自己的离职？

（3）如果你是张文伟，在对工银安盛的发展环境进行分析时，会考虑哪几个方面？

（4）工银安盛的案例对于我国银行系保险公司发展具有哪些借鉴意义？

3. 分析思路

了解工银安盛的发展背景与发展历程；分析工银安盛内部争端产生的原因；分析工银安盛内部争端的解决趋势；分析工银安盛"大银保"战略发展目标的转变；分析工银安盛银行保险业务的发展趋势。

4. 理论依据与分析

（1）银行保险

① 定义

银行保险是银行与保险公司共同向第三方提供保险金融服务的业务形式。银行保险是经济全球化和金融自由化的产物，是银行业务与保险业务相互渗透、银行资本与保险资本相互融合、银行服务与保险服务重构的金融服务复合体。

② 组织模式

银行保险作为保险公司与商业银行相互融合所形成的一种新的业务模式，

其组织模式既包括商业银行或保险公司的市场进入方式,也包括在既定组织结构中银保一体化的程度。比较普遍的观点是按照保险公司与商业银行的融合程度,将银行保险的组织模式区分为分销协议模式、战略联盟模式、合资公司模式、金融集团模式这四种类型。分销协议模式,是指银行与保险公司之间签订代理销售协议,银行作为兼业代理人利用其经营网点销售保险产品,实现银行保险产品的交叉销售。战略联盟模式是在分销协议的基础上,基于对银行保险目标的认同,而采取的针对某类特定客户,或为开发某类特定市场达成的战略协作。合资公司模式是银行与保险公司之间签订资本合作协议,结合双方优势和特点,共同出资建立一家独立的保险公司,银行与保险公司共同拥有、共同控制、共享收益、共担风险。金融集团模式主要是通过银行与保险公司之间交叉持股、相互收购、兼并及合并,或者通过保险公司设立银行、银行设立保险公司等新设方式来实现银行和保险公司更高程度一体化的经营方式。

③ 地位与作用

银保业务是商业银行中间业务的重要组成部分,是重要的中间业务收入来源。除代销业务外,银保业务还能够帮助商业银行向保险公司及其资产管理公司拓展包括结算业务、金融市场业务、资产托管业务和资产管理业务等多方面的综合化金融服务业务。

而对于保险公司来说,在全球主要的保险市场,银行保险已逐步成为保险公司寿险销售的主渠道。有不少专业分析机构认为,在未来相当长的时期内,银保渠道仍将是全球范围内保险公司寿险销售的重要渠道,并且是财产险部分产品线实现突破的新兴渠道。

(2) 银行保险代理关系

银行保险的代理关系属于一种委托代理关系,即保险公司通过与获得《兼业代理许可证》的商业银行及邮政储蓄银行签订的《兼业代理协议》,保险公司借助银行良好的信用形象,代理保险公司办理保险业务,主要是通过银行柜面或理财中心销售保险产品,或以各类银行卡业务或银行消费信贷业务等作为销售载体的业务,或以银行提供的客户信息为销售目标的理财沙龙、电话销售和互联网销售业务。保险公司根据协议规定向银行方支付手续费。

（3）银行系保险公司

① 定义

银行系保险公司是指商业银行通过股本合作或集团内部设立等方式组建保险公司，它主要依靠股东和集团的银行资金、客户资源、网点资源和品牌优势，开展保险业务。

② 银行系保险公司的组织形式

银行系保险公司的组织形式如表3所示。

表3 银行系保险公司的组织形式

公司	成立时间	银邮股东	股权占比（%）	公司前身	成立时间
中法人寿	2005	中国邮政集团公司（国家邮政局）	50	-	-
中银保险	2005	中国银行	100	-	-
中邮人寿	2009	中国邮政集团公司及下属各省公司	100	-	-
中荷人寿	2010	北京银行	50	首创安泰	2002
交银康联	2010	交通银行	62.5		
建信人寿	2011	中国建设银行	51	太平洋安泰	1998
工银安盛	2012	中国工商银行	60	金盛人寿	1999
农银人寿	2013	中国农业银行	51	嘉禾人寿	2005
招商信诺	2013	招商银行	50	-	-
光大永明	2010	中国光大集团	50	-	-

数据来源：各公司官方网站。

③ 银行系保险公司的发展方向

银行系保险公司具有天然的渠道优势，也有自身的缺陷和劣势。一是错过了个人代理发展的好时光，发展个人代理举步维艰。二是股东银行之间的竞争也传导到保险企业，发展其他银行代理业务艰难。银行系保险公司的发展，应根据股东银行的发展战略确定自身的经营模式和发展战略定位，在"银行系"上做足文章，主动融入银行的发展战略，体现出银行系的特色，方能充分整合资源，更好地协同发展。

银行系保险公司成为股东银行长期可持续发展的增长点和利润多元化的

重要来源难以一蹴而就。短期内能够迅速体现出保险价值的方面是提升服务客户的能力。现阶段,银行系保险公司应当将自身定位为控股银行客户服务链条中的有机组成部分,充分利用保险产品具有的风险保障和长期储蓄特性,填补控股银行整体理财规划中相应的空白,通过有效的协同机制,为控股银行客户提供更为全面的一站式综合金融服务。这样有利于让控股银行切实感受到所控股保险公司的价值贡献,增强主动推进协同积极性,避免单纯依靠行政命令所带来的低效;有利于银行系保险公司从满足控股银行客户综合化金融需求的角度强化自身优势、建立有效对接,扬长避短,实现自身发展和集团效益、客户利益之间的"三赢"。

银行系保险公司要成为控股银行客户服务链条中的有机组成部分,必须从客户需求出发,从银行现有服务体系和流程着手实施创新。

创新产品。切实以满足客户的保险需求为中心,改变产品定位模糊、功能趋同等问题,开发并销售真正符合客户需求的产品。在产品设计方面:要突出保险产品有别于其他金融产品的特性;要回归保险保障功能,通过保障类产品来满足银行客户的风险管理需求;要回归长期储蓄功能,通过长期储蓄类产品实现和银行大多五年期以内的储蓄产品和理财产品之间的区别;要紧扣社会发展趋势,前瞻性地推出能够满足客户养老和健康保障需求的产品;要着眼于银行已推出的产品或服务项目探寻伴生的潜在需求,设计出能够有效融合的产品。

在产品开发流程上加强与银行的对接和协同,开发设计出满足银行客户需求的产品,同时在产品开发阶段就兼顾如何实现产品、销售和服务流程的对接与融合。

创新销售。第一,改变银行保险单一"卖保险"的思维定势。在这种销售思维指导下,银行销售人员大多是被动地销售保险产品,保险产品的销售流程同银行其他产品的销售流程基本上处于相互割裂的状态。第二,要积极将保险产品嵌入银行客户理财规划体系中,在银行理财规划流程中,特别是需求分析和解决方案设计两个环节有机融入保险相关内容。第三,将保险产品有机嵌入银行的产品或业务流程中。通过这种嵌入,银行业务人员可以在办理日常业务过程中有效发掘和激发客户与业务相关的潜在保险需求,并主动推荐与客户需求相匹配的保险产品。

创新服务。全方位提升客户满意度，第一，将服务延伸到银行网点。银行拥有大多数保险公司难以企及的网点资源，这里提到的网点资源并不单指物理网点，还包括银行广泛布局的各类电子化服务平台和媒介。银行系保险公司通过将服务延伸至银行网点，可以有效扩大服务半径，提升客户服务的辐射能力，满足客户日益提升的便捷性服务需求。第二，银行与保险的业务流程融合。银行系保险公司可以协同控股银行一起对目前相互独立的两套服务体系做系统梳理，整合共同服务项目，融合相关服务流程，提升服务资源使用效率，最终实现客户服务效率和效益的统一。第三，提升数据支持力度。银保双方可以通过客户数据挖掘，总结客户的消费态度，还原客户的消费行为，发现客户的潜在服务需求，以此改善客户体验。

当银保合作模式由银行控股保险，银保市场会怎样变动，对寿险市场带来哪些影响，各银行系保险公司应该有哪方面的发展？银保市场似乎又要掀起新一轮的改革。

5. 背景信息

当前主要银行系保险公司2011—2015年原保险保费收入如表4所示。

表4 当前主要银行系保险公司2011—2015年原保险保费收入

（单位：万元）

	2011年	2012年	2013年	2014年	2015年
建信人寿	128 118.66	586 757.13	701 156.98	1 588 916.04	2 052 671.40
农银人寿（嘉禾）	316 277.98	414 578.17	723 082.46	1 050 609.79	1 443 024.16
工银安盛人寿（金盛）	159 993.69	475 070.87	1 028 719.47	1 540 043.03	2 353 838.08
中邮人寿	802 338.07	1 454 639.72	2 303 716.76	2 195 281.98	2 474 242.36
交银康联人寿	46 569.55	72 103.07	134 403.32	264 005.95	407 203.65
招商信诺人寿	192 669.62	242 153.71	424 027.30	530 454.39	784 715.28
中荷人寿	148 066.13	175 573.36	212 159.52	251 658.04	233 779.06
光大永明人寿	358 530.80	399 047.18	301 925.42	238 948.97	312 153.95
中银保险	289 581.64	414 529.95	509 893.68	532 513.99	452 836.60

6. 关键要点

案例分析中的关键点：能否把握案例中提供的信息，结合市场真实情况做出决策。

案例的关键知识点：银行保险，银行系保险公司，保险公司运营与管理。

本案例主要考察学生的市场分析能力和企业运营能力等。

7. 建议课堂计划

本案例可以作为专门的案例讨论课来进行。建议 1-2 课时。如下是按照时间进度提供的课堂计划建议，仅供参考。

课前计划：提出思考题，发放案例材料，请学生在课前完成阅读和初步思考。

课中计划：课堂前言简单扼要、明确主题；分组讨论，准备发言大纲，主要是站在决策者的立场上进行讨论；小组发言（每组 5 分钟），幻灯片辅助，总体控制在 30 分钟以内；引导全班进一步讨论，并进行归纳总结（15—20 分钟）。

课后计划：讨论结束后要求学生提交案例分析报告。

8. 案例的后续信息

2016 年第一个季度，工银安盛总保费达到 237.3 亿元，已超过 2015 年总保费的 235.38 亿元。工银安盛在"大银保"战略下，转型发展，走适合公司特点的银保新路。经营策略从以规模为主向规模价值并重转变；产品创新由以简单投资型为主向复杂保障与简单投资并重转变；销售模式从以银行柜面为主向线上线下多渠道并重转变；银保合作由原来的单一业务产品代销向战略协同深度融合转变。

参考文献

[1] 孔令飞. 我国银行保险发展模式研究[D]. 江苏大学, 2008.

[2] 余金涛. 国外银行保险发展经验及我国银行保险转型研究[D]. 武汉大学, 2005.

[3] 高琳. 我国商业银行进军保险业的 SWOT 分析及战略思考[J]. 金融与经济, 2013, 02: 77—83.

[4] 张文武. 从银保合作到银行系保险公司[J]. 银行家, 2013, 04: 34—36.

[5] 刘宁,崔文明.金融混业经营趋势下我国银行保险合作模式的选择——以新华人寿与农业银行的合作模式为例[J].中国商论,2015,15:77—78.

[6] 党婷.国内银行系保险公司发展现状及趋势研究[J].现代商业,2015,23:239—240.

[7] 密其宝,赵光洲.国内银行系寿险公司的业务发展研究[J].中国商贸,2014,03:90—92.

[8] 王伟.银行系保险公司的现状、优势与策略[J].中国保险,2014,07:13—18.

[9] 何子旭.郭超:工银安盛全面推行"大银保"战略[EB/OL].http://insurance.hexun.com/2015-01-17/172482930.html

[10] 杨倩雯.工银安盛董事长孙持平:如何办好银行系保险公司[EB/OL].http://money.163.com/16/0226/01/BGNB49EI00253B0H.html

[11] 杨倩雯.工银安盛人寿总裁张文伟:超高速增长并非盲目扩张[EB/OL].http://www.yicai.com/news/3261416.html

[12] 艾琳.工银安盛张文伟:优化业务结构,以利润支持长远发展[EB/OL].http://insurance.jrj.com.cn/2013/11/26093116217733.shtml

众安保险的"互联网+"之路

郭丽军 梁 晨

摘 要:本案例描述了众安在线财产保险公司的成长过程。众安在线财产保险公司是我国第一家互联网保险公司,由阿里巴巴(现更名为蚂蚁金服)、腾讯、中国平安发起成立,在国内被称作"三马"保险。众安保险于2013年9月获保监会批准开业,11月6日正式揭牌。凭借"三马"股东资源,众安诞生之初便"一炮而红",首先依托阿里巴巴的渠道推出电商场景产品。然而随之而来的是过度依赖投资人的问题。于是,众安在线财产保险公司致力于开拓多渠道,挖掘碎片化场景需求,带着快速迭代的互联网思维融入互联网生态。并进一步利用大数据技术,输出风险管理能力,致力于运用综合风险控制实现跨界共创。本案例介绍了众安在线财产保险公司"互联网+"之路各阶段的发展特点、存在问题与战略调整。

关键词:众安在线财产保险公司 互联网保险 互联网保险公司

根据中国保险行业协会统计,2015年互联网保险保费规模实现跨越式发展,全年互联网人身险累计保费1 465.60亿元,同比增长3.15倍;全年互联网财产险累计保费收入768.36亿元,同比增长51.94%。截至2015年年底,共有61家公司开展互联网人身险业务,全年新增9家;在71家财产险会员公司中,共有49家公司开展互联网财产险业务,占比69%。

依据发展水平的差异,我国现阶段网络保险的发展模式大体分为三个类型:网页促销模式、保险公司与第三方电子商务平台合作模式、迈向互联网金融模式。其中,保险公司与大型互联网公司合作谋求新金融销售模式,正成为网络保险发展的最新趋势,互联网保险也成为新的金融创新大风口。众安在线财产保险公司(以下简称"众安保险")正是保险迈向互联网金融的第一个尝试。本案例将对众安保险的发展历程及各个发展阶段的特点、存在的问题及其战略调整进行介绍,每一阶段围绕专题例子展开。

1. 成立之初:借力"三马"抢占先机,拥有股东资源优势

众安保险是国内首家互联网保险公司,由阿里创始人马云、腾讯创始人马化腾、平安董事长马明哲发起成立,在国内被称为"三马"保险。分别于2013年2月17日和9月29日获中国保监会同意筹建批复和同意开业批复,并于2013年11月6日正式揭牌。总部设在上海,注册资本12.40625亿元人民币,不设任何分支机构,完全通过互联网进行在线承保和理赔服务。

1.1 大股东:阿里 + 腾讯 + 平安 = 渠道 + 用户 + 业务

众安保险由阿里、腾讯、平安发起成立,可谓"出身名门"。众安保险的三家大股东:浙江阿里巴巴电子商务有限公司(现已更名为浙江蚂蚁小微金融服务集团有限公司)、深圳市腾讯计算机系统有限公司、中国平安保险(集团)股份有限公司,均为互联网、金融领域的领先企业,持股共计40.22%,坐拥众安近半壁江山。

依托"三马"的资源,众安保险从诞生之初就备受瞩目。一方面,"三马"融合为众安保险做了一个很好的宣传与推广,使之刚刚成立便一炮打响。另一方面,阿里、平安和腾讯,一个拥有全国最大的电商平台,一个是综合金融的开拓者,一个则拥有大量的个人用户。"背靠大树好乘凉",平安的业务基础、腾讯的用户、阿里的渠道成为众安保险拥有的强大股东资源。作为中国最大的电商,阿里拥有大量客户,且客户涵盖企业和个人,这些客户均为互联网保险产品的潜在消费者。更重要的是,阿里还掌握着大量客户群的信用水平和交易记录,这成为众安研发新产品的重要资料库。腾讯在拥有大量个人用户基础的同时,还拥有丰富的媒体资源和营销渠道。腾讯和阿里为众安保险提供了强大的渠道资源,为其未来的发展和推广铺平了道路。例如,借助阿里的电商生态渠道,众安保险嵌入淘宝和天猫的物流、支付、消费保险等多个环节,包括退货运费险、卖家保证金保险、支付宝账户安全险、招财宝变现借款保证险等产品。在2014年"双十一"当天销售逾1.5亿份保单,创造了1秒生成1.5万份保单的记录;在2015年"双十一"期间更是创造了2亿张保单、1.28亿保费的记录。搭乘

"双十一"的"顺风车",众安保险业务大丰收。

1.2 其他股东:互联网科技 + 投资背景

除"三马"外,众安的其他股东还包括优孚控股有限公司、深圳日讯网络科技股份有限公司、北京携程国际旅行社有限公司、上海远强投资有限公司、深圳市日讯互联网有限公司等,主要为互联网科技或投资公司。表1根据公司2015年年报列示了主要股东持股情况。

表1 众安保险持股比例5%以上的股东及其持股情况

排名	股东名称	持股比例(%)
1	浙江蚂蚁小微金融服务集团有限公司	16.04
2	深圳市腾讯计算机系统有限公司	12.09
3	中国平安保险(集团)股份有限公司	12.09
4	深圳市加德信投资有限公司	11.28
5	优孚控股有限公司	7.25
6	深圳日讯网络科技股份有限公司	6.53
	合计	65.28

另外,2015年6月,众安保险进行了A轮融资,引入了5家新股东:摩根士丹利亚洲证券产品有限公司(持股2.477%)、中金证券(香港)公司(持股2.5189%)、鼎晖投资(持股4.9975%)、对冲基金凯斯博基金(持股4.9321%)和赛富基金(持股4.4699%)。与原股东以互联网企业为主的背景不同,5家新股东均为财务投资机构,全部来自投资界。

至此,众安保险的股东成分逐渐成形。一方面,传统保险领域仅平安一家,其余主要为互联网科技或投资公司。互联网科技和电子商务领域的股东为众安保险提供了强有力的技术支撑。众安保险"服务互联网生态、以技术创新带动金融发展"的"金融科技公司"的定位也说明其将技术放在了十分重要的位置。另一方面,投资公司所具备的人脉和业务资源有助于众安保险开拓新业务。2015年6月,成立仅17个月的众安报险获得了57.75亿元的A轮融资,估值达到500亿元。2015年12月,澳大利亚知名金融科技风投机构H2 Ventures联合KPMG(毕马威)发布的全球金融科技企业百强榜,众安保险摘得桂冠。

2. 业务起步：从电商场景切入

近年来，随着互联网的普及，许多 B2C、C2C 交易平台兴起，加之移动支付的快速发展，电子商务在商品经济中占据了日益重要的份额。特别是众安保险的第一大股东阿里，更是电子商务龙头企业。在这样的环境下，众安保险最初选择从电商场景切入业务，利用股东阿里的渠道优势，从退货运费险、保证金保险起步。

2.1 退货运费险：基于电商场景的产品改进

2013 年 9 月拿到牌照后，众安保险就围绕阿里巴巴生态电子交易过程中产生的风险推出了退货运费险产品（以下简称"退运险"），一份保单只有几毛钱或 1 块钱。

其实，退运险并不是一个新兴险种。早在 2010 年，华泰保险便与阿里巴巴合作推出退运险。但当时的直接赔付率高达 93%，此险种一直处于亏损状态。众安经过分析发现，早期的退运险在定价模式上出了问题，即只使用每个用户和商户过去几个月的退运率，而没有综合若干因素预测未来退运率。于是，精算师和数据团队各占一半、非常重视数据挖掘的众安保险在进行产品设计时，利用大数据对客户精准定位，对不同客户群体的出险率即未来退运率进行预测；基于海量的客户及交易信息，分析不同类别产品的退货概率；针对客户既有的消费习惯，分析出单一客户不同的退货习惯并确定相应的调价因子；从而实现对退货运费险客户的精准定价。

此外，众安保险进一步将退运险嵌入消费者的购买页面，销售保险于无形之中。正如众安保险首席执行官兼总经理陈劲所说："就像电影《超体》中描述的，当车快到一定极限，人就看不见车了。互联网保险也是一样，将保险的形态碎片化、场景化后，用户便不会察觉保险的销售感了。"

2.2 "众乐宝"：基于电商场景的产品创新

众安保险的首个创新产品"众乐宝"也是基于电商场景的。

出于保障消费者权益的考虑，淘宝网针对卖家经营产品的种类，要求一部分品类卖家预交 1 000 元至 1 万元不等的消费者保证金，作为消费者的购物保障和赔付风险的调节工具。在天猫商城,根据产品品类和店铺类型的不同保证金额设为 5 万元至 30 万元不等。陈劲对互联网生态圈中的用户诉求、场景需求十分敏感。他观察到,这笔资金对于淘宝、天猫的一些小卖家来说是一笔不小的数目。特别是在某些特定活动期间,很多商家的交易量会是平日的好几倍。这意味着他们需要缴纳相应倍数的保证金,而这对于小卖家来说将是一笔很大的支出。

于是,在搜集整理了小卖家的日常经营数据后,众安保险的产品思路应运而生:为电商小卖家设计一个类似于银行授信的信用保证保险。卖家支付保费来取代被冻结的保证金,如果出现小卖家因为质量问题而跑路的情况,保险公司将对买家进行赔付。

由此,众安保险的首个创新产品"众乐宝"诞生。2013 年 11 月 25 日,"众乐宝—保证金计划"由众安保险与股东阿里巴巴联合发布。这是国内首款网络保证金保险,它为淘宝平台加入消费者保护协议的卖家的履约能力提供保险,在确保给予买家良好的购物保障的同时,帮卖家减轻负担,提高资金的使用效率。

该产品分为半年期和一年期两款,费率分别为 1.8% 和 3%,最低保费 18 元,最高保障额度可达 20 万元。卖家自主选择保险额度,无需缴纳保证金,即可获得消费者保障服务资格、消保标识,并获得"宝贝详情"页面的保障额度展示。卖家通过缴纳较少的保险费用,实现了等额的保障额度,从而释放了保证金。"众乐宝"产品经理李剑认为:"这将有助于提高资金实力并不雄厚的中小卖家的资金周转率,帮助卖家释放流动资金,有利于卖家更好地备货上新、经营店铺。"

"众乐宝"采取"先行垫付、事后追赔"的理赔形式,即当买卖双方发生维权纠纷,需要店铺对买家赔付时,由"众乐宝"先向买家垫付理赔款,事后再向卖家追款。对于买家而言,保险的先行赔付可以缩短维权过程,更好地提升购物体验。

在精算定价与风险控制方面,"众乐宝"虽然没有投保人信息,但是可以通过淘宝卖家经营流水和买家评价等数据评价店铺的信用度。可见淘宝数据是其信用评估和风险控制的基础。

类比"众乐宝",众安保险又于 2014 年 3 月 17 日联合天猫"聚划算"推出

"参聚险",用于替代聚划算卖家的保证金缴纳,费率仅为0.3%。

从退运险到参聚险,众安保险对淘宝及天猫平台的消费、经营等数据的挖掘,以及与电商消费场景的融合,既成为其优势,却也滋生出新的问题。

2014年众安保险的淘宝、天猫退货运费险保费收入达6.13亿元,占当年保费收入(7.94亿元)的比例高达77.2%。2015年其对阿里的保费依赖度也高达65%。众安保险对阿里渠道的过度倚重令其饱受诟病,对投资人的过度依赖问题逐渐暴露。其新股东鼎晖投资在众安保险融资项目分析报告中也提到这点担忧:"目前众安保险的业务对股东资源的依赖性较强,未来重要股东在各方面的利益博弈可能会影响公司获取资源的可持续性和稳定性。"众安保险也意识到了这一问题。这意味着产品设计需要进一步创新,开拓电商之外的更多渠道,挖掘更多互联网场景下的客户需求。

3. 开放尝试:挖掘碎片化场景需求,融入互联网生态

互联网生态系统具有多场景、碎片化、高频率的特点。互联网产品占据用户的时间往往是碎片化的,互联网活动涉及的场景也是多样和海量的,甚至可以说已经融入衣食住行的方方面面。快速更新的技术,海量高频的信息,丰富而碎片化的场景,让正在"互联网+"尝试中的众安保险看到了商机。自电商场景起步后,众安基于对互联网的理解,充分利用碎片化的场景需求,基于各种互联网场景定制产品,服务精准直达客户,服务互联网新型生态。众安保险首席运营官许炜在2015年中国保险报"互联网+"保险论坛上谈到:"众安尝试让保险产品更好地切入互联网的用户生态,用保险来保障互联网生态;同时切入互联网生态,让互联网生态更好地为保险提供服务。"

3.1 定制产品:多平台合作,碎片化场景

作为一家服务互联网生态的公司,众安已与超过100家公司开展了基于不同行业场景的业务合作,其中既有阿里、百度、腾讯等大型互联网企业,也有招财宝、小赢理财等互联网金融平台,还有爱彼迎(Airbnb)、大疆科技、华大基因、蘑菇街等知名创业公司,同时还有平安保险等传统保险公司。

基于不同场景定制的产品更是细化到互联网用户生态的诸多领域。

例如,2014年7月,众安保险联合小米公司推出"小米手机意外保障计划",为小米手机独家定制手机意外保障服务。该保障服务对于"三包"范围内未涵盖的、手机在使用过程中因各种意外导致的损坏提供免费维修,是迄今为止国内最大的单一品牌"手机意外保"服务项目。2016年5月,众安保险再度联合小米公司推出国内首款电信诈骗险。每一份电信诈骗险与被保险人的小米云服务 ID、IMEI(手机序列号)、身份证号绑定,由小米安全中心提供可疑来电提醒。用户每年付费9.9元,如果出现因为系统提醒不到位而被欺诈的情况,便可获得最高1万元的赔偿。

又如,2015年3月,众安保险联合国内美业O2O龙头河狸家推出"河狸家安心保障计划",成为国内首款美业O2O保险。该产品包含三种保险责任:为接受上门服务的客户提供意外伤害、附加人身权利侵害、个人财产及随身物品损失保险服务。据该项目产品经理张起介绍,该计划是一套针对O2O行业痛点、基于上门服务场景打造的风险解决方案。为了帮助平台管控风险,众安保险还与河狸家深度合作,参与平台手艺人的资质审核过程,促进防灾防损。这种只针对细分人群、特定场景、保险期限不足一天(上门服务期间)的超短期意外险产品,保费收入非常有限,并且要实现与O2O平台系统的实时对接,对传统保险公司而言系统开发和运营任务艰巨、成本很高。然而,正是这样保费规模较小(可能无法覆盖开发及运营成本)、常被传统机构忽视的"长尾"需求,恰恰可以通过互联网技术得以激活。

此外,众安保险还与百度手机安全卫士合作推出手机支付保障产品"百付安",切入移动支付场景;与美团外卖合作推出针对美团外卖商家的美团食品安全责任保险;与华大基因合作推出国内首款互联网基因检测的"知因保"等。碎片化的保险产品被嵌入互联网生态圈中的多个交易环节和应用场景,不仅令众安保险借势获得爆发式增长,"无边界"的发展方式更给其未来带来了无限的想象空间。

3.2 从航班延误险看"快速迭代"的互联网思维

从产品、服务到技术,保险通常具有低频的性质,例如产品开发前的损失数据积累,核保、查勘定损、理赔等一系列服务流程,精算定价、系统升级等技术要求。如何将其与快节奏的互联网融合,是"互联网+保险"模式提出的挑战之一。航班延误险(以下简称"航延险")正是众安保险在互联网思维下与多平台合作、基于多场景需求进行"快速迭代"、不断深耕的例子。

在此之前,人保、太平、平安等传统保险公司均设有航延险,但各公司的赔偿条件有所区别:有的需航班延误5小时或6小时以上才能获得赔付,有的保险公司在延误4小时的情况下就可以理赔。而且对理赔单证的要求也有差异。部分保险公司在理赔时需要航空公司或其代理人出具延误时间证明及原因证明等相关材料,理赔程序烦琐耗时。

于是,最初在航延险产品上,众安主要探索的是如何在互联网上做直达用户的保险,即通过互联网去卖保险并完成理赔。2014年10月,众安首款航延险产品在官网上线。这一阶段的航延险产品解决了航班延误后用户一下飞机即可收到赔付的技术问题,符合航空乘客对流程简便、高效率的理赔的需求,将线下烦琐的理赔程序搬到线上。

众安保险的首款基于场景定制的航延险产品始于与OTA①的合作。2014年12月和2015年4月,众安保险分别与携程、去哪儿合作推出航延险。用户通过携程和去哪儿订购机票时即可选择投保,保单绑定机票销售,保障额度分别为航班延误3小时赔付300元(携程)、2.5小时赔付300元(去哪儿)。这是众安保险场景化航延险产品线的首次尝试。

2015年2月,众安保险切入信用卡场景,联合中信银行信用卡推出"赔你等"航延险。这是航延险产品的一次迭代升级,不仅实现了智能对接航班数据,将起赔时间缩短至2小时;还增加了通过微信红包自动理赔、实时赔付、即刻到账等业务,用户无需提供任何资料;并引入"可自用,可送朋友或发到朋友圈群抢"等社交元素,符合时下社交化互动方式的体验场景。

之后,众安保险"瞄准"航空类手机第三方应用程序(APP)应用场景。全国拥有约520万高质量的商旅人群(平均每月乘坐一次飞机),而航空类APP的服务对象中大部分正是垂直商旅人群,其中潜在需求可观。众安保险捕捉到这类场景下的保险需求,对航延险产品进行了新的迭代升级。2015年7月,众安携手飞常准APP推出"飞常保障"卖家版航延险,用户在APP上购买机票后获

---

① Online Travel Agent,在线旅游公司,属于旅游电子商务行业,其代表包括携程旅游、去哪儿网、途牛旅游网、同程旅游等。OTA的出现将原来传统的旅行社销售模式放到网络平台上,更广泛地传递了线路信息,互动式的交流更方便了客人的咨询和订购。

赠,30分钟起赔。航班信息由 APP 提供,无需用户额外提供证明材料,投保和赔付均在 APP 中自动完成。赔付款通过银行卡、支付宝、微信等支付,最快 15 分钟到账。在"飞常保障"页面中,赔付款金额随着延误时间增加不断跳动,用户通过移动红色指针的位置而预知自己即将得到的赔付金额,在客户端最大限度地体会到延误带来的乐趣。这也是航空类 APP 第一次与保险公司的深度合作,将航延险融入机票、延误查询一体化的出行解决方案中。

2015 年 8 月,众安保险进入支付宝场景,推出支付宝航延险。用户提前一天购买,只需在支付宝界面输入姓名、身份证号、出发日期即可完成投保。嵌入支付宝场景可以方便客户将理赔金额转到支付宝账户。产品仍采用"主动理赔"方式,且 1 分钟的起赔时间格外吸引眼球:延误 1 分钟就送随机集分宝,可在支付宝平台上冲抵现金。这大大增加了保险与用户之间的互动。此外还实现了叠加式赔付:延误 30 分钟赔 10 元,延误 60 分钟赔 20 元,延误 120 分钟赔 100 元。这些都让支付宝航延险区别于其他航延险,具有相当大的吸引力,完成了众安航延险产品的又一次迭代升级。

2015 年 8 月,众安保险进入微信摇一摇场景,联合微信、飞常准、航联,推出国内首款在机场场景下"即买即用"的航延险:在计划起飞前 4 小时到延误发生后 2 小时内,用户以微信摇一摇为入口,即可完成第一摇选择航班、第二摇选择赔付标准、第三摇领取礼券的"三摇"服务过程,最高赔付 1 000 元,投保后同步获取所有候机信息服务。这是互联网保险首次进军物联网与移动社交相结合的场景。"即买即用"的性能使这款产品获得了航延险"王炸"的评价。至此,众安保险全面实现了航延险在多场景中的迭代升级。

从众安保险的航延险"路线图"来看,与过去传统保险公司在一个领域推出多个不同险种的产品有很大不同,其产品逻辑是将一个险种拆分为多个不同的产品,但是每个新产品都是在过去旧产品的基础上增加一些新的亮点,即互联网时代的"快速迭代思维"。互联网产品占据的往往是用户的碎片化时间,技术更新也非常快,"小步快跑"的迭代思维正适合互联网的节奏。众安保险的航延险系列,每次"迭代"的是场景、赔付方式、附加值等方面,而内核——对于航班延误风险概率的计算并没有变,这或许是将保险产品天然的低频属性与互联网高频属性巧妙结合、逐步融入互联网生态的方法所在。

多平台、多场景、快速迭代,成为众安保险主要的产品思路。但与此同时,如何克服小额、高频、碎片化产品形态带来的规模增长受限,是众安面临的一大问题。

4. 实现跨越:综合风险控制,互联网跨界共创

跨界共创是"互联网+"时代的大趋势,也是互联网技术与思维得以真正发挥价值的关键所在。在实现了基于互联网碎片化场景的产品定制之后,众安保险希望进一步借助保险的风险控制专业能力,结合大数据技术的发展和互联网趋势,做一些跨界共创的产品。

4.1 "步步保":互联网 + 健康险 = 健康管理

2015年8月,众安保险发布了其进军健康险领域的首个产品——"步步保"。这是一个与可穿戴设备及运动大数据结合的健康管理计划,以用户的真实运动量作为重大疾病保险的定价依据,同时,用户的运动步数还可以抵扣保费。

"步步保"通过与可穿戴设备及运动大数据的结合,在合作伙伴小米运动、乐动力APP中开设入口,用户投保时,系统会根据用户的历史运动情况及预期目标,推荐不同保额的重疾险保障(目前分为10万元、15万元和20万元三档),用户历史平均步数越多,推荐保额就越高。每天5 000步,推荐保额10万元;每天10 000步,推荐保额15万元;每天15 000步,推荐保额20万元。保单生效后,用户每天运动的步数越多,次月需要缴纳的保费就越少。从而实现以运动因子作为保险的实际定价依据。

在众安保险看来,用新技术新平台探索重疾险等健康险业务的风险是可控的。第一,"步步保"与传统重疾险一样设有等待期;第二,由于参与"步步保"的群体大多热爱运动,体质普遍较优,一定程度上降低了出险概率;第三,众安保险大数据方面的优势可以发挥到理赔和反欺诈的相关工作中。

"步步保"与普通健康险存在许多不同。一般的健康险产品先收保费,等用户生病出险后再提供事后补偿。保险公司可能会在收取保费后,提供一些"健康管理"信息推送和电话指导,但客户不仅不乐意被频繁打扰,更担心自己的个人信息遭到泄露,客户体验不佳。另外,传统的重疾险在定价过程中,仅仅考虑

性别和年龄两个维度,运动等其他与健康息息相关的内容并未纳入定价因素,这既不科学,也欠公平。

而"步步保"在定价方面利用互联网大数据,个性化定制保额并动态收取保费。"步步保"通过与运动 APP 合作,不仅考虑了传统健康险中身体素质与疾病的影响关系,更专注于与运动健康挂钩的大数据:由于"步步保"所能获得的用户数据是动态、实时的,所以定价也可随之动态调整。这样的产品设计其实对具有运动习惯的用户来说更有吸引力。另外,由于可通过 APP 在前端直接触达用户,"步步保"与运动场景及实际运动状态充分结合,不仅增加了与用户良性的交互频次,更能进一步促进客户实现自我运动激励。

众安保险该项目产品经理崔晨表示,"步步保"首期产品的目标是通过与运动 APP 结合迅速推广,尽可能大范围地占领爱运动、健康、年轻的高净值客户市场,随之进行迭代升级。比如强化"步步保"的社交属性,赞助长跑、夜跑活动等。除了跑步场景,"步步保"还将与小米运动结合,建立全方向、全时段的身体健康保障计划,比如减肥应用、身体状态综合管理等,成为用户乐于接受的贴身健康管家。

互联网行业以客户为中心,高度重视用户的体验和核心诉求的特征被深深地融入互联网金融。例如,"步步保"将产品核心诉求明确定位为"只要运动到位,众安乐意为客户的健康免单"。崔晨表示,其希望真正去关心客户的健康变化过程,希望用户能够像玩游戏一样开心地体验保险。这是"步步保"与其他保险的不同之处,也是互联网思维值得借鉴之处。

众安保险对"步步保"进而探索健康险规划了明确的方向,希望接入更多的可穿戴设备和运动 APP,能够全网覆盖运动人群,建立全方向、全时段的身体健康保障计划等。但根据此前国内外同业的经验,其实现路径或许并不顺畅。长远来看,这样的发展方向在穿戴设备的方便性和接受程度、监测技术的稳定性、用户参与积极性、是否满足客户现实需求等方面仍有待市场检验。

4.2 消费金融:重塑信用保证保险,输出风险管理服务

2016 年 1 月,中国保监会联合工信部、商务部、人民银行、银监会发布关于《大力发展信用保证保险服务和支持小微企业的指导意见》,进一步强调"大力发展信用保证保险业务"。在众安保险,副总经理兼首席市场官吴逖分管着信

用保证保险业务。对他来说，互联网虽不是万能，但的确真实地改变了信用保证保险这一"古老险种"的运行逻辑。

在传统保险机构中，信用保证保险的业务占比不高，且由于保险公司大多对这项业务不够擅长，经营也常亏损。"传统的信用保证保险风险管理，更类似于银行内部的信用风险评价，信用良好的企业可以从银行处获得贷款。但若是本身信用存在问题的企业，银行不愿意放贷，所以前来投保信用保证保险的，风险本身就高，再加上企业容易受金融周期影响，信息不对称情况很严重，险企没有完整专业的风险管理体系等原因，传统保险机构很难在这个业务上维持正常盈利水平"。这是吴逖在2016年的一次专访中对传统信用保证保险的回顾。

但在互联网背景下，当信用保证保险开始作为工具与载体为消费金融服务的时候，其辅助角色变得更为重要。2014年，吴逖对信用保证保险的运作方向产生了不同的想法——承保匀质化且分散的个人信用。"单一个人，不管是小额信用消费，还是大额现金借款，数额跟企业比小很多，而且又有大量同类型借款人，而保险是一个基于大数法则的风险管理工具，因此个人信用领域刚好又重新回到了保险公司擅长的业务类型上"。

2014年，众安保险合作的第一个互联网金融平台是小赢理财。与同类合作中针对借款人生命健康、针对抵质押物的财产保险、针对用户资金账户安全类的保险产品不同，这次合作是由众安保险提供对借款债权的全额本息保障。从核保、承保、逾期报案、理赔、结清，到保费分账、财务对账结算等，全部实现双方的系统对接，实时监控。

众安保险提供的消费类金融风险产品采用的风险管理方法是利用大数据进行高效率、低成本的风险识别和定价。通过互联网手段搜集借款人收入的稳定性、过去的还款记录、相应的资产证明等数据，建立一套借款人信用评价体系。同时，建立一套快捷、自动化的审批系统，结合人工手段实现快速审批，以此控制客户效率和自身成本。

吴逖表示，在风险定价层面，互联网金融机构与传统金融机构的工具没有太大区别，但互联网技术的价值会更多体现在反欺诈风险技术上。例如，如果凭借互联网提供的位置信息来判断一个人的身份，那一位每天上下班出入高档小区与CBD之间的用户，在申请大额消费贷款时能否承保？如何知道他是公司高管还是给高管开车的司机呢？在互联网时代来临之前，这个问题似乎不容易回答。而如今的互联网逻辑,是在真实生活中抓取数据来给用户画像。上例中,还可以结合用户乘坐航班的信息,如舱位等级信息来判断他的身份。众安保险在提供信用保证保险产品的同时,开始筹建起一张关于消费金融的神经网络,以纳入更多的维度。

继小赢理财后,众安保险陆续与更多平台进行合作,既包括蚂蚁金服的招财宝、凤凰金融等互联网平台,也包括光大银行、汉口银行这样的传统金融机构。

目前,众安保险不仅作为参与事后赔付的保险产品提供者,而且提供从后台系统搭建、风险管理、资金运营到资产管理的完整架构和服务。众安提供包括用户画像、场景选择、产品设计、政策模型建立、技术对接、账户打通、资产归集、资产管理、逾期催收的全套服务,并且会把信息返回给合作方,告诉他用户画像是什么,哪些用户有良好的贷后表现,哪些用户有逾期和违约记录。通过这些,进一步扩大保险的价值链,实现综合风险控制。

在消费金融领域,众安保险也为互联网公司提供风险管理与承保服务。目前包括翼支付"甜橙白条"、美丽说"白付美"、蘑菇街"买呗"在内的众多互联网消费金融产品中,众安保险既提供信用保证保险服务和技术支持,也输出风险管理能力,并通过资产管理业务帮助对接不同渠道的资金。同时,众安保险还做了一个基于互联网的交易信息服务产品叫"千单"。这款产品通过把用户的授信信息带到商户,使得互联网用户可以实现跨场景消费、到线下门店进行信用消费、消费分期等。众安保险在前端跟商户合作,后端做交易转接服务,同各个支付公司和互联网平台合作,为用户提供信用账户连接的服务。

得益于扁平化的组织架构、碎片化的产品形态、数据驱动的产品设计、强大的数据处理系统、快速迭代的互联网思维等,众安保险已实现最快15天上线一款保险产品。成立三年来,众安保险形成了核心优势:产品设计基于场景定制,快速响应需求;定价基于互联网大数据,动态承保;销售则无缝接入场景,直面客户,交叉销售;理赔服务实现高度自动化,迅速而透明,等等。但与此同时,高度依赖股东渠道、碎片化产品形态限制规模增长等问题也是"众安模式"正面临的挑战。总体而言,作为第一个以互联网思维打造的互联网保险公司,众安保险的"互联网+"之路对于互联网金融创新模式的探索具有一定的积极意义。

案例使用说明

1. 教学目的与用途

（1）本案例适用于保险硕士《保险学研究》课程。

（2）本案例的教学目标：使学生了解互联网保险的内涵，了解我国互联网保险公司的特点与探索发展历程；学会分析互联网保险公司存在的优势和问题、面临的机遇与挑战；培养学生解决实际问题的能力。

2. 启发思考题

（1）什么是互联网保险，如何理解传统保险向互联网保险的转变？

（2）作为首家互联网保险公司，你认为众安保险的做法有哪些创新之处？

（3）你认为互联网保险公司与传统保险公司相比具有哪些优势？存在哪些问题？面临着哪些机遇和挑战？

（4）众安保险的案例对于我国互联网保险发展具有哪些借鉴意义？

3. 分析思路

（1）首先，了解众安保险的成立背景与发展历程；

（2）详细解读各个发展阶段众安保险的特点及其目标的变化；

（3）分析众安保险如何利用互联网技术和思维对传统保险业务进行革新；

（4）分析众安保险互联网保险业务的发展趋势。

4. 理论依据与分析

（1）互联网保险的定义

互联网保险是在大数据、云计算、移动互联和物联网等互联网科技不断发展的背景下，根据互联网思维，通过对保险价值链的重新审视和创新升级，所形成的以信息化、智能化、网络化为主要特征的新型保险发展方式。

（2）互联网保险的主要特征

① 虚拟性

互联网保险的商务活动主要在网络进行。互联网保险机构的代表不是办公所在的建筑物，不是地址而是网址，营业厅不是物理柜面而是主页画面。互联网保险的咨询、投保、承保等若干环节在互联网上实现,保险活动的往来体现为数字化的虚拟性特征。

② 直接性

互联网使客户与保险公司间的互动更加直接,解除了传统条件下双方活动时间、空间的障碍,体现出更为明显的直接性特征。客户可以登录保险公司网站或者在相关商务活动中直接提出保险需求、处理保险事宜。互联网经济的普及与发展,使保险价值链拉直成为可能,保险中介所处的中间环节将进一步减少,以复杂、迂回为特点的传统保险实务流程将升级为以标准、简约、直接为特点的新一代互联网保险实务流程。

③ 便捷性

互联网的信息检索功能使客户获取保险资讯更加方便,保险公司网站的在线客户也可以实时解答客户关于保险的业务问题,并可以指导客户通过网络直接投保,网络支付功能的应用支持客户随时缴纳保险费而不用赴柜面排队。互联网在保险业的广泛普及,使各种保险服务更加贴近客户、融入市场,便捷性成为互联网保险的显著特征之一。

④ 风险性

互联网本身具有的风险性,使互联网保险也体现出不同于传统保险的风险性特征。互联网保险发展进步的前提必须是安全性得到可靠的保障。客户信息安全、账户安全、交易安全及系统运行的安全等是互联网保险发展中必须慎重解决的重大问题。

5. 背景信息

2014 年,众安保险实现保险收入 7.94 亿元。2015 年,众安保险保费收入达到 22.83 亿元,同比增长 187.5%。截至 2016 年 5 月 31 日,众安保险累计服务客户数量超过 4.14 亿,保单数量超过 45.83 亿。与提供互联网财产保险的其他公司的横向比较如表 2 所示。

表 2　2015 年互联网财产保险保费收入前 10 名

序号	公司	本年累计签单数量（件）	本年累计保费收入（元）	累计保费收入占比（%）
1	人保	17 463 311	3 363 623.48	43.78

(续表)

序号	公司	本年累计签单数量（件）	本年累计保费收入（元）	累计保费收入占比（%）
2	平安	13 300 898	2 359 251.99	30.70
3	太平洋	13 044 313	428 674.24	5.58
4	大地	1 288 737	375 770.90	4.89
5	阳光	6 333 283	249 595.00	3.25
6	**众安**	**2 179 719 734**	**228 304.29**	**2.97**
7	天安	615 966	116 091.40	1.51
8	国寿财	2 323 841	113 918.00	1.48
9	中华	595 557	96 487.02	1.26
10	太平	9 595 667	77 208.62	1.00

根据保监会批准，目前众安保险的业务经营范围包括：与互联网交易直接相关的企业/家庭财产保险、货运保险、责任保险、信用保证保险；短期健康/意外伤害保险；机动车保险，包括机动车交通事故责任强制保险和机动车商业保险；上述业务的再保险分出业务；国家法律、法规允许的保险资金运用业务；保险信息服务业务；经中国保监会批准的其他业务。

2015年众安保险保费收入前五位的险种情况如表3所示。包括退货运费险和车险在内的其他保险的保费收入占公司总保费收入的60.84%，对阿里电商渠道的依赖性仍较高，但较2014年有所下降（值得注意的是，不同于2014年年报中退运险单独列出且占比七成有余的"尴尬"，2015年公司将退运险和新获批开展的车险业务一并归入"其他保险"，二者的具体保费收入情况并未公开）。

表3 2015年众安保险主要险种的保险金额与保费收入情况

险种	保险金额（万元）	保费收入（万元）	保费收入占比（%）
其他保险（退货运费险、车险归入此类）	34 815.13	1 351.06	60.84
保证保险	191 467.84	453.29	20.41

（续表）

险种	保险金额（万元）	保费收入（万元）	保费收入占比（%）
意外伤害保险	12 345 576.28	283.37	12.76
责任保险	65 455.00	81.21	3.66
信用保险	40 983.58	51.73	2.33

目前众安保险提供的产品多达 298 款,产品的数量结构如图 1 所示。

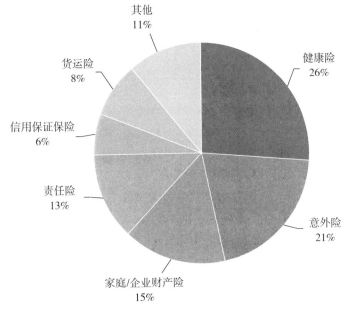

图 1　众安各险种的产品数量结构

6. 建议课堂计划

本案例可以作为专门的案例讨论课来进行。建议 1—2 课时。如下是按照时间进度提供的课堂计划建议,仅供参考。

课前计划:提出思考题,发放案例材料,请学生在课前完成阅读和初步思考。

课中计划:课堂前言简单扼要、明确主题;分组讨论,小组轮流发言,可以以幻灯片辅助;引导全班进一步讨论,并进行归纳总结。

课后计划:讨论结束后要求学生提交案例分析报告。

中小保险公司频频举牌的背后

郑苏晋 李 炜 谷 雨 林吉涛

摘 要:保险资金进入资本市场是我国保险业发展的必然选择。现阶段,低利率的市场环境、逐步放松的监管政策等为保险资金大举进入资本市场提供了契机。本文首先研究了中小保险公司现阶段频频举牌背后的原因,然后着重分析举牌潮中充当主要资金来源的万能险,接着对频频举牌带来潜在的偿付能力不足风险、资产负债不匹配风险、利差损等风险进行分析,最后讨论与监管相应的风险预警措施。

关键词:保险资金 举牌 资产负债匹配 保险监管 万能险

《证券法》规定,投资者持有一个上市公司已发行股份的5%时,以及之后每增持达到5%时,应在该事实发生之日起3日内,向国务院证券监督管理机构、证券交易所做出书面报告,通知该上市公司并予以公告,并且履行有关法律规定。业内称之为"举牌"。

保险资金(以下简称"险资")举牌在西方国家资本市场不足为奇。相比于西方国家,我国险资在资本市场频频举牌还属于新鲜事物。我国险资举牌资本市场最初发生在2013年。2013年1月25日,富德生命人寿保险股份有限公司(以下简称"生命人寿")举牌金地集团,所持股份占金地集团总股本的5.41%。当年11月18日,生命人寿将4.81%的股权表决权授予福田投资发展公司,调整后生命人寿所持金地集团的股份为3.20%。2013年12月3日,安邦保险集团股份有限公司(以下简称"安邦保险")举牌金地集团。我国的举牌潮初露端倪。

2015年12月爆发的万科集团和宝能集团的股权争夺战中,一方是目前中国最大的专业住宅开发企业,资本市场上的代表性蓝筹股,另一方是在资本市场频频出手的前海人寿。此次"股权大战"引起了业界、学界和市场对险资举牌资本市场的广泛关注。险资举牌资本市场的原因及其可能带来的冲击与影响成为研究热点。

1. 险资举牌潮冲击资本市场

2015年7月开始,保险公司开始大规模举牌上市公司,相继有近10家险企参与举牌近50家上市公司。参与举牌的集团有恒大系、宝能系(前海人寿)、安邦系、生命系、阳光保险系、国华人寿系和华夏人寿系,其中以恒大系、宝能系(前海人寿)、安邦系的举牌频率最多、活跃程度最高。

在标的选择上,保险公司举牌具有以下特征:在估值方面,险资偏好市盈率与估值较低、分红较好、股息率较高、净资产收益率(return on equity, ROE)高的上市公司,例如低市盈率的地产股。在现金流方面,险企偏好现金流较为稳定的上市公司,如承德露露、伊利股份等。在股权结构方面,险企倾向于投资股权分散、大股东持股比例不高的公司,例如伊利股份的第一大股东呼市投资持股比例不足9%。在操作方面,险资偏好于已经持有或重仓的股票,从而可根据市场股价与投资情况进行仓位与策略调整,从而提升控制权,如宝能系对万科多次加仓并触发举牌。

截至2016年第三季度末中小保险公司举牌情况如表1所示。

表1 举牌公司与举牌相关数据

举牌公司	举牌规模	已经举牌公司	2016年1—10月万能险规模(亿元)	2016年1—10月万能险占比(%)	2016年第三季度偿付能力充足率(%)	2016年11月万能险结算利率(%)
前海人寿	538	万科A、合肥百货、南宁百货、明星电力、中炬高新、韶能股份、南玻A	721	80	144	5.05
安邦人寿	466	中国建筑、同仁堂、大商股份、欧亚集团、金风科技、金融街、万科A	2 069	67	199	5.10
和谐人寿			452	30	103	5.00

(续表)

举牌公司	举牌规模	已经举牌公司	2016年1—10月万能险规模(亿元)	2016年1—10月万能险占比(%)	2016年第三季度偿付能力充足率(%)	2016年11月万能险结算利率(%)
生命人寿	613	浦发银行	617	39	104	5.00
华夏人寿	3	同洲电子	1 270	76	123	5.10
恒大人寿	472	万科A、梅雁吉祥、廊坊发展	376	91	180	6—8
国华人寿	71	天宸股份、长江证券、华鑫股份、新世界、东湖高新、国农科技、有研新材	129	33	129	3.9—5.0
阳光人寿	76	吉林敖东、伊利股份、承德露露、中青旅、京投发展、凤竹纺织	158	31	247	5.00
中融人寿	12	鹏辉能源、真视通、天孚通信	23	100	-42	—

2. 中小保险公司频频举牌的原因

2.1 保费收入高速增长,股票投资比例提高

十余年来,我国保险行业持续快速增长,发展态势良好。2005年,全行业原保费规模约0.49万亿元。2015年,全行业原保费规模达到2.43万亿元。年复合增长率为17.3%(图1)。以保费规模计算,我国已成为仅次于美、日的世界第三大保险市场,有望在2016年年底超越日本成为世界第二大保险市场。

伴随着保费规模和保险资金运用余额的快速增长,保险资金资产配置的类别和比重也在发生变化,权益类资产配置比重显著上升(见表2)。

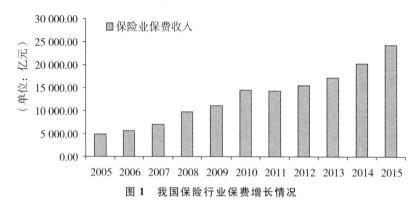

图 1 我国保险行业保费增长情况

表 2 我国保险资金配置结构变化

（单位：%）

	2005 年	2015 年
银行存款	31.08	21.78
债券	61.31	33.39
股票和证券投资基金	7.61	15.18
另类投资		23.3
其他投资		5.34

目前，国内险资股票配置比例并不低，这与国内债券市场不太成熟有关。截至 2016 年 6 月底，保险公司总投资资产 12.56 万亿元，其中持有股票和证券投资基金共 1.70 万亿元，占比 13.50%。参考成熟市场险企的股票资产配置情况，2014 年美国寿险（一般账户）、日本寿险和中国台湾寿险股票资产的配置比例分别为 2.3%、6.7% 和 7.5%，均低于国内；另一方面，美国和日本对债券的配置比例分别为 82.4% 和 68.3%，而国内保险 2014 年该比例仅为 46.9%，远低于美国和日本。

2.2 "资产荒"、利差损压力叠加，风险偏好提升

近年来随着经济增速放缓与利率的显著下行，保险公司新增固收类资产的收益率整体下滑，10 年期国债收益率一度下滑至 3% 以下（见图 2）。而股票市场上的一些高 ROE、高股息率、高分红的传统上市公司的市盈率少于 25 倍，对应 4% 以上的收益率。万能险结算利率维持在 5% 以上的高位，显著高于债权类资产的收益率，加上银行等销售渠道的手续费，负债成本约为 7%—9%，因此在负债端的高成本压力之下，风险偏好的提升促使保险公司增配上述低估值股票。

图 2　10 年期国债到期收益率(截至 2016 年 12 月 28 日)

2.3　权益法核算"长期股权投资",投资收益提升

保险公司的权益类投资可计入三大科目:交易性金融资产、可供出售金融资产、长期股权投资。

交易性金融资产项下的股票价格波动会直接通过投资收益影响利润表,造成利润大幅波动。

可供出售金融资产项下的股票价格波动的影响计入其他综合收益,直接影响资产负债表中的净资产,并且一般无法提升利润。

长期股权投资在不同情况下分别采用成本法或权益法核算。成本法应用于投资者对被投资单位享有控制权的情况,成本法下,只有被投资单位的分红才能在报表确认投资收益,故对投资收益的提升相对较小。长期股权投资的权益法应用于投资者对被投资单位产生重大影响的情况,一般要求直接或间接持有上市公司 20% 到 50% 的表决权,但是当上市公司股权分散时,保险公司持股比例超过 5% 后可通过派驻董事的方式对标的公司施加重大影响。

权益法下,保险公司可按持股比例享有或分担被投资单位的净利润和其他综合收益。因此,只要被投资单位实现盈利,投资者即可按比例分享其利润等经营成果,不受股价波动和分红的影响。因此投资高 ROE 且盈利稳定的公司可在"长期股权投资—权益法"的核算下实现高额投资收益,从而显著改善利润表。另外,可供出售金融资产项下的股票经过增持被重列为长期股权投资后,其公允价值与账面价值之间的差额,以及原计入其他综合收益的累积公允价值变动将计入按权益法核算的当期损益,从而在前期股价上升的情况下能够大幅提高当期利润。

综上,保险公司举牌拥有稳定盈利、高 ROE 的上市公司后,可以应用"长期股权投资—权益法"进行核算,从而通过分享被投资公司的经营业绩显著提升投资收益和当期利润,且利润不受股价波动和分红水平的影响。

2.4 产品结构失衡,利润倚重投资收益

保险公司由于负债的特殊性导致其经营利润主要来自两方面:保险产品的承保利润和公司运营的投资收益。而不同侧重方向致使公司呈现出不同的产品及投资策略:侧重产品线的保险公司遵循在互助和责任分摊中追求利润;而重视资本投资的保险公司则认为保险公司是纯粹的金融机构,应充分利用现金流,达到资本收益最大化。

当前,中国保险市场面临激烈的竞争,一方面国内上市保险公司垄断着传统保险的经销,以寿险的近期数据为例,国内前十家公司市场份额占比达73%,垄断效应明显;另一方面,保险产品结构同质化、缺乏创新使公司负债端盈利能力减弱。这在客观上造成了保险产品费率的下调,以"价格战"为主要形式的竞争手段制约公司获得承保利润的积极性。中小保险公司承保利润与投资收益的关系如图3所示。

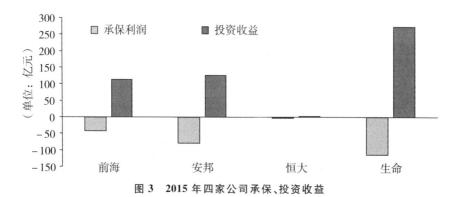

图 3　2015 年四家公司承保、投资收益

从图3可以看出,对于频繁举牌的四家保险公司(前海人寿、安邦人寿、恒大人寿和生命人寿),其基本保险产品的承保利润皆为负,而投资收益均为正。除了恒大人寿投资收益不足以弥补承保上的损失外,其余三家均实现了以投资为导向的战略收益。中小型险企的激进发展战略是险资举牌潮的直接原因。

2.5 监管逐步放松,股权投资限制减少

近年来,我国的保险资金运用改革及监管一直遵循着"放开前端,管住后端"的理念,即在前端稳步拓宽保险投资渠道,增加保险投资品种,调整保险投资政策,促进保险投资多元化和风险分散、加强资产负债管理;同时,积极探索强化事中、事后监管,通过投资能力备案明确制度、人员和系统要求、落实风险责任人,综合运用信息披露、内部控制、分类监管、资产负债匹配和偿付能力五大监管工具,把后端管住、管好、管牢。

以权益类投资为例,十几年来监管机构不断改进保险资金运用比例监管制度,赋予了保险公司更大的投资选择权和风险判断权,如表3所示:

表3 对保险资金股权投资的监管政策

2005年	保监会《关于保险机构投资者股票投资有关问题的通知》要求保险公司股票投资的余额不得高于投连险产品账户资产的100%、万能险产品账户资产的80%和传统保险产品的5%
2014年	保监会建立大类资产比例监管新体系,将原先50多项监管比例减少至10余项,大幅减少了传统的比例限制,将投资权益类资产的账面价值余额占保险公司上季末总资产的比例放宽至30%
2015年7月	保监会允许符合一定条件的、投资权益类资产的余额占上季度末总资产比例达到30%的保险公司进一步增持蓝筹股票,增持后权益类资产余额不高于上季度末总资产的40%

3. 保险举牌资金来源及风险分析

3.1 保险举牌资金来源——万能险

万能险是包含保险保障功能,并至少在一个投资账户拥有一定资产价值的人身保险产品。万能险设有保障账户和单独的投资账户,投保人可任意支付保险费,以及任意调整死亡保险金给付金额。万能险所缴保费分为两部分,一部分用于保险保障,另一部分用于投资账户。投保人拥有保障和投资额度的设置主动权,可根据不同需求进行调节;账户资金由保险公司代为投资理财,投资收益上不封顶、下设最低保证利率。万能险有最低利率保证、条款相对简单、费用

明确列示等特点。

万能险起源于美国,于1979年由加利福尼亚人寿保险公司首次推出。至1983年,美国几乎每一家寿险公司都推出了万能寿险产品,并逐步成长为一个包含变额万能险、指数万能险等产品的险种。同时,万能险很快传至海外,成为国际市场上主要的寿险险种之一,发展日趋成熟和完善。

万能险自2000年开始引入中国,整体呈现快速增长态势,市场占比不断提升。中国万能险市场发展大致可分为四个阶段:第一阶段为2000年至2007年,保险费率管制下的初步快速增长期;第二阶段为2008年至2011年,资本市场震荡、银保渠道严格监管、保费统计口径变化下的收缩与调整期;第三阶段为2012年至2016年第一季度,主要由中小保险公司高现价万能险推动的超高速发展期;第四阶段为2016年第二季度至今,保监会加强监管下的万能险规范期。目前为止,我国几乎所有寿险公司都开办了万能险,万能险保费收入占整个人身险市场份额的35%,在美、日、韩等保险市场非常发达的国家,万能险占整个保险市场约40%的份额。

2015年至2016年第一季度是万能险的无序增长期。2015年万能险保费收入达7 647亿元,同比增长95%,万能险保费占总保费比例从2014年的23%提升至2015年的32%。2016年第一季度万能险共销售5 969亿元,同比增长214%,占比进一步提升至38%。2015年至2016年第一季度的万能险的飞速增长直接推动了2015年下半年以来的险资举牌潮。安邦、前海、华夏、生命等非上市公司将万能险作为快速提升保费规模、抢占市场份额的"低成本"融资工具。中小型保险公司销售万能险资金成本约为7%—9%,显著低于信托等其他非银融资渠道,这种"万能险 + 股权投资"的"资产驱动负债"模式从根本上催生了大规模举牌行为,同时可能会带来流动性、短钱长配、利益输送等风险。

根据产品定位与特点,当前国内保险市场的万能险产品可大致分为高现金价值型、附加账户型和传统期交型三类。高现金价值型万能险具有购买金额起点低、初始费用低、预期收益率高、存续期间短、保障功能极低等特点。附加账户型万能险用于与主险搭配销售,通过高结算利率吸引客户,从而起到促进主险销售的效果。传统期交型万能险则偏重保障,具有保险金额高、前期扣费高、投资账户资金少、前期退保损失大等特点。表4中以具体的保险产品为例阐述了高现金价值型万能险与传统期交型万能险的区别。

表 4 高现金价值型万能险与传统期交型万能险比较

万能险产品	前海海利精选（A）	平安智悦人生
万能险类型	高现金价值型	传统期交型
保险金额	仅个人账户价值	不低于期交保费的 5 倍，且不低于 20 万元
保险期间	20 年	
保险费支付	本主险合同的保费分为趸交和追加保险费	长期期交和追加保险费
初始费用率	0	年交 1 万元以下的部分第一年至第五年分别为 50%、25%、15%、10% 和 5%，1 万元以上部分为 3%
最低保证利率	3.5%	1.75%
退保费用比例	第一保单年度：3.0% 第二保单年度：2.0% 第三保单年度：2.0% 第四保单年度及以后：0	第一保单年度：5.0% 第二保单年度：4.0% 第三保单年度：3.0% 第四保单年度：2.0% 第五保单年度：2.0% 第六保单年度及以后：0

3.2 险资频繁举牌的风险分析

偿付能力不足风险

"偿二代"下，保险公司的各类投资资产主要通过相应的市场风险最低资本要求和信用风险最低资本要求来影响偿付能力充足率。若某项资产的市场风险或信用风险较小，则其要求的最低资本较小，从而能够提升偿付能力充足率。因此保险公司倾向于配置最低资本要求较低，即"偿二代"下风险因子相对较小的投资资产。"偿二代"下市场风险的相关度量标准如表 5 所示。

表 5 "偿二代"下市场风险度量标准

类别		权益价格风险基础因子 RF
上市普通股票	沪深主板股	0.31
	中小板股	0.41
	创业板股	0.48

(续表)

类别		权益价格风险基础因子 RF
未上市股权		0.28
普通股票基金		0.25
长期股权投资	子公司	0.10
	合营、联营企业	0.15

长期股权投资的权益价格风险基础因子仅为0.15（合营、联营企业），显著低于上市普通股票的0.31（沪深主板股）、0.41（中小板股）和0.48（创业板股）。因此举牌后的保险公司可以利用长期股权投资降低最低资本要求，从而提升自身的偿付能力充足率。尽管如此，由于股权投资比例过大，倾向于股权投资的中小保险公司的偿付能力充足率还是远低于传统保险公司，如图4所示。不少公司的偿付能力充足率刚过100%，存在较大的风险。

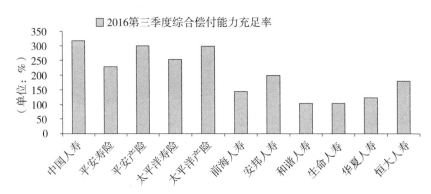

图4　2016第三季度若干保险公司综合偿付能力充足率

资产负债不匹配、利差损风险

目前部分保险公司通过一年内退保不收取退保费、高预计利率等设置，将其出售的万能险变成一种短期理财产品。这些保险公司往往采取"资产驱动负债"的战略，通过高收益保险产品获得大量现金流，做大资产端，运用保险杠杆获取收益。这些公司在投资端常常以相对激进的权益类投资和另类投资为主，以低流动性、长期限等风险来博取较高收益，资产匹配难度持续加大，而这种"短线长投"的做法往往给公司经营带来极大的风险隐患。

虽然这些保险公司的规模可以迅速做大，但伴随而来的是负债端成本的上升和中短存续期产品占比的提高,满期给付和退保压力使得流动性风险加大。同时在"资产荒"的背景下,债券市场的收益率不断下降,股票市场的震荡波动加大,投资端实现的投资收益率持续下行使得该类公司的利差损风险加大。在保险公司经营面临巨大亏损风险和到期偿付风险的情形下,保户的合法权益难以得到充分保障。

保险公司沦为资金平台的风险

保险公司在法律规定范围内购买上市公司股票是合法的,但是如果保险公司被大股东控制,作为一致行动人参与上市公司收购,那么保险公司将不再具有独立性,反而成为大股东的资金平台,受制于一致行动人的卖出限制及大股东保持控制地位的考虑,此时,保险公司将难以保证万能险资金的安全性。

保险公司作为面向广大社会公众的金融机构,应当清楚地认识到自身的保险基本属性、公共服务特征和社会责任。在对所有股东负责的同时,更需要对保单持有人负责。控股股东不能将自身意志凌驾于保户利益和保险公司的安全及可持续发展之上,保险公司也不能沦为控股股东的融资工具和"提款机"。保险资金参与并购的方向和战略目标应当有利于保险公司的主营业务和保险公司未来的发展,同时保险公司相对于公司股东应当保持一定的独立性。

4. 监管针对举牌潮实施预警措施

4.1 保监会连续出台相关监管政策

为了抑制万能险的无序增长,保监会开始加强监管,如表6所示。尤其是对于高现金价值型万能险,保监会重拳出击,对国内万能险市场产生了重大影响。

表6 保监会连续发布中短存续期险种相关政策

时间	政策	政策重点内容
2016年3月18日	保监会发布《关于规范中短存续期人身保险产品有关事项的通知》	(1) 将"高现价产品"的提法修改为"中短存续期产品",并对不同存续期限的中短存续期产品的销售做出不同限制; (2) 停止销售所有存续期1年之内的产品;存续期在1—3年的销售总额在2016年应控制在总体限额的90%以内,2017年控制在70%以内,2018年及以后控制在50%以内

(续表)

时间	政策	政策重点内容
2016年9月6日	保监会印发了《关于强化人身保险产品监管工作的通知》和《关于进一步完善人身保险精算制度有关事项的通知》	(1) 进一步限制中短存续期产品的销售额度,增加业务比例限制,即从2019年开始中短存续期产品业务占比不得超过50%,并于2020年和2021年分别降至40%和30%; (2) 强制降低万能险保证利率与结算利率,下调万能险责任准备金评估利率至3%,最低保证利率不得高于评估利率上限,结算利率与实际投资收益率挂钩,当月实际结算利率一般不高于实际投资收益率

受2016年3月和9月两次严格的监管政策和一系列监管措施的影响,2016年第二季度以来保户投资款新增交费(万能险为主)年累计增速逐月下滑,从3月的214%快速下降至10月的74%。其中6月至9月的月度万能险保费分别同比减少7%、18%、28%和6%,10月增长2%。万能险无序增长的态势已经得到了彻底遏制,从而从源头上抑制住了险资举牌潮。仅安邦人寿、和谐人寿、恒大人寿等由于资本实力较强,万能险增长依然较快,因此我们判断只有少数几家保险公司存在举牌的能力和意愿,举牌的次数将远远少于2015年年底的举牌次数。

4.2 少数保险公司受到保监会特别关注

2016年以来,为规范万能险业务发展,落实"保险姓保"的政策理念,保监会密集出台了前述多项规定,对万能险的规模、经营管理等进行了限制和规范。负债端,保监会对中短存续期业务超标的两家公司下发监管函,采取了停止银保渠道趸交业务的监管措施;累计对27家中短存续期业务规模大、占比高的公司下发了风险提示函,要求公司严格控制中短存续期业务规模;针对互联网保险领域万能险产品存在销售误导、结算利率恶性竞争等问题,保监会先后叫停了前海人寿、恒大人寿等6家公司的互联网渠道保险业务。2016年12月5日,保监会公布了针对万能险业务经营存在问题且整改不到位的前海人寿采取停止开展万能险新业务的监管措施;同时,责令公司针对前海人寿产品开发管理中存在的问题进行整改,并在三个月内禁止申报新的产品。资产端,2016年12月9日,保监会公布暂停恒大人寿保险有限公司委托股票投资业务,原因是恒大人寿在开展委托股票投资业务时,资产配置计划不明确,资金运作不规范。

保监会称,下一步将切实加大监管力度,推动保险机构完善内控体系,建立明确的资产配置计划,提升资产配置能力,防范投资运作风险。2016年12月9日,前海人寿发布声明,称其将不再增持格力电器,并择机逐步退出。

4.3 未来混业监管具有重大意义

美国监管机构针对上述产品的做法是判断其投资性质,联邦最高法院和美国证券交易委员会的判断依据为该产品是否属于投资行为,即收益是否波动。对于波动性收益的投资,就必须要求其进行充分的信息披露,并将其纳入证券法的监管体系,保障投资人的权益。所以,上述认定原则体现出美国证券监管的重点是产品的实质功能而非发行主体。

根据本文之前的分析,目前我国中小型险企用于举牌的资金是通过发行高现价策略产品募集而来的。该类公司以"资产驱动负债"的模式通过提高投资收益来弥补承保经营损失,其发展战略虽盈利性强,但其保险产品具有明显的投资性质,同时也会为公司带来流动性、短钱长配、利益输送等风险。

而万能险产品为何会沦为套利工具,本文认为其根源在于国内分业监管模式远远滞后于金融混业发展。以"宝万之争"为例,其收购过程中运用了高达4.2倍的融资杠杆,其资金效应极大撼动了国内市场的稳定性,然而却"并未违反现有金融监管规则",这很难让人不对目前监管体制的有效性产生怀疑。目前我国施行的分业监管模式,银监会、证监会和保监会的管辖范围仅限自身领域,对资金跨行业运转不易进行有效、及时的应对。例如,对于保险公司通过杠杆融资或设立资管等方式进行举牌或收购行为的监管,便会超出保监会的处理权限。

因此,全面监管金融业的混业经营行为,确保资金的合规运用,形成稳定、规范的市场环境,并最终构建混业监管的金融框架,对于保险公司的健康发展、回归主业经营和保护投保人、投资者的合法权益都具有深远意义。

案例使用说明

1. 教学目的与用途

（1）本案例适用于保险专业硕士《精算学原理》课程，也适用于《风险管理》《保险原理》等课程。

（2）本案例的教学目标：使学生了解万能险，能自主分析万能险的特点；掌握保险公司资产负债管理的基础知识；了解"偿二代"下保险公司风险控制的相关规定；分析险资举牌的利弊。

2. 启发思考题

（1）什么是万能险，万能险有什么特征，其与传统保险产品的区别在哪里？

（2）为什么中小型保险公司更倾向于举牌？如果你是中小型保险公司的管理人，你如何计划公司的发展？

（3）你认为保险公司应当倾向于获得承保利润还是增加投资收益？

（4）为什么保监会发文遏制万能险，遏制万能险发展是不是让中小型保险公司更难打破大型保险公司的市场垄断？

（5）行业、各保险公司应该如何正确对待万能险和险资举牌的问题。

3. 分析思路

案例的分析思路为：介绍2015—2016年中小保险公司举牌的背景，分析这些保险公司举牌的原因、资金来源及暴露出的风险。结合保监会的文件，分析万能险的发展趋势，讨论中小保险公司的出路。

4. 理论依据与分析

万能险是包含保险保障功能，并至少在一个投资账户拥有一定资产价值的人身保险产品。万能险所缴保费分为两部分，一部分用于保险保障，另一部分用于投资账户。投保人拥有保障和投资额度的设置主动权，投保人可根据不同需求进行调节，账户资金由保险公司代为投资理财。

"偿二代"下，保险公司的各类投资资产主要通过相应的市场风险最低资本和信用风险最低资本要求来影响偿付能力充足率。由于股权投资比例过大，倾向于股权投资的中小保险公司的偿付能力充足率还是远低于传统保险公司,因此暴露出巨大的风险,保户的合法权益难以得到充分保障。

保监会发文遏制万能险的无序增长,从源头上控制了中小保险公司的举牌资金,为万能险市场可持续健康发展打下了基础。

5. 背景信息

2015年,全行业原保费规模达到2.43万亿元。年复合增长率为17.3%(如图2所示)。以保费规模计算,我国已成为仅次于美、日的世界第三大保险市场,有望在2016年年底超越日本成为世界第二大保险市场。

2015年7月,保险公司开始大规模举牌上市公司,相继有近10家险企参与举牌近50家上市公司。参与举牌的集团有恒大系、宝能系(前海人寿)、安邦系、生命系、阳光保险系、国华人寿系、华夏人寿系,其中以恒大系、宝能系(前海人寿)、安邦系的举牌频率最高、活跃程度最高。

2015年至2016年第一季度是万能险的无序增长期。2015年万能险保费收入达7 647亿元,同比增长95%,万能险的飞速增长直接推动了2015年下半年以来的险资举牌潮。安邦、前海、华夏、生命等非上市公司将万能险作为快速提升保费规模、抢占市场份额的"低成本"融资工具。

6. 关键要点

案例分析中的关键点:明确万能险的特点,能够分析万能险的特点。明确保险公司资金的使用要求,能够分析险资举牌带来的风险。能够结合实际的数据及保监会具体规章制度,分析监管文件的具体影响,并预测未来的发展趋势。

本案例主要考察学生对资产负债管理相关概念及保险监管政策的掌握情况及分辨能力,以及分析财务报表的能力。

7. 建议课堂计划

建议使用3—4课时进行案例讨论。

课前计划:事先发放案例材料。

课中计划:让学生根据万能险的定义讨论万能险的条款特点,熟悉"偿二代"监管规则,明确基本分析框架;可以以一家公司为例,进行详细阐述。

课后计划:要求学生按照这一方法对其他寿险公司的举牌情况进行分析。

8. 案例的后续信息

保监会对险资的监管在市场上引起广泛的关注。保监会不仅对前海人寿、恒大人寿等险资机构采取了相应的监管措施,而且还于2016年12月13日召开了险资投资的专题会议,这次会议对险资投资提出了做资本市场的"友好投资人"的要求,强调保险资金一定要做长期资金提供者,而不是短期资金炒作者,绝不能让保险机构成为众皆侧目的"野蛮人",也不能让保险资金成为资本市场的"泥石流"。

2017年3月7日,中国保监会副主席陈文辉发表讲话,要求保险公司深入贯彻习近平总书记关于金融工作的系列重要讲话精神,围绕"金融活,经济活;金融稳,经济稳"的总体方针,重点抓好保监会"1+4"系列文件的落实,坚决守住不发生系统性风险的底线,更好地支持服务实体经济。陈文辉表示,险资举牌是正常的市场行为,恶性险资举牌只是极少数保险公司的做法,保险资金主要做财务投资者,才能真正起到资本市场压舱石的作用。

2018年1月29日,中国保监会副主席陈文辉在保险资金运用贯彻落实全国保险监管工作会议精神专题培训会议作主题辅导报告。陈文辉强调,在看到行业积极变化的同时,必须深刻反思过去一段时间行业个别激进公司存在的问题,各保险机构应系统总结、深入剖析、举一反三,充分汲取教训,避免重蹈覆辙。

在保险公司频频举牌事件引发广泛关注后,证券行业和保险行业都加强了相应监管,自2017年以来,保监会相继发布了《关于进一步加强保险资金股票投资监管有关事项的通知》《关于保险资金设立股权投资计划有关事项的通知》《保险资金运用管理办法》及《保险资产负债管理监管规则(1—5号)》,不不仅加大了对于股权投资的监管力度,更对保险资金如何结合负债特点进行整体运用进行了系统的规范和指引。

上述规范文件通过加强信息披露要求、限制举牌资金来源等措施对险资举牌现象确实起到了一定的改善作用,保险资金增持上市公司事件数量和规模均大幅下降,回归理性,过度投资现象减少,收购交易从集中于中小保险公司转变为集中于大型上市保险公司,险企转型发展回归保障。

参考文献

[1] 吴晓灵.规范杠杆收购,促进经济结构调整[R].北京:清华大学国家金融研究中心,2016.

[2] 朱晓宁.保险资金运用监管机制探究[J].现代商贸工业,2016,24.

[3] 周妙燕,王紫薇.万能险成为股市配资新模式的情况及案例分析[J].浙江金融,2016,10.

[4] 吴杰.中短存续期万能险资金运用特点、风险防范与配置建议[J].中国保险,2016,10.

[5] 谢光义.浅谈我国保险资金运用风险管理[J].现代商业,2014,05.

[6] 陈文辉.保险资金运用的回顾与展望[J].中国金融,2013,18.

[7] 翟芳,杨金培.我国保险资金运用浅析[J].中国证券期货,2013,09.

[8] 张连增,戴成峰.新会计准则下我国财产保险公司资产负债管理研究[J].保险研究,2013,03.

保险门店组织及运营

陈 华 杨 柳

摘 要:保险门店近十年在中国开始受到广泛关注,中国人保财险也将保险门店渠道作为公司未来战略布局的重要方面。以苏州分公司为例,通过实施"保险门店+销售团队+服务平台"三位一体的运作模式,中国人保财险苏州分公司把119个乡镇保险服务所(半歇业)提档升级为新型保险门店,探索出店面直销网格化和销售团队建设专业化的新路子。但是保险门店存在目标定位不明确、法律关系不明晰、推广成本大、生存空间受挤压等问题,另外,随着专属代理门店试点工作的开展,中国人保财险店面直销模式的发展前景还存在一些问题。

关键词:保险门店 保险公司 销售渠道

随着保险市场的激烈竞争,保险销售渠道的重新布局成为行业思考的重要课题。这一过程中,保险门店具有不可比拟的渠道优势,成为保险公司销售渠道又一次革命的关键所在。

在国外,保险门店销售模式经过近百年的发展已经相当成熟,成为北美、日本、欧洲等发达国家和地区的财险公司重要的销售渠道。美国财产保险市场排名第一的州农场保险公司(State Farm Insurance)是美国最大的互助保险公司,全美超过1/5的汽车都通过该公司投保,该公司在全美有近18 000家专属代理门店,公司约80%的业务都是通过这些门店销售的。排名第二的好事达保险公司(Aallstate)大约有10 300家专属代理门店,在2010年公司260亿美元的保费收入中,约有240亿美元是通过专属代理门店来完成的,每个门店年佣金收入平均在24万美元左右。日本保险超市的开拓者LPH集团总公司拥有173家门店(直营店107家、特许经营店66家),其旗下子公司LPP公司自己拥有8家门店，LPH集团合计拥有181家门店。2010年，LPP公司的销售额占LPH集团公司总销售额的61%。作为欧洲最大的保险集团，德国安联集团在德国有10 400家专属代理人门店，其每年贡献保费收入达400亿欧元，平均每位专属代理人的年收入为10万欧元。保险门店稳定的普及率和良好的成长率已经成为国外保险业务的重要支柱。

根据发达国家的保险业发展实践，保险社区门店这一概念近十年在中国开始受到关注。早在2006年和2007年，太保财险、人保健康、华安保险等公司就尝试过门店销售，尤其是华安保险2007年提出的万店计划，更是让华安保险的商标一夜之间遍布各大社区。但是客源不足、前期投入高、产品无特色、服务跟不上、人员流动大等自身问题加上2008年金融危机的外部侵袭，使得门店销售模式经营惨淡。

近几年，随着时代的发展、市场的变化和人们对保险需求的逐渐增多，这种社区门店销售模式卷土重来，开始变得更加适应大众需求。

行业巨头中国人民财产保险股份有限公司（以下简称"中国人保财险"）抓住发展机遇，将社区门店渠道作为公司未来战略布局的重要方面。人保财险在天津、广东、湖南进行试点，截至2014年年底，中国人保财险累计批设门店356家，覆盖27家省级分公司、62家城市分公司，省级覆盖率达到71.1%；中国人保财险苏州分公司将119个乡镇保险服务所升级成为保险门店；中国人保财险为了专门对门店进行管理，于2014年设立人保社区保险销售服务有限公司。与以华泰为代表的专属代理人（exclusive agents，简称EA）门店销售模式不同，中国人保财险采取店面直销模式，即在具备开办条件的分支机构直接设立店面直销业务专柜，在分支机构原职能的基础上，突出产品销售功能，以迎合消费者的"有形场所"消费习惯，成熟后，将结合农网逐步在已有的各营销网点建立店面直销业务专柜，方便广大保险消费者就近办理业务，所以门店与保险公司并不是代理关系。然而保监会主席项俊波在2015年保险监管工作会议上提出要探索社区专属个人代理门店改革试点，加之在"互联网+"潮流的席卷下，众多行业争先往"线上"跑，保险门店这种线下方式存在推广成本大、覆盖面积有限等缺点，人保财险的店面直销模式是否需要有所改变？

1. 中国人保财险苏州分公司的保险门店建设之路

1.1 乡镇服务所升级为保险门店

2008年起,苏州市被国家发改委等部委列为城乡一体化发展综合配套改革试点城市,以此为契机的苏州城乡规划、产业布局、基础设施、公共服务、社保就业"五个一体化"进程明显加快。在苏州城乡一体化和保险业务转型发展的驱动下,中国人保财险如何保持与地方经济发展同频共振?中国人保财险的优势在哪里?发展空间在哪里?中国人保财险苏州分公司创新思维,发现遍布城乡的100多个保险所是其独有的网点优势,也是提高其市场竞争力和实现可持续发展的一条路径。

2009年,中国人保财险苏州分公司的领导班子决心盘活沉睡中的乡镇保险所,先将昆山支公司作为试点进行保险服务所转型,花了三年时间,完成十个镇的由保险服务所向保险门店的升级工作,为中国人保财险苏州分公司保险门店建设树立了标杆。昆山支公司的提档升级经历了三部曲:一是店长角色的转换和重塑。把仅是销售精英的"带头人"角色转型为综合团队管理者和保险门店店长角色。工作重点和考核方法也有了很大的不同,对于保费规模较大(2 000万元以上)的保险门店,苏州分公司内部称为"二级支公司",基本按照支公司的关键业绩指标(KPI)办法考核。二是完善服务功能。保险门店具有出单、理赔资料搜集、咨询、电销网销落地、简易定损(远程定损)等标准化服务功能,同时与农网服务对接,大力发展分散性业务和个人交费业务。三是通过设立保险门店来改善办公条件。办公条件的改善吸引了一大批保险销售精英的加盟。

保险门店极大地方便了城乡居民的投保和理赔,同时形象统一的保险门店对提升中国人保的声誉和形象起到潜移默化的作用。2013年年底,中国人保财险苏州分公司保险门店网络化布局在苏州城乡已初具雏形,销售体系也已恢复重建,实现业务收入11.28亿元。中国人保财险苏州分公司在人保系统率先突破40亿大关,保险门店功不可没。

1.2 推进保险门店规范化建设的具体做法

规范门店形象

按照总公司统一的企业视觉识别规范进行内外部装修装饰。服务形象和营业场所硬件及设备保持基本一致。不断对员工进行强化培训,使员工能自如应对产品咨询和投诉处理,提升公司整体服务水平。

提供便民服务

通过培训和授权,使保险门店具备一定限额的现场查勘权限,能够就近为城乡居民提供车险单方事故和家财险等险种的查勘理赔单证收集服务。同时保险门店采用休息日工作和延长工作时间等方式,为城乡居民提供更为便捷的服务。

丰富保险产品

根据城乡居民个性化的保险需求,随时设计和推出符合大众需求的保险产品和服务。同时按照集团公司的统一部署,在做精产险的基础上,做好寿险和健康险产品的交叉销售工作,力求保险产品丰富化,满足客户"产寿健"保险保障的需求。

明晰业务统计

利用现代信息技术,在保险门店规范保单录入流程,严格销售人员代码,清晰业务来源和业务归属,确保保险门店业绩统计的完整性、准确性,以及付费的精确性。

集中管理数据

保险门店所有数据实现后台集中管理,完成各项数据的统计和清分,并做到数据隔日返传,以便后续分析和监督。保险门店采用唯一机构代码管理,对各保险门店的出单量、险种类别和人员活动量等信息进行统计与分析,确保对保险门店各项工作进行实时、准确和定量管理。

1.3 实施"保险门店 + 销售团队 + 服务平台"的运作模式

保险门店的建立意味着保险营销从"行商"变"坐贾",扎根社区,开店销售,因此经营理念也须从"市场为中心"向"客户为中心"转变。中国人保财险苏州分公司通过实施"保险门店+销售团队+服务平台"三位一体的运作模式,将119个乡镇保险服务所提档升级,这样不仅整合了公司资源,扩大了保险服务所售前、售中和售后服务的功能,而且让客户感受到了便捷的服务,闯出了一条店面直销网格化和销售团队建设专业化的新路子,提升了公司的核心竞争力。

保险门店

店长是保险门店的管理者和保险业务的开拓者,店长的素质和敬业精神是保险门店的"灵魂",因此要着力打造店长五个方面的能力。一是管理能力,保险门店涉及开拓业务、承保和简易理赔,因此需要店长能够执行上级公司的各项管理规定并具备一定的管理能力。二是培养和组建销售团队的能力,以保险门店为平台通过招聘和培训新人增添新鲜血液,组建保险销售团队,开拓所在地的保险业务。三是客户资源的掌握能力。要找到客户在哪里,掌握客户的实际需求。对于保险门店而言,就是要想方设法掌握保险门店辐射范围内企业和个人的客户资源和保险需求。四是保险业务的拓展能力。获得有效的客户资源后,要在全面分析客户风险状况、保险需求及支付能力的前提下,为企业客户量身定制差异化保险产品方案,为企业和个人客户提供"面对面"和"上门"的保险服务,以确保企业和个人客户能够得到便捷的保险承保服务。五是为客户提供优质服务的能力。保险产品本质上就是一份承诺,服务客户需求的能力是影响销售品质的关键。服务能力主要体现在客户维护、理赔、续保等关键节点,从而转变传统的自发型管理模式和僵化的指标管理体系,建立以客户需求为导向的过程管理模式,实现客户需求服务能力的有效提升,大大提升客户的续保率,而且促使客户自觉成为公司口碑营销的传播者。

销售团队

要实现以客户为中心的全面转型,必须加强销售能力的建设,着力培育客户经理和柜面服务人员两支队伍。一是组建本土化为主的客户经理人队伍,在掌握保险门店辐射范围内可保资源的前提下,通过为企事业单位提供风险评估和设计保险方案等方式来开拓企事业单位的保险业务,同时走进社区开展保险宣传和咨询活动,为发展以私家车为主体的分散性业务奠定基础。二是按照总公司标准化营业厅的服务标准培训柜面人员,全面提升为客户服务的技能和效率,在为上门客户和公司内部的客户经理提供高效便捷的出单、代收及拍摄上传理赔资料等服务和工作的基础上,进行车险单方事故和家财险的查勘和远程探头摄像,为公司理赔事业部快速处理事故提供第一手资料。三是根据客户面临的风险状况和支付能力,不断挖掘客户的保险保障需求,如在企事业单位开展企业财产保险和团体意外保险业务的同时,为企事业单位的员工提供个人保险产品保障,如针对个人车险客户销售家财险和意外险等个人保险产品。四是保险门店可以应对禁止保险公司员工在银行门面"驻点销售"的银保新政,解决寿险和健康险销售困境,通过组建直销、营销、农网及交叉销售四支销售队伍的方式,全方位满足所在地企事业单位和城乡居民保险保障需求。五是要通过保险门店的平台做好销售人员的职业规划和技能培训,制定以业绩和素质考核打分为主的转编机制,逐步将优秀的保险门店客户经理转变为地方版和总公司版员工。

服务平台

中国人民保险苏州分公司创新探索出的出单平台、理算工厂、单证配送平台和财务共享平台确保了保险门店各项功能的有效落实。

出单平台:中国人民保险苏州分公司成立了出单中心支公司并设立了相应的分中心,以电子化出单管理控制平台为依托,使出单中心及其分中心进行逻辑上的集中运行,统一管理(目前侧重车险)。这一模式实现了全苏州辖区内的统一核保和通保,既加强了公司集中管控,又方便了出单,整体上确保了保险门店基本功能的实现。

该平台通过高速影像仪系统上传由客户签署的投保材料,在出单控制平台上形成一个待审的投保单数据池。出单中心或分中心的出单人员能立刻从各相应的数据池中抓取投保材料,经过信息化的流程处理,系统自动短信通知对应的业务人员进行刷卡交费。业务人员可选择在任何一个营业网点(含保险门店)打印和领取保单和发票等材料。

理算工厂:"前店后厂"的模式为客户提供就地理赔的便捷、高效服务。具体操作流程为客户和业务员在公司的所有保险门店,用高速影像仪系统采集客户的各类理赔单证(包括领款人信息等),按照规则上传到新车险理赔系统进行集中理算,由市分公司理算工厂的理算人员进行集中理算,进行无纸化分级即时核赔,确保了公司履行快速支付的社会承诺。

单证配送：为了满足辖区内营业厅和保险门店的单证配送需求，中国人保财险苏州分公司专门设立直属的"单证配送中心"。单证配送采用"自送+配送"的模式。"自送"是指市分公司对正常使用的、大量的、有一定规律可循的单证，按季度由中心自行进行整批发送；"配送"是指采用"外包"（EMS）对分中心下辖的保险门店及理赔受理点之间的需日常流转的纸质材料用流转箱进行及时流转。流转箱内分别有三个分类包：承保类单证、理赔类单证和财务类凭证，由配送中心集中接收和分发。苏州分公司准备完善单证配送中心的管控，开发单证配送的实时监控软件，确保保险门店所需材料的正常使用和快捷流转，同时也能够保证重要单证的安全管控。

2. 社区门店的未来在哪里

社区门店式营销在发展的同时，也遇到了一些问题。

一是目标定位有待明确。社区门店服务对象是指向化的，就是定位社区居民，其组织形式单一，是一种微型金融服务单位。收费低廉、业务多元、提供便民增值服务是社区门店的特色，旨在为周边居民、商户提供"家门口"的保险服务。但当下门店的主要目标定位是拾遗补缺，填补保险公司覆盖不到的市场空白区域。目前，社区门店在险企的经营链条中到底处于什么环节，拥有什么样的客户服务内涵和多大的市场承载，负担有多重，其目标定位究竟是怎样的还不太清晰。而且社区门店模式与传统代理人渠道存在一定同质化问题，差异仅仅在于一个是移动（即代理人）渠道、一个是定点（社区门店）渠道，客户的转化率并没有明显提升。社区门店的业务和服务，到底怎么发展，还需要进一步明确。

二是法律关系需要进一步理顺。根据我国现行的保险监管制度，在保险机构分类中没有保险门店的概念，所以把保险门店界定为保险公司类机构还是保险中介类机构都缺乏法律依据。在保险市场上出现过的被冠名为保险门店的机构，其持有的牌照也是五花八门。为了更好地对保险门店进行监管，使保险市场健康发展，就需要对保险门店进行界定。此外，随着门店业务和服务向混业经营发展，社区门店所承担的法律责任加大，其业与其责，在法规上需要进一步理顺。

三是成本效益仍受困扰。社区门店建设首先碰到的问题就是投入成本较高,装修、相应软硬件设施配置、人员培训等都必须支出费用。就人保财险的直营门店形式来看,店面租金由公司承担,会让险企额外支出一定的房屋成本,近年来由于商业店面租金不断走高,通过社区门店去拓展的业务并不一定能够弥补相应的支出,所以社区门店在开展上还要承担一定的经营压力。以华泰的专属代理人模式来看,虽然避免了门店租金的额外支出,但需要给专属代理人提供的佣金会相应提高,还要承担一定的培训支出及人力成本。虽然险企能够与投保客户处理好合作黏度问题,但盈利周期也并不理想。社区门店作为险企销售的"新渠道",如何把控成本,提高产出效益,都将是未来险企在抢占社区市场的同时必须面对的问题。

四是保险兼业代理的发展挤压门店的生存空间。兼业代理的存在,成为保险门店最大的竞争对手。就地理位置而言,兼业代理机构比保险门店更具优势,除社区外,兼业代理还可在某类产业集聚区(如车城)展业;就经营范围而言,兼业代理机构除保险业务外,还可以经营主营业务,一方面稀释经营成本,另一方面以主营业务为依托开展保险业务更易切入和开展。

"酒香不怕巷子深",但愿看上去很美的门店模式,能早日真正融入市场,为广大投保人所接受。

案例使用说明

1. 教学目的与用途

本案例的教学目的体现在以下几个方面:

(1) 通过客观介绍中国人保财险苏州分公司将119个乡镇保险服务所提档升级为新型保险门店的做法,使学生了解中国人保财险店面直销模式的内涵。

(2) 培养学生的批判性思维能力,指出人保财险店面直销模式的优点和缺陷。

(3) 发现和发掘本案例给中国保险公司创新渠道和服务模式带来的启示。

(4) 进一步寻找改进和完善保险门店建设的途径。

(5) 培养学生解决实际问题的能力。

本案例适用于《保险学》和《保险企业经营管理》等课程。

2. 启发思考题

(1) 你觉得保险门店适合在中国推广吗?为什么?怎样推广?

(2) 试分析以中国人保财险为代表的店面直销模式与华泰EA专属代理人门店销售模式的特点。

(3) 保监会于2015年年初下发了《中国保监会关于开展保险公司专属代理门店试点的通知》,你认为中国人保财险的店面直销模式会被淘汰吗?人保财险的门店销售模式需要做哪些改变?

(4) 无论租赁还是购买门店,每个月的固定投入都是一笔开销,这在某种程度上增加了保险的销售成本。在互联网金融热潮泛起,网络直销方兴未艾的大背景下,开门店卖保险是不是成本太高?保险公司可以通过哪些方法来把控成本、提高产出效益?

(5) 把保险门店界定为保险公司类机构还是保险中介类机构都缺乏法律依据,所以无法对保险门店进行有效监管。你认为应该采取哪些措施对保险门店进行监管?

3. 分析思路

了解保险门店兴起的背景、发展历程及特点；分析保险公司直销、代理人销售的优缺点；采用 PEST 分析模式(political、economic、social、technological)对当下保险公司所处的宏观环境进行分析；采用态势分析法(SWOT 分析)对中国人保财险门店进行分析，找出门店的优势、劣势及核心竞争力之所在；最后，评价人保财险的店面直销模式。

4. 理论依据与分析

营销对保险公司来说至关重要。市场如战场，谁能把营销做得更好谁就掌握了战场的主动权。保险营销是在变化的市场环境中，以保险为商品、以市场交易为中心、以满足被保险人的需要为目的，实现保险公司目标的一系列活动。

保险公司经营的最终目标在于利润最大化或股东权益最大化，其关键在于有效地销售自己的保险服务。在居民整体保险知识比较缺乏、保险意识较弱、保险公司产品趋同特征明显的情况下，强大的市场营销手段对于有效地销售保险服务、快速扩展市场份额具有重要意义。对于保险公司来说，如果不能使保险消费者在想买的时间和地点买到自己需要的保险商品，就不能达成最终的营销目的。因此，保险营销渠道的选择直接制约和影响着其他营销策略的制定和执行效果。选择适当的营销渠道，不仅会减少保险公司经营费用的支出，而且会促进保险商品的销售。

按照有无中间商参与的标准，可将保险营销渠道划分为直接营销渠道和间接营销渠道。在保险市场不健全的时期，保险公司大都采用直销制进行保险营销。但随着保险市场的发展，保险公司仅仅依靠自己的业务人员和分支机构进行保险营销是远远不够的，同时也是不经济的。因此，在现代保险市场上，保险公司在依靠自身的业务人员进行直接营销的同时，更会广泛利用保险中介人进行间接营销。

(1) 直接营销渠道

直接营销渠道是指保险公司利用支付薪金的业务人员对保险消费者直接提供各种保险商品的销售和服务。采用直接营销渠道时保险公司直接与投保人建立关系。

保险直销往往依托于现代科技的应用，同时，将现代科技运用于保险业务

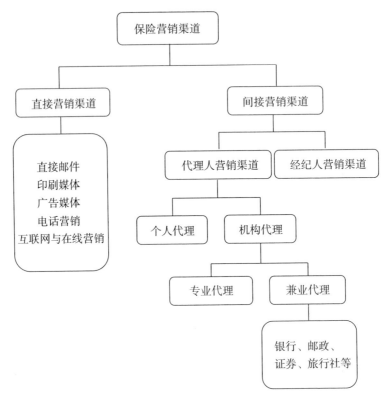

图 1　保险营销渠道

的直销活动,势必会极大地提高保险销售服务的现代化水平。直接营销渠道能够迅速带来销售增长,尤其是邮政及电信系统的日益发展,使直接营销渠道的成本日益降低。直接营销渠道使用了各种各样的工具,主要包括直接邮件、印刷媒体、广告媒体、电话营销、互联网与在线营销及其他方法。

(2) 间接营销渠道

间接营销渠道是指保险公司与投保人之间不进行直接的接触,而是通过一个或者几个中间商把商品出售给客户,经纪人和代理人是间接营销渠道中主要的保险中介。保险中介不能真正代替保险公司承担保险责任,只是参与、代办、推销或提供专门技术服务等各种保险活动,促成保险商品销售的实现。间接营销渠道与直接营销渠道通常互相补充,相互弥补不足。

① 经纪人营销渠道

经纪人营销渠道是指保险公司通过撮合保险经纪人与客户完成销售的营

销方式。保险经纪人代表投保人的利益,为投保人设立保险方案、选择保险产品,并从保险人处获得佣金的保险中介。经纪人营销渠道多用于财产保险领域。

② 代理人营销渠道

代理人营销渠道是保险公司通过保险代理销售保险产品的营销方式。保险代理可以是机构,也可以是个人。因此代理人营销渠道又分为个人代理和机构代理两大类。代理人在保险市场中主要扮演开拓新业务、保全现有业务,并为保单所有人提供服务的角色。

个人代理是保险公司通过自己的外勤员工销售保险产品的营销方式。这些外勤员工是指保险公司所聘用的具有从业资格的保险代理人。他们不是保险公司的正式员工,不能享受保险公司的福利,采用的是底薪加佣金的薪酬体系。他们与保险公司之间所具有的是一种松散的聘用关系。

机构代理是保险公司通过保险代理机构销售保险产品的营销方式。这些保险代理机构包括保险代理公司、银行、旅行社、邮局、证券营业部、车辆销售、管理部门等一些组织。根据保险代理机构所从事业务的单一性,我们把机构代理分为专业代理和兼业代理两类。

专业代理是指专门从事保险代理业务的机构,例如通过保险代理公司代理保险业务。而兼业代理是指因自身的业务特点和便利而附带从事保险代理的机构。例如,银行代理保险公司销售银行保险,旅行社代理保险公司销售旅行意外伤害险,邮局、证券公司营业部代理保险公司销售投资分红保险,车辆销售、管理部门代理保险公司销售机动车辆保险,等等。

(3) 直销和代理制的对比分析

直销和代理制的区别主要在于:直销渠道的成员是公司的雇员,隶属于公司,而代理人相对于公司是独立的。直销的优点很多,对于保险公司而言,可以控制当地分支机构,要求业务经理服从公司政策,公司可以决定代理人的选用和培训,公司还可直接与保户联系,并通过当地分支机构树立公司的品牌形象,简而言之,公司对直销渠道的控制力很强。但是直销的不足之处是成本较高,尤其当公司拓展业务时表现得更为明显。对于分支机构的销售人员与经理来说,该渠道的优点在于他们不用承担业务过程中的成本费用,可通过提高业绩来增加个人收入。但是他们是公司的雇员,不如代理人自由,而且不如代理人熟悉当地市场情况，相对而言不易开展保险业务。

一般来说，代理制的优点是它使保险公司不必对代理人负连带责任，而且稳定了公司的低成本运作。代理人雇用、培训及支付下级代理所发生的一切费用都出自他的佣金。保险公司可以确保他的成本仅仅是支付给代理人的佣金。对于要发展业务的公司来说，代理制确实是一条相对廉价而且无风险的渠道。但是代理制也存在一些缺点，一方面公司与代理人没有直接的联系，不能对他进行指导和控制。另一方面代理人未必会热心于为公司组建分支机构，反而更重视销售业绩。

5. 补充资料

（1）专属代理人定义及其特点

专属代理人，是指在代理协议规定的时间和地点内，对指定商品享有专营权的代理人。保险专属代理人通常选择一家保险公司作为唯一保险产品的供应商，通过与其签署保险产品代理合同，形成排他性委托代理关系的专业保险代理公司。被委托人不得代理和接受除该委托人以外的其他委托人的代理和委托，也不得在以上范围内通过其他代理人进行销售。

专属代理人模式是当前欧美针对个人客户市场的一种主流和成熟的保险营销模式。其有以下几个特点：一是这种模式是一种资本相互渗透、风险共同承担、成果共同分享的紧密合作关系。二是专属代理人制度明确规定了专属代理人与保险公司之间是代理关系。公司专注于为门店提供后台服务与技术支持。专属代理人承担经营成果且可按其价值进行转让。三是专属代理人可由保险公司总公司全资或控股设立，下设分支机构可在现有保险公司各分支机构营销部和业务部的基础上进行转化，可根据职能分设销售代理公司和收展服务公司。现有营销员和收展员成为专属代理公司各分支机构的员工，享受代理公司提供的社保待遇和底薪。四是保险公司向专属代理人提供客户资源和销售及管理支持，有利于保险公司专业化、集约化经营。

（2）华泰专属代理人模式发展现状

华泰财险推行的专属代理人模式，采用门店合作制，与保险中介、代理合作，由保险公司负责门店的统一标准装修和首期开设费用，由中介、代理负责门店的经营，自负盈亏。这种模式的核心优势在于代理人将保险公司的服务带到了消费者身边,是基于人际信赖关系面向社区家庭构建起来的,手拉手、心贴心、面对面的服务,这有利于转变保险行业传统销售方式口碑不佳的形象,同时也为保险公司能向消费者提供更专业、更有针对性的定制服务创造了可能,是一种新形势下的保险供给新生态。

自引进专属代理人模式后,华泰保险于2009年首开门店试点运营。经过六年多的探索与积累,截至2015年12月31日,华泰保险已在全国30个省区建立起了2 219家门店,服务广泛涵盖汽车保险、家庭财产保险、人身意外保险、中小企业责任保险等各类风险保障,专属代理人销售收入平均增速连年超过150%,其中专属代理人车险的销售占据了公司车险整体销售的近60%。正是看到如此的业绩,华泰保险选择将这一新"武器"提升至集团的战略层面。2015年12月,保监会也正式发文,从监管层面肯定了这一新型渠道的意义。在这份《关于华泰财产保险有限公司专属代理门店试点有关事项的通知》中,保监会决定扩大华泰财险试点区域,在华泰财险其他设有分公司的省(自治区、直辖市、计划单列市)开展专属代理门店试点。

6. 建议课堂计划

本案例可以作为专门的案例讨论课来进行。建议课堂时间控制在80—90分钟。如下是按照时间进度提供的课堂计划建议。

课前计划:事先发放案例材料。提出启发思考题,请学员查阅相关的背景资料并在课前完成阅读和初步思考。

课中计划:简明扼要说明主题(2—5分钟);然后进行分组讨论并要求准备发言大纲(30分钟);接着进行小组发言,可以用幻灯片辅助发言(每组5分钟,整体控制在30分钟);最后引导全班进一步讨论,并进行归纳总结(15—20分钟)。

课后计划:要求学生提交案例分析报告(1 000—1 500字)。

扼住命运的喉咙：保险公司治理启示

陶存文　白雯娟

摘　要：ZD人寿保险股份有限公司成立于2006年11月6日，是由中国保险监督管理委员会批准设立、在国家工商行政管理总局注册的全国性股份制人寿保险公司，目前注册资本38亿元人民币，注册地在北京。ZD人寿保险股份有限公司曾是2004—2006年民间资本积极入股金融机构的样本公司，金融业内资源丰富，公司副总裁多次获得"年度中国保险行业优秀CIO奖"的荣誉，早在2012年公司的保费规模就超过百亿元。就是这样一个蓬勃发展的寿险公司竟在2015年被保监会两次约谈，偿付能力不足、虚增资本、公司治理混乱等问题不断被曝出。

本文就是以ZD人寿保险股份有限公司的现实情况为案例，详细分析造成其窘境背后的原因，以完善公司治理为切入口，审视ZD人寿保险股份有限公司的治理乱象，深层剖析保险公司治理的重要性。

关键词：ZD人寿　偿付能力　公司治理

ZD人寿保险股份有限公司（整改后改名JK人寿保险股份有限公司，本文以下仍简称"ZD人寿"）成立于2006年11月6日，是由中国保险监督管理委员会批准设立、在国家工商行政管理总局注册的全国性股份制人寿保险公司，目前注册资本为38亿元人民币，注册地在北京。ZD人寿由五家股东出资，各持股20%。ZD人寿的业务范围包括：人寿保险、健康保险、意外伤害保险等各类人身保险业务，上述业务的再保险业务，国家法律、法规允许的保险资金运用业务，经保监会批准的其他业务。

2013年，ZD人寿保户投资款新增保费高达114.5亿元，成为当年的年度黑马之一。2015年1—4月，ZD人寿保费继续高速增长，实现规模保费59.2亿元。然而，2015年6月的第三个星期四下午，ZD人寿全体股东、高管在监管部门官员面前,拉锯对谈两个小时,轮流发言表态不一,这是保监会正式约谈 ZD 人寿的一幕。曾经风光一时,被标榜为业内典范的 ZD 人寿为何落得如此这般境地?

1. ZD 人寿公司历史

2004 年 6 月 9 日——ZD 人寿获中国保险监督管理委员会筹建批文。

2006 年 11 月 6 日——ZD 人寿在国家工商总局注册并正式获取《企业法人营业执照》。

2006 年 11 月 23 日——ZD 人寿售出第一份保单,金额为 1 272.01 元。此业务为手工出单。从开业到售出保单仅 17 天时间。

2006 年 12 月 6 日——ZD 人寿售出第一份团体年金(万能型)保单,此业务为系统出单,标志着 ZD 人寿核心系统已经开始正常运转,真正进入稳定的生产环境。

2007 年 2 月 8 日——ZD 人寿向保监会提交"关于筹建江苏等六家分公司的请示",标志着 ZD 人寿资本实力、专业人才等方面已经具备了扩展能力,并开始迈向全国保险市场。

2007 年 3 月 29 日——ZD 人寿与上海浦东发展银行签署了全面业务合作协议。

2007 年 8 月 28 日——黑龙江分公司在哈尔滨举行了隆重的开业仪式。

2007 年 9 月 6 日——ZD 人寿与中国民生银行签署了战略合作协议。

2007 年 9 月 8 日——江苏分公司在南京举行了隆重的开业仪式。

2007 年 10 月 12 日——ZD 人寿与中国邮政集团公司邮政储汇局签署了全方位合作协议。

2007 年 11 月 16 日——上海分公司在上海市举行了隆重的开业仪式。

2007 年 12 月 29 日——浙江分公司在杭州举行了隆重的开业仪式。

2008 年 1 月 22 日——ZD 人寿与中国农业银行签署了全面合作协议。

2008 年 2 月 3 日——北京分公司获开业批复。

2009 年 4 月 15 日——ZD 人寿通过民主选举,产生 ZD 人寿第一届工会工作委员会,并经上级工会工作委员会审核同意,工会正式成立。

2010年7月12日——ZD人寿保费收入突破30亿元,实现全年保费正增长。

2011年4月29日——ZD人寿总部基地落户顺义新城马坡组团项目签约仪式在顺义宾馆举行。

2011年11月22日——ZD人寿2011年累计实现保费收入80.22亿元,成功突破80亿元大关,业务规模迈上新的台阶。

2012年1月5日——ZD人寿与中国光大银行签署了全面业务合作协议。

2012年2月18日——在由中国计算机用户协会和金融时代网评选的中国保险行业信息化优秀项目奖评选中,ZD人寿"银保通"系统项目得到专家的认可,荣获"2011年度中国保险行业信息化优秀项目"奖。

2012年3月31日——ZD人寿与中国工商银行签署了业务合作协议。

2012年7月16日——ZD人寿正式入驻北京市顺义区华英园办公。

2012年12月26日——ZD人寿与北京农商银行总行签署战略合作协议。

2012年12月31日——经保监会批准,ZD人寿保险股份有限公司进行了增资扩股,将股本从10亿元人民币增至20亿元人民币。

2013年12月26日——ZD人寿2013年累计保费收入114.61亿元,与上年全年保费收入相比,成功实现了正增长,业务规模再次取得突破。

2014年6月6日——保监会发出监管函,曝光ZD人寿通过"政府补贴资金"和"其他应收款"项目虚增实际资本的行为。保监会责令ZD人寿从6月9日起停止开展新业务,并停止该公司增设分支机构,暂停公司新增股票、不动产和金融产品投资等业务。

2014年9月17日——保监会正式发布公告,核准ZYG担任ZD人寿董事长的任职资格。两日后,ZYG和ZHT正式在公司完成新旧董事长交接。

2015年1月23日——经保监会批准,ZD人寿注册资本从35亿元人民币增至38亿元人民币,公司偿付能力充足率达300%以上。在之前的2014年10月31日和11月26日,ZD人寿先后增资10亿元和5亿元,注册资本变更为35亿元。

2015年7月22日——ZD人寿拿到保监会更名批文:同意ZD人寿更名为JK人寿。

2. ZD 人寿的股东拉锯史

ZD 人寿曾是 2004—2006 年民间资本积极入股金融机构的样本公司。前董事长是大学教授,被视为组建 ZD 人寿、实现民资控股的关键人物,金融业内资源丰厚。公司的资源背景参照其董事会成员的履历可见一斑,包括曾任中国人寿保险集团总经理、中国人寿保险股份公司董事长等职务人士;曾任中国人民银行行长助理、保监会副主席、中国人保总经理等职务人士;曾任国务院三峡办副主任、第十一届全国政协社会和法制委员会副主任等职务人士。梳理 ZD 人寿不长的股权史发现,当初成立时各占 20% 股权比例的 5 家民资股东中,只有位于浙江的美好控股集团公司持有股权至今。另外 4 家从 2010 年开始陆续变更。其中,一场"股权偷转"的诉讼纠纷至今未能完全平息。

2009 年 12 月,5 亿人民币注册资本金的 ZD 人寿首次增资至 10 亿元人民币。4 个月后,五环氨纶实业集团有限公司(后更名为"浙江百岁堂控股集团有限公司",以下简称"百岁堂")持有的 ZD 人寿 20% 股份被转入福州天策实业有限公司(以下简称"福州天策")名下。值得注意的是,福州天策受让 ZD 人寿股权时,并没有实质货币出资,而是由百岁堂所欠福州天策 2 亿元债务做抵偿。故事的复杂之处在于,当初直接与前 ZD 人寿董事长沟通成为 ZD 人寿发起股东的五环氨纶,其董事长韩某 2009 年 6 月因犯非法吸收公共存款罪被判刑 5 年,2008 年年底五环氨纶实业集团有限公司就已停产,包括 ZD 人寿股权在内的资产均被冻结。2009 年 7 月重组后的新公司更名为百岁堂,而相关股权转让的时间约为 2010 年 3 月。百岁堂负责人坚称自己从未签字转让过。

与此同时,新股东福州天策名不见经传。工商资料显示,福州天策成立于 1998 年 6 月,是一家从事批发和零售业的公司,该公司原本注册资本为 1 000 万元,在 2009 年 1 月增资到了 5 000 万元,原来的两个股东为自然人陈逸萍和王丹,增资后新增了出资 4 000 万元的福建省南平市明鸿经纪发展有限公司(以下简称"明鸿经纪")为法人股东。2013 年 12 月,明鸿经纪又把 1 500 万股股份转让给了陈逸萍。截至目前,福州天策没有官方网站,也无法从公开渠道查询该公司的资产规模和经营数据,福州天策自 2010 年成为 ZD 人寿股东后,未派驻人员加入管理层。但福州天策与 ZD 人寿的渊源已久。ZD 人寿以原名昭德人寿于 2004 年 6 月被批准筹备,后因高管与股东的矛盾、资本金不到位等原因,一度难产。直至 2006 年年底才获得保监会批复,同意改名为 ZD 人寿并开业,注册资本 5 亿元人民币。公开资料显示,在筹备阶段,福州天策就已经出现在 ZD 人寿的拟股东单位名单内。2011 年 9 月,ZD 人寿的另一发起股东福州开发区泰孚实业有限公司,将股权转让给了 2008 年才成立的福建伟杰投资有限公司。当地工商资料显示,这个注册资本为 9 600 万元的公司,主要经营租赁和商务服务业。股东为两个自然人,分别出资 600 万元和 9 000 万元。该公司官方网站没有任何子链接和详细介绍,同福州天策一样,无法从公开渠道查询该公司资产规模和经营数据。

2012 年年底,ZD 人寿再次增资至 20 亿元人民币,并新置换了两个股东。宁波市鄞州鸿发实业有限公司和浙江波威控股有限公司分别受让了浙江凌达实业有限公司和新冠投资集团有限公司手中各自占比 20% 的 ZD 人寿股权。其中,宁波市鄞州鸿发实业有限公司系杉杉集团关联公司。2013 年年初,杉杉集团实际控制人 ZYG 出任 ZD 人寿副董事长,不久后出任总裁。此外,2015 年 7 月,美邦服饰旗下的上海华服投资有限公司,受让美好控股集团的 7.5 亿股股份,晋升为 ZD 人寿的第三大股东,而美邦服饰一直和杉杉集团保持着良好的合作关系,可以视同为 ZYG 的一致行动人。至此,ZYG 已正式控制 ZD 人寿。

原来由 ZHT 实际控制的两大福建系股东股权比例在逐渐降低,由原来的 40% 降至 21%,美好控股是唯一没有参与 ZHT 与 ZYG 之争的早期股东,并且入股九年来几乎未参与过寿险公司的实质性事务,如今股权比例也由 20% 降至 6.58%。表 1 是更新后的 ZD 人寿股东持股情况。

表 1 持股比例在 5% 以上的股东及其持股情况

序号	股东	持股数量(万股)	持股比例(%)
1	宁波市鄞州鸿发实业有限公司	100 000	26.3158
2	浙江波威控股有限公司	100 000	26.3158
3	上海华服投资有限公司	75 000	19.3685
4	福建伟杰投资有限公司	40 000	10.5263
5	福州天策实业有限公司	40 000	10.5263
6	美好控股集团有限公司	25 000	6.57895
	合计	380 000	100

3. 公司治理与经营困难双瓶颈下公司走投无路

在监管介入之前，ZD人寿股东大会和董事会形成并报送的决议完全相左。但是，因偿付能力不足触发的监管行动，一下子将掩盖的公司规模快速扩张、治理不完善等方面问题揭露出来。2015年6月18日，ZD人寿5大股东齐聚，接受监管层的约谈，大家普遍有这样一个疑问：一年半前刚新换了股东并增资，中间再没任何消息，怎么又突然被通知偿付能力为负了？监管层向股东通报了自2014年10月到ZD人寿现场检查发现的一系列问题，除涉嫌虚报偿付能力充足率外，还可能涉嫌部分股东虚假注资、公司治理不遵守法律程序等问题。

其实ZD人寿股东大会的尖锐矛盾由来已久。原来的9名董事、3名监事和9名（次）高管中，只有ZYG和沈某两人来自股东方，ZYG于2013年突然被免去总裁职务，沈某则可能自公司成立八年来从未参与过ZD人寿的实质性事务。由于近一年半没召开过股东大会，投资者与管理者之间存在严重信息不对称。前保监会寿险部精算处处长2013年10月被ZD人寿聘为首席运营官（COO），但他其实早已于6月8日起因"意见不合"而被暂停相关工作。

业内人士认为造成ZD人寿困境的一大原因就是股东之间、股东与公司管理层之间尚未达成共识，不论是虚增资本，还是高估投资性房地产，都是因为公司在需要资本补充时管理层没有跟股东有效沟通，而是选择通过会计做账的手段来掩盖偿付能力不足。因虚增资本已经被监管层认为偿付能力为负的ZD人寿，在投资性房地产上的激进估值也正在被监管层逐一核查，而相关估值的悬殊，很可能触发第二轮行政处罚。如果保监会在现场检查中查出还有部分股东虚假出资情况属实，那么未出资的股东就更难补充资本金缺口了。

保监会派驻ZD人寿的检查组认为，除此以外，ZD人寿在公司经营层面确实还存在产品结构和渠道过度单一的问题。2013年，ZD人寿规模保费突破百亿元。但保监会的细分数据显示，ZD人寿的原保险保费仅有1.16亿元，而保户投资款新增交费达到114亿元。年报显示，2013年ZD人寿销售量排名第一的保险产品是：龙盛两全万能险，规模保费为115.5亿元，其中新单保费为114.4亿元，这在ZD人寿2013年115.5亿元总保费中，占比高达99.04%。一款万能险产品的保费占比如此高，在寿险公司中极为少见。

随着费率市场化改革的不断深入和保险资金运用渠道的不断开放,"放开前端",将定价权、资产配置权交给市场主体已成为行业和监管的共识。同时强化后端的准备金和偿付能力监管和执行力度,也已成为监管重点。2013年以来,保监会偿付能力监管采取了严格的红黄牌制度:对于偿付能力充足率低于150%的公司,即处于偿付能力充足Ⅰ类的公司,保监会采取暂停公司新机构批设的监管措施以警示风险,相当于黄牌;对于偿付能力充足率低于100%的公司,采取全面暂停公司新业务的监管措施以控制风险,相当于红牌。因此,ZD人寿在2014年年底和2015年年初,连续三次增资,将注册资本提升至38亿元,偿付能力充足率回升至300%以上;新董事长上任后继续调整股东结构和业务结构,引入新股东并对管理层进行调整,实际成效如何仍需时间的检验。

4. ZD人寿面临偿付能力不足等困境的背后原因

2014年6月6日,ZD人寿接到保监会监管函,保监会认定公司偿付能力不足,因而采取包括停止开展新业务在内的三项监管措施,同时限令ZD人寿,如公司未能于2014年6月30日前有效改善偿付能力,将视情况采取进一步监管措施。

2014年6月10日,ZD人寿发布公告称,尽管感到震惊、委屈和不解,但为了防范因执行监管函而出现的退保挤兑风险和负面舆情扩大引发的群体事件,公司做了各方面的紧急应对安排。13日,ZD人寿再度发声,号称股东提出了通过增资方式扩充资本金30亿元人民币的提升偿付能力方案,计划五家股东各增资6亿元,使公司总股本从现在的20亿元人民币增至50亿元人民币,同时表示希望能够在2014年6月16日得到保监会的批复。

随着整个事件的持续发酵,ZD人寿的"傲娇"姿态着实让人有些摸不着头脑,且不说只给了监管层不足两个工作日的答复期限,17日,ZD人寿又在其官网发布了"ZD人寿保险股份有限公司近年偿付能力等相关指标",不仅强调其2014年的偿付能力为182.66%,更加强调"历年来保监会从未以口头或书面形式对我司'政府补贴资金'及'预付土地使用权款'的处理提出过异议,更没有因上述会计处理方式对我司偿付能力进行风险提示或预警"。表面看来,ZD人寿是对保监会的处罚措施有所不满,但其偿付能力问题背后的真正原因,却是公司治理结构的诸多缺陷,以及股东和管理层之间的诸多纷争。

从2013年至2016年6月,已有5家寿险公司因为偿付能力不足而被保监会责令停止开展新业务。2013年3月,针对幸福人寿偿付能力不足的情况,保监会于3月8日对幸福人寿下达了自3月20日起停止开展新业务、暂停增设分支机构两项监管措施。监管措施施行1个月后,幸福人寿完成8.84亿元增资,偿付能力重新达标,保监会依法解除了对幸福人寿采取的监管措施。2014年3月,针对信泰人寿偿付能力不足的情况,保监会于3月11日下达了监管函,对信泰人寿采取了自3月17日起暂停新业务的监管措施。2014年6月,在确认ZD人寿违规虚增偿付能力,其实际偿付能力严重不足的情况后,保监会对ZD人寿采取了停止开展新业务、暂停增设分支机构、暂停部分渠道新增投资等多项监管措施。2015年11月,因新光海航人寿偿付能力不足,保监会责令即日起停止开展新业务。2016年5月,中融人寿因连续三个季度偿付能力不足,已被保监会责令停止开展新业务,暂停增设分支机构,不得增加股票投资。不仅如此,自2013年以来,还有11家寿险公司因偿付能力充足率低于150%,被保监会下达了暂停新增分支机构批设的监管措施。其中,6家公司已经迅速改善了偿付能力,随之获批解除了监管措施。

既然偿付能力监管已然制度化和透明化,ZD人寿缘何反应如此激烈呢?实际上很多问题沉积已久,由于缺乏成熟的公司治理结构,ZD人寿股东和管理层各方都各怀心思,很难坐到一起来共同解决问题,有的股东甚至连公司的报表都看不到。至于用违规会计处理来掩盖问题的做法,在存在股权纠纷的保险公司中并不鲜见,因为很多股东并不了解公司的实际运作,也许有的股东并没有想过去真正了解公司的运作。

5. 公司治理:如何重振旗鼓

5.1 ZD人寿公司治理弊端梳理

除内部治理制度外,ZD人寿公司治理的一系列基础性的制度还未建立,公司还需要在公司治理方面进行完善、改进和提升,才能使公司一步步走出困境,完善经营,取得长足的发展。在制度体系方面,ZD人寿的欠缺很多,很多制度形同虚设,比如,ZD 人寿虽然有类似执行委员会工作细则、定期报告的编制、审议和披露规章制度、信息披露事务管理制度、募集资金管理制度的规定,但是 ZD 人寿的公司网站上,公司治理规范方面的具体文件几乎看不到。除此之外,公司还需要在公司治理方面下大工夫,公司治理包含的内容较广,下文重点分析 ZD 人寿在关联交易和投资者关系管理方面存在的漏洞。

保监会 2007 年 4 月 6 日制定发布了《保险公司关联交易管理暂行办法》,要求各保险公司贯彻落实。公司需要根据保监会对关联交易的管理规定,相应修订公司关联交易管理制度。但是 ZD 人寿还没有形成相应的关于关联交易的管理规定,因此公司在确认和处理有关关联人之间关联关系与关联交易时,还没有明确相关原则,如应尽量避免或减少与关联人之间的关联交易;确定关联交易价格时,应遵循"公平、公正、公开以及等价有偿"的原则,并以书面协议方式予以确定等。因此,建立一套完备的关联交易管理制度,对于 ZD 人寿是亟须解决的公司治理问题。关联交易管理制度,对于维护全体股东,特别是中小股东的合法权益,具有重要意义,同时也有利于公司效益的最大化。

ZD 人寿的投资者关系管理存在着很大的漏洞。在海外发达资本市场上,投资者关系管理也经历了一个逐渐成熟的过程。以美国为例,20 世纪 30 年代以前,美国的证券市场也处在不规范状态,内幕交易盛行,虚假信息泛滥,更谈不上上市公司与投资者之间正常良好的沟通。1929 年以后,随着美国证券监管制度的逐步健全,以及上市公司、投资人素质的提高,市场本身自发形成了对投资者关系管理的需求。国外的经验证明,积极提供一贯而专注的投资者关系计划,是公司管理层用以改善公司形象、提高公司对投资者吸引力的理想方式之一。在我国,股权市场仍处于割裂的初级阶段,公司尚未完全建立起符合"股东至上主义"的公司治理机制,集团层面也缺乏对投资者关系管理的制度保障。

5.2　ZD 人寿面临困境,如何重振旗鼓

针对 ZD 人寿的公司治理漏洞及保险业的公司治理标准,我们提出如下整改建议及实施计划:

制定定期报告编制、审议和披露规章制度:公司中制作各类定期报告工作的相关部门应根据《公司法》《证券法》《上市公司信息披露管理办法》等法律法规的要求,建立健全专门的定期报告的编制、审议和披露的流程及规章制度。

制定募集资金管理制度:制定《募集资金管理制度》,包括募集资金专项存储和使用制度等内容,该制度应在公司内部以制度文件形式颁布实行。

完善独立董事工作的制度体系:公司根据境内外有关法律法规的要求,同时参考市场实践经验,综合汇总形成独立董事工作指引。在发挥独立董事监督管理层和维护部分利益相关者权益作用的基础上,独立董事可以实际参与到公司整体战略规划的过程中,使其规划能够切实反映股东长期投资的回报率,尽量涵盖机会成本,最大限度地测度和反映股东长期投资的回报率。

建立关联交易管理制度:公司根据保监会《保险公司关联交易管理暂行办法》的要求,相应修订公司关联交易管理制度,使公司在确认和处理关联人之间关联关系与关联交易时,有相应规章的依据,切实维护公司及股东权益。

制定董事、监事及高级管理人员持有及买卖本公司股票的行为守则:公司根据境内A股有关法律法规的要求,相应修订公司《董事、监事及高级管理人员持有及买卖本公司股票的行为守则》,以通过规章的形式,将董事、监事及对高级管理人员的激励措施与约束机制结合起来,实现内部约束与外部约束的统一,进而实现公司利益与经理层利益的双重均衡。

修订投资者关系管理制度:公司投资者关系管理委员会应遵照境内A股有关的法律法规,对《投资者关系管理委员会章程》和《投资者关系工作指引》进行相应修订。通过对投资者关系管理的制度保障,逐步建立更加完善的"股东至上主义"的公司治理结构,实现公司的进一步发展。

案例使用说明

1. 教学目的与用途

（1）本案例适用于保险硕士《人身保险研究》课程，也适用于《案例研究》和《寿险精算》等课程。

（2）本案例的教学目标：使学生掌握保险公司治理的内涵；了解我国保险公司治理改革的历程；理解保险公司治理改革的背景及意义；思考保险公司治理改革带来的影响；培养学生解决实际问题的能力。

2. 启发思考题

（1）请比较寿险市场中的"公司经营"和"公司治理"各自的特点和优缺点。

（2）请尽可能全面地分析保险公司治理改革可能带来的影响和变化。

（3）你认为保险公司治理改革需要哪些配套政策和措施支持？

3. 分析思路

本案例的学习过程：理解保险公司治理改革的含义；了解我国保险公司治理改革历程；详细解读最新保险公司治理改革背景以及改革内容；分析保险公司治理改革对寿险公司、寿险业的影响机制；根据改革中可能会出现的风险和问题提出相关的政策建议。

4. 保险公司治理背景知识

公司治理，从广义角度上理解，是研究企业权力安排的一门科学。从狭义角度上理解，是居于企业所有权层次，研究如何授权给职业经理人并针对职业经理人履行职务行为行使监管职能的科学。基于经济学专业立场，企业有两种权利：所有权和经营权，二者是分离的。企业管理是建构在企业"经营权层次"上的一门科学，讲究的就是企业所有权人向经营权人授权，经营权人在获得授权的情形下，以实现经营目标而采取一切经营手段的行为。与此相对应的，公司治理则是建构在企业"所有权层次"上的一门科学，讲究的是科学地对职业经理人授权，科学地对职业经理人进行监管。

公司治理的基本结构。全体股东认同一个价值趋向，以现金或其他出资方式为衡量股份权益形成契约而成立有限公司形式的企业。企业的安全性和成长性均取决于该公司内设机构积极地履行职能。股东(大)会作为公司价值聚焦"顶点"，为了维护和争取公司实现最佳经营业绩，公司价值投射向董事会、总经理和监事会三个利益"角位点"，此三个利益"角位点"相互制衡形成"三角形"，"顶点"和"三角形"构成"锥形体"，这是公司治理结构的标准模型。

公司治理的基本模式。公司内部的权力分配是通过公司的基本章程来限定公司不同机构的权利并规范它们之间的关系的。各国现代企业的治理结构虽然都基本遵循决策、执行、监督三权分立的框架，但在具体设置和权利分配上却存在着差别。

首先是股东大会，是公司的最高权力机构。但是，公司的股东有可能非常分散，而且相当一部分股东是只有少量股份的股东，其实施治理权的成本很高，因此，不可能将股东大会作为公司的常设机构，或经常就公司发展的重大事宜召开股东代表大会，以作出有关决策。在这种情况下，股东大会就将其决策权委托给一部分大股东或有权威的人来行使，这些人组成了董事会。股东大会与董事会之间的关系实际上是一种委托代理关系。股东们将公司日常决策的权利委托给了由董事组成的董事会，而董事会则向股东承诺维持公司健康经营并获得令股东满意的利润。

其次是董事会，这是股东大会的常设机构。董事会的职权是由股东大会授予的。关于董事会人数、职权和作用，各国公司法均有较为明确的规定，除公司法的有关规定以外，各个公司也都在公司章程中对有关董事会的事宜进行说明。公司性质不同，董事会的构成也不同。在谈到公司治理问题时，常常要根据不同性质的公司进行差异化分析，为了更好地完成其职权，董事会除了注意人员构成之外还要注意董事会的内部管理。

再次是首席执行官，董事会有权将部分经营管理权力转交给代理人代为执行，这个代理人就是公司政策执行机构的最高负责人，这个人一般被称为首席执行官。在多数情况下，首席执行官是由董事长兼任的，即使不是由董事长兼任，担任此职的人也几乎必然是公司的执行董事且是公司的董事长继承人。但是，由于公司的经营管理日益复杂化，经理职能也日益专业化，大多数公司又在首席执行官之下为其设一助手，负责公司的日常业务，这就是首席运营官。

最后是外部审计制度的导入。需要注意的是,英美公司中没有监事会,而是由公司聘请专门的审计事务所负责有关公司财务状况的年度审计报告。公司董事会内部虽然也设立审计委员会,但它只是起协助董事会或总公司监督子公司财务状况和投资状况等的作用。由于英美等国是股票市场非常发达的国家,股票交易又在很大程度上依赖于公司财务状况的真实披露,而公司自设的审计机构难免在信息发布的及时性和真实性方面有所偏差,所以,英美等国很早便出现了由独立会计师承办的审计事务所,由有关企业聘请他们对公司经营状况进行独立审计并发布审计报告,以示公正。

公司治理还应该遵循以下基本原则:公司治理框架应保护股东权利;应平等对待所有股东,包括中小股东和国外股东,如果股东的权利受到损害,他们应有机会得到有效补偿;应确认公司利益相关者的合法权利,鼓励公司与他们开展积极的合作;应确保及时、准确地披露所有与公司有关的实质性事项的信息,包括财务状况、经营状况、所有权结构及公司治理的状况;董事会应确保对公司的战略指导、对经营层的有效控制,董事会对公司和股东负责。

5. 建议课堂计划

建议使用3—4课时进行讨论。

课前计划:事先发放案例材料。

课中计划:主持人保持中立,组织同学展开讨论。

课后计划:讨论结束后要求学生提交案例分析报告。

如果条件允许可邀请寿险公司高管及监管部门领导来到课堂与同学们交流。

人太平三家财产保险公司的年度报告研究及评价

周县华　王沁璇　刘天梦　邓佩云　乔翘楚

摘　要：本文获取了具有代表性的中资财产保险公司——中国人民财产保险股份有限公司、中国平安财产保险股份有限公司和中国太平洋财产保险股份有限公司2013—2015年公开的财务信息。首先分别以偿付能力、盈利能力、营运能力和发展能力四个角度定性分析该三家财产保险公司的经营状况；其次利用层次分析法对三家公司的经营情况进行定性分析；再次审慎选定各项衡量指标进行打分并赋予权重；最后计算选定的三家财产保险公司的排名情况。

结果显示，通过层次分析法进行财务数据分析，以中国平安财产保险股份有限公司作为基准，记作100分，则中国人民财产保险股份有限公司约为97分，中国太平洋保险股份有限公司约为55分，因此中国平安财产保险股份有限公司是本文选定的三家财产保险公司中经营状况表现最佳的财险公司，中国人民财产保险股份有限公司的经营成果与中国平安财产保险股份有限公司较为接近，而中国太平洋保险股份有限公司与其他两家财险公司差距较大。通过本文打分标准，经过计算的指标权重，有三项指标显示出其对财险公司的重要性——净资产利润率s(4)、偿付能力充足率s(2)和营业利润率s(3)，尤以净资产利润率最为关键。可见盈利能力和偿付能力是财险公司进行战略规划和财务管理时需要重点注意的两个方面，中资财产保险公司在今后的经营规划中应对盈利能力和偿付能力做重点部署。

关键词：偿付能力　盈利能力　营运能力　发展能力　经营状况

随着金融业混业经营程度的不断提高和保险市场对外的进一步开放，在其他金融机构，如银行、证券等不断进军保险市场的情况下，在面对政策上受到限制但经营水平、管理能力和产品开发能力普遍较高的外资财产保险公司的竞争时,中资财产保险公司如何转变以获取保费为主的传统经营理念,全面审视公司内部发展情况,把握行业发展趋势是摆在中资财产保险公司面前的一大命题。在竞争日益激烈的财产保险市场,突出保险公司的经营绩效水平将越来越重要。从前一味强调保费收入的粗放型经营模式将转变为精细化、效益型的经营策略,而实现这一经营管理模式的转变,需要从财务管理的角度分析财产保险公司绩效水平,进而总结出财产保险公司在经营管理中的优势和不足,据此进行相应经营管理策略的调整和管理考核制度的改革,以适应市场的发展。

本文选取了占我国财产保险市场份额前三的、具有代表性的中资财产保险公司——中国人民财产保险股份有限公司(以下简称"人保财险")、中国平安财产保险股份有限公司(以下简称"平安产险")和中国太平洋财产保险股份有限公司(以下简称"太保产险")进行分析。首先分别按公司偿付能力、盈利能力、营运能力和发展能力四个角度对公司的财务状况进行定性分析;其次通过对该三家财险公司财务报表的数据进行整合和运算;再次利用层次分析法对三家财险公司各项衡量指标进行打分并赋予权重;最后计算选定的三家财产保险公司的排名情况。

1. 年度报告财务分析

1.1 偿付能力分析

偿付能力是保险公司能够持续经营的基础,在强调保险公司盈利能力的同时,更应关注其偿付能力。我国《保险法》第九十八条规定:保险公司应当具有与其业务规模相适应的最低偿付能力,保险公司实际资产减去实际负债的数额不得低于监管机构规定的数额;低于规定数额,应当增加资本金,补足差额。中国保险监督管理委员会令 2008 年第 1 号《保险公司偿付能力管理规定》具体规定了保险公司偿付能力的监管细节,其中保监会根据保险公司偿付能力状况将保险公司分为三类实施分类监管:第一,不足类公司,指偿付能力充足率低于 100% 的保险公司;第二,充足 I 类公司,指偿付能力充足率在 100%—150% 的保险公司;第三,充足Ⅱ类公司,指偿付能力充足率高于150%的保险公司。并按偿付能力的不同类别采取相应的监管措施。

本文考查的是人保财险、平安产险、太保产险三家保险公司的偿付能力,主要按流动性大小,依次从现金比率、资产负债率、偿付能力充足率和偿付能力系数等方面对三家财产保险公司的偿付能力进行分析。

现金比率 = 现金及等价物/(未到期责任准备金 + 未决赔款责任准备金),现金比率衡量的是保险公司在保险事故发生后能立即进行保险补偿的能力。一方面,现金比率较高说明财产保险公司的短期偿付能力较好,能满足投保方在出险后的保险补偿需求;但另一方面,在现金及等价物的收益率较低的情况下,现金比率较高又会影响保险公司的盈利能力,即保险公司须在流动性和盈利性之间进行平衡。

比较和考察三家财险公司2013—2015年现金比率的变化情况(见图1)。纵向来看,三家财产保险公司的现金比率变化不一。人保财险的现金比率呈现先增后减的趋势,在2014年达到顶峰,现金比率约为0.1;平安产险的现金比率较为平稳,维持在0.045左右;而太保产险现金比率呈现出逐年下降的趋势,平均现金比率约为0.050。横向来看,平安产险的现金比率总体而言在三家保险公司中最低,表明平安产险较为强调盈利能力,而人保财险的现金比率明显大于其他两家财险公司,在偿付能力政策方面较为保守稳健。

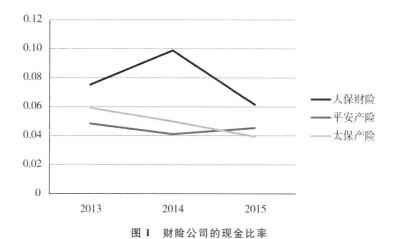

图1 财险公司的现金比率

资产负债率＝总负债/总资产,资产负债率反映保险公司总资产中有多大比例是需要偿还或赔付的,也用来衡量公司在清算时保护债权人利益的程度。该指标主要反映保险公司当前的偿债能力及赔付能力,如果指标过高,说明偿付能力过低,保险公司的资产大部分通过相关债务获取,或赔付金额过大;如果指标过低,说明保险公司的偿付能力较高,相关的债务和赔付金额能得到有效的支付,但会降低资本利得,同样会影响保险公司的发展,资产负债率的合理水平,是保险公司经营的重要命题。

下面比较和考察三家财险公司 2013—2015 年资产负债率的变化情况(见图 2)。纵向来看,人保财险、平安产险和太保产险均呈现出资产负债率不断下降的趋势。从另一个角度反映出三家财险公司的经营效益在不断提高。横向来看,太保产险的资本负债率最低,平均为 0.75,说明该公司拥有良好的长期偿付能力;人保财险和平安产险在资产负债率上的比较互有上下。从 2015 年的数据上看,人保财险在资产负债率上的表现优于平安产险。其中,平安产险三年资产负债率平均为 0.78,太保产险三年资产负债率平均为 0.77。

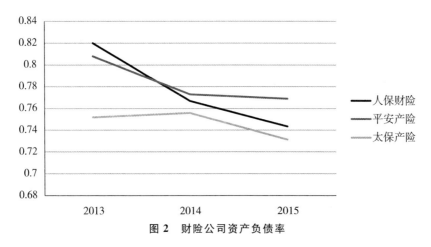

图 2　财险公司资产负债率

偿付能力充足率是衡量保险公司偿付能力最重要的指标之一,也是保险监管机构监控保险公司偿付能力的依据。偿付能力充足率＝(认可资产－认可负债)/最低资本要求,有关计算数据可参见中国保监会的相关规定。一般而言,保险公司偿付能力宜维持在 150%—200% 的水平,过低的偿付能力一方面影响公司履行保险责任的能力,另一方面不能达到监管机构的要求;而过高的偿付能力则会产生保险公司资金冗余、资金使用浪费的不利情形。

下面比照中国保监会根据保险公司偿付能力对保险公司的划分情况,对三家财险公司2013—2015年偿付能力充足率的变化情况进行分析(见图3)。纵向来看,三家财险公司2013—2015年的偿付能力充足率总体呈上升趋势,稳定在250%—150%,按中国保监会的监管标准,该三家财险公司均为充足Ⅱ类公司,偿付能力满足监管要求。横向来看,人保财险的偿付能力充足率明显高于其余两家公司,三年平均偿付能力充足率为215%,体现出人保财险在偿付能力上一贯保险稳健的政策风格。太保产险的偿付能力充足率呈每年上升的趋势,指标数据上处于三家公司的中间水平,三年平均偿付能力充足率约为183%,偿付能力良好。其中,2014—2015年偿付能力充足率的大幅上升是由于实际资本的增加,方式是当期增资扩股、发行次级债、盈利、向股东分红及投资资产公允价值增加。平安产险的偿付能力充足率稍有下降,后又上升,平均为171%,符合平安产险较为重视资产盈利能力的经营原则,其中平安产险偿付能力在2013—2014年下降的原因是公司业务快速增长提高了对最低资本的要求,而在2015年其偿付能力充足率较大幅度上升是因为公司业务快速增长,业务品质把控良好。

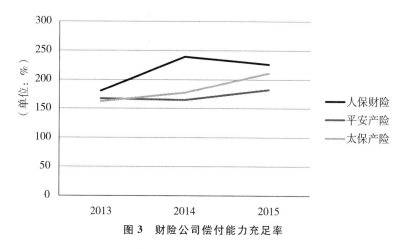

图3 财险公司偿付能力充足率

偿付能力系数是财产保险公司自留保费和资本金、公积金的比例关系,偿付能力系数 = 自留保费/(资本金 + 公积金)。该项指标越高,说明保险公司承担不能兑付的风险越大。因此,我国在保险法上做出了规定,要求财产保险公司的偿付能力系数不能超过4倍。

下面比较和考察三家财产保险公司2013—2015年偿付能力系数(见图4)。纵向来看,三家公司的偿付能力系数都有变动,趋势不一。横向来看,该三家公司的偿付能力系数都在监管要求的范围内,其中太保产险的偿付能力系数最低,表明太保产险的偿付能力在三家财险公司内是最好。

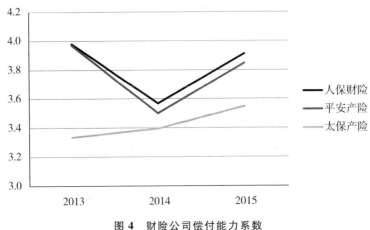

图 4　财险公司偿付能力系数

1.2　盈利能力分析

盈利能力是衡量一个企业一段时间内赚取利润的能力,利润是衡量盈利能力的重要指标,是投资者取得投资收益、债权人收取本息的资金来源,是经营者经营业绩和管理效能的集中表现。

这一部分分析财险公司的盈利能力,主要从营业利润率和净资产收益率两个指标进行综合分析。

2015 年,人保财险、平安产险、太保产险三家保险公司的业务均实现盈利(见图 5),从营业利润率角度来看三家公司都有较好的数据表现,虽然太保产险的营业利润率低于其他两家财险公司 2% 左右,但纵向层面来看,2015 年太保营业利润率从 1.36% 上升至 7.39%,上升了 6.03 个百分点,增长幅度高达 442.9%,净利润增长率达 414.30%,实现利润层面的巨大突破。太保产险利润的大幅增长主要受益于承保业务的扭亏为盈,其综合成本率从 103.8% 下降至 99.8%,其中车险业务综合成本率下降至 98%,实现承保层面的微利。

从险种结构的角度来看营业利润的增长,三家公司各有不同的利润增长点(见表 1)。人保财险依靠其车险龙头的地位,获得 7 386 百万元的承保利润,占营业利润的 27.1%,同时在农险领域依托政策优惠,也获得较高的承保利润。但在企财险、意外伤害险与健康险领域,受外部环境影响,出现承保亏损的情

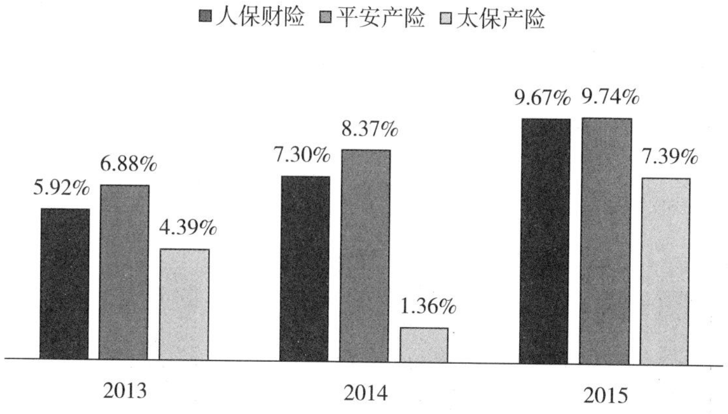

■ 人保财险 ■ 平安产险 □ 太保产险

	2013	2014	2015
人保财险	5.92%	7.30%	9.67%
平安产险	6.88%	8.37%	9.74%
太保产险	4.39%	1.36%	7.39%

图5 财险公司营业利润率

况。平安产险则在保证保险领域有非常亮眼的表现,获得了3 198百万元的承保利润,超越车险成为其承保贡献最大的险种领域。在平安产险的前几大险种领域中,均实现了承保盈利的目的,各险种发展比较均衡。而太保产险除了主要的车险盈利外,只有货运险实现46百万元的承保利润,其他主要险种均出现不同程度的承保亏损。

表1 2015年财险公司前几大险种承保利润

(单位:百万元)

承保利润	机动车辆保险	企业财产险	责任险	货运险	意外伤害及健康险	农险	保证保险
人保财险	7 386	-700	257	245	-1 063	1 710	-
平安产险	1 321	303	389	-	782	-	3 198
太保产险	1 373	-469	-414	46	-236	-	-

净资产收益率,是指企业净利润与所有者权益的比率,用以反映企业运用资本获得收益的能力。净资产收益率在财务分析中是一个非常综合的指标,影响其大小的因素包括总资产收益率、权益乘数等,本部分将基于杜邦分析法,结合财产保险公司业务承保和投资两条业务主线的特点,分别从权益乘数、承保利润率(1-综合成本率)、投资收益率几个影响因素进行分析。

在2015年整体金融环境低迷的情况下,三家财险公司均为股东提供了良好的股东回报率,数据跑赢行业均值,而且在金融行业中也处于高回报率水平,其中平安产险净资产收益率达到24.71%(见图6),在三家财险公司居于首位,是非常具有投资价值的企业。人保财险的净资产收益率一直保持在20%以上,处于平稳增长。太保产险的净投资收益率低于其他两家财险公司,但自身盈利水平有快速提升,能及时调整策略,发展空间和潜力很大。

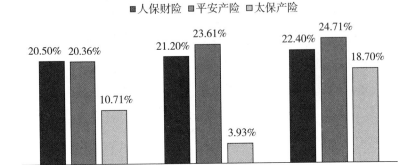

图 6　财险公司净资产收益率

财务管理中,净资产收益率可分解为"总资产收益率×权益乘数"。其中权益乘数就是企业的财务杠杆,衡量的是企业净资产可撬动的总资产的情况。针对保险企业,在满足偿付能力充足率的情况下,财务杠杆越高则说明企业运用净资产的能力越强,但同时高杠杆也意味着财务风险变大。从三家保险公司三年的变化情况来看,财务杠杆总体呈下降趋势,从而保证了企业运行的安全性,体现出企业经营原则的稳健性。2015 年,人保财险和太保产险的财务杠杆都降至 4 以下(见图7),平安产险财务杠杆为三家最高,较其他两家经营策略较为激进,但总体保持稳健。

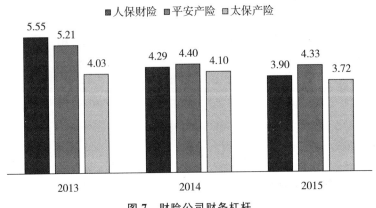

图 7　财险公司财务杠杆

总资产收益率,即反映净资产收益率的另一个层面,要从承保和投资两个层面分析。总资产收益率可分解为承保利润率和投资收益率。对于财险公司来说,经营的业务多为一年期至五年期的短期财险业务,投资层面的重要性不如寿险公司,主要关注的重点是承保收益率。但近年来,财险行业在承保业务上多处于亏损状态,需要通过投资收益来弥补利润的缺失,这使得财险公司过分依赖投资收益,经营重心有所偏离。

作为财险公司的三大企业,人保财险、平安产险和太保产险也在积极转变经营策略,实行"承保和投资"双轮驱动的策略,同步推动企业的发展。

承保方面,2015 年,三家财险公司均实现承保业务的盈利(见图 8),其中平安产险的综合成本率达 95.6%,体现出平安产险在承保方面的经营能力大大超越行业平均水平。纵向来看,平安产险 2014 年实现综合成本率 4.2 个百分点的大幅下降,2015 年略有回升,但基本保持平稳。人保财险在 2015 年也实现了 3.5%的承保利润,和平安产险纵向发展趋势类似,2014 年承保利润有明显提高,2015 年保持平稳。太保产险 2015 年扭亏为盈,实现了 0.2%的微利,较人保和平安在承保利润方面略显薄弱。但太保产险在 2014 年亏损的情况下,迅速调整了发展战略,聚焦车险费率市场化改革,聚焦专业化经营,优化资源配置,实现了承保利润率 4 个百分点的提高,体现了太保财险快速适应市场变化的能力。

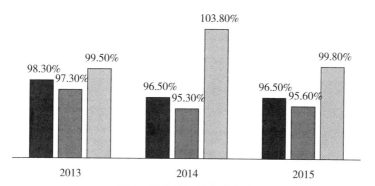

图 8 财险公司综合成本率

从综合成本率的构成来看(见图 9),平安产险较低的综合成本率主要来自较低的综合赔付率,反映出平安产险风险控制能力较好,可以获得更多优质的保险业务。而人保财险则在控制综合费用率上更加具有优势,这与人保财险平均固定费用支出较少有关。人保财险公司的铺设范围广,各地级市、乡镇的网点众多,有规模经济效用,每张保单分摊的固定费用较少,因此综合费用方面具有优势。这侧面反映出,大中型保险公司在固定费用支出方面较中小型保险公司具有更多优势,这也是中小型保险公司综合成本率居高不下的重要原因。

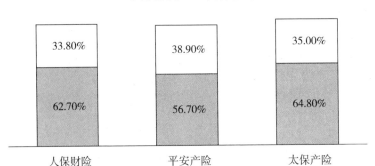

图 9 2015 年财险公司综合成本率构成

投资方面,虽然 2015 年下半年资本市场出现大幅下跌,但三家公司抓住了上半年良好的形势,均实现了投资收益率的突破。另外,在监管层面,对投资领域和投资比例的开放也是投资收益率有明显提高的重要原因,三家公司均表现出更加进取的投资策略,减少了现金和现金等价物、固定收益类的投资比例,加大了权益投资类的比重。其中太保产险 2015 年投资收益率达 8.1%,表现出优秀的投资能力和策略。人保财险和平安产险的投资收益率也都呈现稳步上升的趋势,和承保业务共同驱动公司发展,提高公司盈利水平。

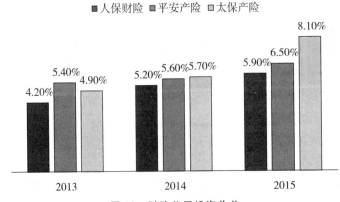

图 10 财险公司投资收益

1.3 营运能力分析

营运能力分析主要围绕保险公司在资产管理方面所表现的效率进行研究。从某种意义上来说,营运能力决定着企业的偿债能力和获利能力,是整个财务分析的核心。本部分进行营运能力分析选定应收保费周转率和综合赔付率作为衡量指标,对人保财险、平安产险和太保产险三家公司的营运能力进行分析。

先从应收保费周转率角度来看,应收保费即一般意义的应收账款,是保险公司在实现销售后因各种原因投保人未支付的保费。我国的财产保险公司中存在着应收保费过高的现象,严重影响业务质量,其负面影响显著。一方面,客户恶意拖欠保费,一旦保险标的发生保险责任事故,极易引发赔偿纠纷,使保险公司经营风险加大;另一方面,应收保费的大量积累,在保险公司经营繁荣的同时,现金的流动性减弱,隐藏财务风险;同时,应收保费的规模扩大,导致由此产生的税务成本、机会成本、管理成本、坏账成本的增加。因此,加强应收保费管理,提高应收保费周转率,降低坏账损失,有效盘活资金,是保险公司提高业务质量,提高经营管理水平的重要工作。比较保险公司的应收保费周转率有助于了解保险公司的营运能力。应收保费周转率为保费收入与平均应收保费余额的比率。应收保费周转率越高,说明保险公司的资产管理效率越高;反之说明保险公司的资产管理效率较为低下。

下面比较和考察三家财险公司 2013—2015 年应收保费周转率(见图 11)。纵向来看,除人保财险的应收保费周转率在 2013 年先缓慢增加、2014—2015 年明显下降外,平安产险和太保产险的应收保费周转率基本保持不变,分别维持在 6.32% 和 32.60%。横向来看,三家公司中,人保财险的应收保费周转率虽有下降的趋势,但维持在高位,3 年平均应收保费周转率为 47.79%,说明其营运能力在应收保费这一指标上优于其余两家公司。而平安产险的应收保费周转率明显小于人保财险和太保产险,三年平均应收保费周转率为 6.32%,比人保财险和太保产险分别低了 756% 和 515%,说明平安产险的营运能力最弱。

综合赔付率是考核财险公司业务质量的重要指标,有助于考核保险公司成本支出、盈利水平和保险经营的社会效益水平。综合赔付率为综合赔付支出与保费收入的比率,代表的是保险公司在收入中需要拿出来支付给客户的成本比例。因此,综合赔付率越高,说明保险公司的营运水平越低,相应会导致盈利水

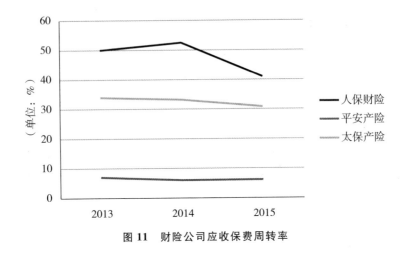

图 11 财险公司应收保费周转率

平的低下。对此,公司须采取切实可行的办法加强核保控制和管理,提高承保质量,并对开发的新产品进行梳理并提高效益型产品的开发。

下面比较和考察三家财险公司 2013—2015 年的综合赔付率(见图 12)。纵向来看,三家公司的综合赔付率整体呈现下降的趋势,尽管太保产险在 2013—2014 年间有小幅上升的趋势。横向来看,三家财险公司的综合赔付率差异明显。综合赔付率最高的是太保财险,其综合赔付率在 0.65—0.68 的区间内波动。人保财险的综合赔付率位于中间水平,并呈现下降的趋势,三年平均综合赔付率为 0.64。人保财险综合赔付率的下降得益于公司持续加强承保质量管理,如进一步加强车险定价集中管控平台建设,持续提升优质业务占比等。平安产险的综合赔付率最低,在 2015 年为 0.57,这得益于其占业务比重较大的车险和保证保险赔付率的下降。单从综合赔付率指标来看,平安产险的营运能力最强。

1.4 发展能力分析

发展能力是指企业在未来能否不断发展壮大的当前能力表现。企业的健康发展离不开许多因素,包括内部因素,如公司经营策略,也包括外部因素,如宏观经济状况、监管政策环境。但公司发展能力最直观的表现主要落在公司主要指标的增长能力上。本部分主要以净利润增长率、保费收入增长率和净资产增长率角度分析三家公司的发展能力。

净利润增长率反映了保险公司获取利润的趋势,是保险公司盈利能力的动

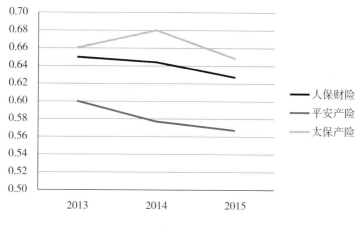

图12 财险公司综合赔付率

态反映。该指标反映了保险公司的经营成果,综合衡量保险公司管理业绩和资产运营情况。净利润增长率=(本年净利润-上年净利润)/上年净利润×100%,该项指标越大代表保险公司的盈利能力越强,公司长久发展的财务准备越强。

下面比较和考察三家财险公司2013—2015年的净利润增长率指标的变动情况。纵向来看,平安产险的净利润增长率呈现先上升后下降的趋势,这说明该公司的净利润增长微现疲态,业务发展可能出现后劲不足的问题。而太保产险的净利润增长率处于不断上升的状态,尽管2014—2015年的增长率放缓。人保产险的净利润呈现先上升后下降的情况。单从增长趋势来看,太保产险的增长趋势最为明显。横向来看,2013—2014年,人保财险在净利润增长率上一直处于领跑地位。但从2015年开始,平安产险在净利润增长率方面超越其余两家财险公司,这可能得益于平安产险在信用保证保险上的利润贡献。

保费收入增长率=(本年保费收入-上年保费收入)/上年保费收入,反映的是保险公司保费收入的增减变动情况。保险公司保费收入在一定程度上依赖于保险公司的规模,即保险公司的资本金。因此,保险公司的保费收入作为一项绝对指标,不能反映出保险公司的业务发展水平和发展潜力。保费收入增长率是衡量保险公司保费发展的相对指标,更能反映出保险公司的市场经营状况和市场占有率。保费收入增长率指标过低说明保险公司发展能力有限。但如果过高,则说明保险公司发展过快,可能会引起偿付能力不足的状况。一般

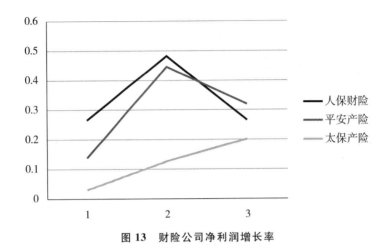

图 13 财险公司净利润增长率

经验数据表明,财险公司此项指标的正常水平值在-33%—33%。

下面比较和考察三家财险公司2013—2015年的保费收入增长率指标的变动情况(见图14)。纵向来看,三家财产保险公司的保费收入增长率都呈现明显的下降趋势,这与行业竞争日趋激烈有关。人保财险的保费收入增长率呈现缓慢下降的趋势。平安产险的保费收入增长率经历了2013—2014年的明显上升(从约17%的增速攀升至24%),这可能与平安产险较为激进的业务拓展策略有关。但2014—2015年,平安产险的保费收入增速明显下降。太保产险的保费收入增长率下滑趋势最为明显,由2013年的17%骤降至2015年的2%。横向来看,平安产险的保费收入增速一直处于领先地位,三年间平均增速为13.3%,而人保财险次之,太保产险则最低。

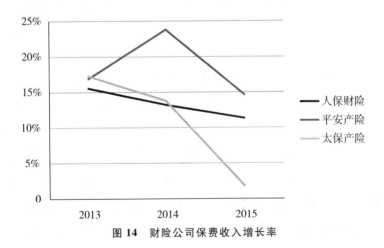

图 14 财险公司保费收入增长率

净资产增长率是指本期因投资人增加(减少)资本或盈利(亏损)造成的相比期初净资产的增加(减少)比例,所以净资产增长率是反映投资的变动和利润变动情况的综合性指标,在一定程度上反映保险公司资本的变动程度。具体计算时,净资产增长率 =(期末净资产 - 期初净资产)/期初净资产 × 100%。净资产增长率较高代表公司自有资本的获利能力相对较高,在获利后追加资本金,能够使保险公司的发展处于良性循环,未来的发展更加强劲,发展更有保障。

下面比较和考察三家财险公司 2013—2015 年的净资产增长率的变动情况(见图 15)。纵向来看,人保财险和平安产险的净资产增长率呈现先增后减的趋势,而太保产险的净资产增长率稳步上升。横向来看,太保产险的净资产增长率一直低于其余两家公司,三年间净资产增长率为 11.91%,而人保财险和平安产险的平均净资产增长率分别为 33.8% 和 30.1%。

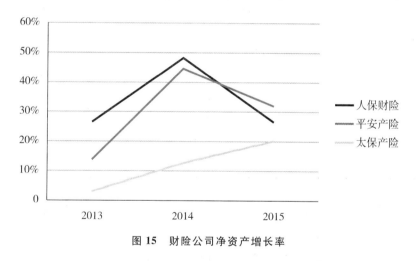

图 15　财险公司净资产增长率

2. 基于层次分析法的排名分析

2.1　研究方法

层次分析法(Analytic Hierarchy Process,AHP)是指将那些与决策总是有关的元素分解成目标、准则、方案等层次,在此基础上进行定性和定量分析的决策方法。这种方法的特点是在对复杂的决策问题的本质、影响因素及其内在关系等进行深入分析的基础上,利用较少的定量信息使决策的思维过程数学化,从而为多目标、多准则或无结构特性的复杂决策问题提供简便的决策方法。

上文对人保财险、平安产险和太保产险三家公司从偿付能力、盈利能力、营运能力和发展能力这四个方面进行了有针对性的财务分析,下面将会借鉴层次分析法的思路就上述四个方面的财务指标赋予权重,从而对三家财险公司进行排名。

2.2 构建财务评价矩阵

根据上文所涉及的财务指标,进一步筛选出现金比率、偿付能力充足率、营业利润率等八个财务评价指标来对三家财险公司进行排名(见表2)。

表2 财产保险公司财务评价指标

评价准则	评价指标	指标符号
偿付能力 v1	现金比率	r(1)
	偿付能力充足率	r(2)
盈利能力 v2	营业利润率	r(3)
	净资产利润率	r(4)
营运能力 v3	应收保费周转率	r(5)
	综合赔付率	r(6)
发展能力 v4	净利润增长率	r(7)
	保费收入增长率	r(8)

以人保财险、平安产险和太保产险三家公司为参评对象,以现金比率、偿付能力充足率、营业利润率、净资产利润率、应收保费周转率、综合赔付率、净利润增长率和保费收入增长率这八个指标为财务评价指标,从保险年鉴和年度信息披露报告中获取相关数据,可构建评价矩阵 R,如表3、表4和表5所示。

表3 2013年财产保险公司财务评价矩阵 R^{2013}

指标 对象	r(1)	r(2)	r(3)	r(4)	r(5)	r(6)	r(7)	r(8)
人保财险	0.0752	180.0000	0.0592	0.2050	49.9430	1.5480	0.0147	0.1552
平安产险	0.0483	167.1000	0.0688	0.2036	6.9760	1.6556	0.2602	0.1679
太保产险	0.0591	162.0000	0.0439	0.1071	33.8804	1.5152	−0.0141	0.1728

表 4　2014 年财产保险公司财务评价矩阵 R^{2014}

指标 对象	r(1)	r(2)	r(3)	r(4)	r(5)	r(6)	r(7)	r(8)
人保财险	0.0988	239.0000	0.0730	0.2120	52.5124	1.5528	0.3807	0.1320
平安产险	0.0411	164.5000	0.0837	0.2361	5.9288	1.7331	0.5095	0.2380
太保产险	0.0498	177.0000	0.0136	0.0393	33.1187	1.4706	-0.6046	0.1380

表 5　2015 年财产保险公司财务评价矩阵 R^{2015}

指标 对象	r(1)	r(2)	r(3)	r(4)	r(5)	r(6)	r(7)	r(8)
人保财险	0.0614	226.0000	0.0967	0.2240	40.9277	1.5949	0.4607	0.1133
平安产险	0.0453	182.2000	0.0974	0.2471	6.0675	1.7637	0.4347	0.1456
太保产险	0.0393	211.0000	0.0739	0.1870	30.7964	1.5432	4.1430	0.0171

由于各个评价指标的含义不同,为了便于比较,需要进行无量纲化处理,将各个评价指标转换成相同或相近的量纲和数量级,表达式为

$$s_i(j) = \frac{r_i(j)}{r_j}$$

$$r_j = \frac{1}{m+1} \sum_{i=0}^{m} r_i(j)$$

按照上述方法处理后可以得到无量纲的评价矩阵 S,如表 6、表 7 和表 8 所示。

表 6　2013 年财产保险公司财务评价矩阵 S^{2013}

指标 对象	s(1)	s(2)	s(3)	s(4)	s(5)	s(6)	s(7)	s(8)
人保财险	1.2355	1.0607	1.0328	1.1924	1.6501	0.9841	0.1693	0.9389
平安产险	0.7936	0.9847	1.2012	1.1845	0.2305	1.0526	2.9932	1.0157
太保产险	0.9709	0.9546	0.7661	0.6231	1.1194	0.9633	-0.1625	1.0454

表7　2014年财产保险公司财务评价矩阵 S^{2014}

指标 对象	s(1)	s(2)	s(3)	s(4)	s(5)	s(6)	s(7)	s(8)
人保财险	1.5619	1.2351	1.2863	1.3049	1.7206	0.9794	3.9987	0.7796
平安产险	0.6500	0.8501	1.4739	1.4534	0.1943	1.0931	5.3515	1.4054
太保产险	0.7881	0.9147	0.2398	0.2417	1.0851	0.9275	−6.3502	0.8150

表8　2015年财产保险公司财务评价矩阵 S^{2015}

指标 对象	s(1)	s(2)	s(3)	s(4)	s(5)	s(6)	s(7)	s(8)
人保财险	1.2612	1.0950	1.0823	1.0212	1.5784	0.9761	0.2743	1.2312
平安产险	0.9311	0.8828	1.0906	1.1263	0.2340	1.0794	0.2588	1.5830
太保产险	0.8077	1.0223	0.8271	0.8525	1.1876	0.9445	2.4669	0.1858

2.3　利用层次分析法为评价指标赋予权重

以财产保险公司财务分析为决策目标,以偿付能力、盈利能力、营运能力、发展能力及八个财务评价指标作为中间层要素,以收益性、流动性和安全性作为备选方案(基本原则),构建出如图16所示的层次模型。

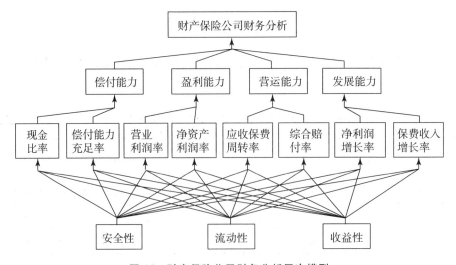

图16　财产保险公司财务分析层次模型

为获得评价指标权重,层次分析法将对偿付能力、盈利能力、营运能力和发展能力四个方面进行两两比较并完成专家打分,然后再对每一个评价准则下的财务指标进行两两对比评分,最终得到八个财务指标的权重。

上文已对偿付能力、盈利能力、营运能力和发展能力这四个方面进行了较为详细的分析,为专家打分奠定了理论基础。

偿付能力 v1 与盈利能力 v2:偿付能力是保险公司能够持续经营的基础,较一般企业而言,偿付能力对于保险公司更为重要。盈利能力是保险公司获取利润的能力,是一切经营活动的最终目的,也是核心竞争力的体现。偿付能力控制在一定范围内即能够达到监管要求并保持稳健经营,盈利能力对于保险公司而言则是越高越好,因此二者相比,我们认为盈利能力更为重要,赋予 v1:v2 = 0.33。

偿付能力 v1 与营运能力 v3:营运能力是保险公司持续经营能力及保险公司的资产使用效率的能力,反应保险公司对内部管理和经营活动的管理水平。与作为监管重点内容的偿付能力相比,营运能力是保险公司内部管理水平的体现,因此二者相比,我们认为偿付能力相对更为重要,赋予 v1:v3 = 2.00。

偿付能力 v1 与发展能力 v4:发展能力是保险公司通过经营活动,不断扩大积累而形成的发展潜能,是公司可持续发展的基础。与偿付能力相比,发展能力是保险公司可持续发展的潜能体现,对当下时点保险公司财务分析而言,属于加分项,因此二者相比,我们认为偿付能力更为重要,赋予 v1:v4 = 3.00。

盈利能力 v2 与营运能力 v3:盈利能力是保险公司核心竞争力的体现,是经营活动的重点,营运能力重在体现保险公司内部管理水平,属于内部建设的一部分。因此二者相比,我们认为盈利能力更为重要,赋予 v2:v3 = 4.00。

盈利能力 v2 与发展能力 v4:发展能力是就未来而言,盈利能力不管是对于当下和未来都是保险公司最为关注的内容,因此二者相比,我们认为盈利能力更为重要,赋予 v2:v4 = 3.00。

营运能力 v3 与发展能力 v4:营运能力反映保险公司对内部管理和经营活动的管理水平,较强的营运能力也能反映公司较强的发展能力,因此营运能力一定程度上可以在发展能力上得到体现,而发展能力则涵盖更广,因此二者相比,我们认为发展能力相对更为重要,赋予 v3:v4 = 0.50。

表 9　评价准则的层次分析判断矩阵

TCS	v1	v2	v3	v4	Wi
v1	1.00	0.33	2.00	3.00	0.2508
v2	3.00	1.00	4.00	3.00	0.4967
v3	0.50	0.25	1.00	0.50	0.1029
v4	0.33	0.33	2.00	1.00	0.1496

根据一致性检验，CR = 0.07 < 0.10，通过检验，该判断矩阵合理。

根据通过检验的判断矩阵求出评价准则关于目标的权重，计算结果为 v = [0.2508, 0.4967, 0.1029, 0.1496]T。

同理，对每一个评价准则下的财务指标进行两两对比评分，最终可得对于八个财务指标所赋的权重，如表 10 所示。

表 10　财产保险公司财务分析层次模型计算结果

s(1)	s(2)	s(3)	s(4)	s(5)	s(6)	s(7)	s(8)
0.0502	0.2006	0.0993	0.3974	0.0257	0.0772	0.0374	0.1122

2.4　排名分析及结论

结合无量纲评价指标值和层次分析法的计算结果，可以分别得到 2013 年、2014 年和 2015 年人保财险、平安产险和太保产险三家财产保险公司的财务排名，结果如表 11、表 12 和表 13 所示。

表 11　2013 年财产保险公司财务评分

指标 对象	s(1)	s(2)	s(3)	s(4)	s(5)	s(6)	s(7)	s(8)	总分
人保财险	0.0620	0.2128	0.1026	0.4739	0.0424	0.0760	0.0063	0.1053	1.0813
平安产险	0.0398	0.1975	0.1193	0.4707	0.0059	0.0813	0.1119	0.1140	1.1404
太保产险	0.0487	0.1915	0.0761	0.2476	0.0288	0.0744	−0.0061	0.1173	0.7783

表 12　2014 年财产保险公司财务评分

指标 对象	s(1)	s(2)	s(3)	s(4)	s(5)	s(6)	s(7)	s(8)	总分
人保财险	0.0784	0.2478	0.1277	0.5186	0.0442	0.0756	0.1496	0.0875	1.3293
平安产险	0.0326	0.1705	0.1464	0.5776	0.0050	0.0844	0.2001	0.1577	1.3743
太保产险	0.0396	0.1835	0.0238	0.0961	0.0279	0.0716	−0.2375	0.0914	0.2964

表 13　2015 年财产保险公司财务评分

指标 对象	s(1)	s(2)	s(3)	s(4)	s(5)	s(6)	s(7)	s(8)	总分
人保财险	0.0633	0.2196	0.1075	0.4058	0.0406	0.0754	0.0103	0.1381	1.0606
平安产险	0.0467	0.1771	0.1083	0.4476	0.0060	0.0833	0.0097	0.1776	1.0563
太保产险	0.0405	0.2051	0.0821	0.3388	0.0305	0.0729	0.0923	0.0208	0.8831

基于以上分析,可以得出 2013 年、2014 年和 2015 年人保财险、平安产险和太保产险三家财产保险公司的财务评分结果,汇总如表 14 所示。

表 14　2013—2014 年财产保险公司财务评分及排名

对象	2013 年		2014 年		2015 年	
	总分	排名	总分	排名	总分	排名
人保财险	1.0813	2	1.3293	2	1.0606	1
平安产险	1.1404	1	1.3743	1	1.0563	2
太保产险	0.7783	3	0.2964	3	0.8831	3

由此可以看出,从财务数据来看,平安产险是这几家财产保险公司中相对表现最好的一家,人保财险与平安产险评分比较接近,而太保产险则与前两家差距较大,尤其在 2014 年因为亏损导致其评分很低,但在 2015 年基本恢复到原有水平。

从指标的权重上看,净资产利润率 s(4)、偿付能力充足率 s(2) 和营业利润率 s(3) 是对财险公司来说相对重要的三个指标,尤其是净资产利润率,可见盈利能力和偿付能力是财产保险公司进行战略规划和财务管理时需要重点注意的两个方面。

3. 基本结论

通过获取具有代表性的中资财产保险公司——人保财险、平安产险和太保产险 2013—2015 年公开的财务信息,分别以偿付能力、盈利能力、营运能力和发展能力四个角度定性分析该三家财产保险公司的经营状况。接着,利用层次分析法对三家公司的经营情况进行定性分析。审慎选定各项衡量指标进行打分并赋予权重,计算选定的三家财产保险公司的排名情况。

结果显示,通过层次分析法进行财务数据分析,平安产险是本文选定的三家财产保险公司中经营状况表现最佳的公司。人保财险的经营成果与平安产险较为接近,而太保产险相较于其他两家财险公司差距较大。层次分析法显示,太保产险在 2014 年出现经营状况异常波动的情况,但在 2015 年基本恢复到原有水平。本文通过计算指标权重显示出有三项指标对财险公司更为重要——净资产利润率 $s(4)$、偿付能力充足率 $s(2)$ 和营业利润率 $s(3)$,尤以净资产利润率最为关键。可见盈利能力和偿付能力是财产保险公司进行战略规划和财务管理时需要重点注意的两个方面,中资财产保险公司在今后的经营规划中应针对盈利能力和偿付能力做重点部署。

案例使用说明

1. 教学目的与用途

（1）本案例适用于保险专硕《保险公司财务分析》课程，也适用于《保险公司经营管理》和《保险公司实务》等课程。

（2）本案例的教学目标：使学生掌握财务分析的内涵，了解不同保险公司财务指标的计算过程，学会使用多种财务分析工具；学会分析保险公司经营中可能遇到的风险；培养学生解决实际问题的能力。

2. 启发思考题

（1）保险公司经营具有哪些特点？

（2）如何衡量保险公司的偿付能力、盈利能力、营运能力和发展能力？

（3）导致人保财险、太保产险和平安产险三家公司经营差异的主要原因是什么？

（4）三家公司的经营分析对于我国财险公司发展具有哪些借鉴意义？

3. 分析思路

案例的分析思路：首先，分别从偿付能力、盈利能力、营运能力和发展能力四个角度定性分析该三家财产保险公司的经营状况；其次，利用层次分析法对三家财产保险公司的经营情况进行定性分析；再次，审慎选定各项衡量指标进行打分并赋予权重；最后，计算选定的三家财产保险公司的排名情况。

4. 理论依据与分析

随着金融业混业经营程度的不断提高和保险市场进一步对外开放，在其他金融机构，如银行、证券等不断进军保险市场的情况下，在面对政策上受到限制但经营水平、管理能力和产品开发能力普遍较高的外资财产保险公司的竞争时，中资财产保险公司如何转变以获取保费为主的传统经营理念，全面审视公司内部发展情况，把握行业发展趋势是摆在中资财产保险公司面前的一大命题。

在竞争日益激烈的财产保险市场，突出保险公司的经营绩效水平将越来越突出。从前一味强调保费收入的粗放型经营模式将转变为精细化、效益型的经营策略，而实现这一经营管理模式的转变，需要从财务管理的角度分析财产保险公司绩效水平，进而总结出财产保险公司在经营管理中的优势和不足，据此进行相应经营管理策略的调整和管理考核制度的改革,以适应市场的发展。

5. 背景信息

本文获取了具有代表性的中资财产保险公司——人保财险、平安产险、太保产险 2013—2015 年公开的财务信息,并对这些财务信息进行了总结。

6. 关键要点

案例分析中的关键点在于能否把握案例中三家财产保险公司的财务信息,结合财产保险公司的经营特征和财务分析的相关理论进行讨论,同时结合保险公司经营实际说明影响经营状况的因素。

本案例主要考察学生运用财务分析及经营管理理论的能力、企业运营的能力。

7. 建议课堂计划

建议使用 3—4 课时进行讨论。

课前计划:事先发放案例材料。

课中计划:主持人保持中立,组织同学展开讨论,尤其是站在旁观者的立场上讨论;可以采用圆桌会议的形式进行角色扮演。

课后计划:讨论结束后要求学生提交案例分析报告。

由于本案例为真实案例,如果条件允许可邀请三家公司高管来到课堂与同学们交流。

8. 案例的后续信息

案例决定暂不同时讨论其他公司的经营状况,主要原因是其他公司的财务信息获取成本较高。如果能够搜集到其他财险公司的相关信息,本案例分析可以推广,对所有财险公司的经营状况进行分析,进而建立一份完整的经营状况评级排序名单。

参考文献

[1] 曹丙祥.上市保险公司财务绩效分析与评价——以财产保险公司为例[D].河南大学,2012,10.

[2] 德勤.中国上市保险公司 2012 年年度报告分析[N].德勤,2013,7.

医加壹：管理式医疗在我国的实践

王丽珍

摘 要：本案例从我国商业健康保险的发展现状和实际问题出发，分析了引入管理式医疗的必要性，介绍了美国管理式医疗的发展背景和经营组织。在此基础上，详细描述了医加壹借鉴美国管理式医疗的理念，以凯撒医疗的运营模式为目标，从开始筹建到发展至今的整体情况，包括医加壹的发展历程、运营模式、产品和服务及未来发展等。该案例旨在使学生全面理解管理式医疗的基础上，锻炼他们解决保险企业发展和保险产品创新过程遇到的实际问题的能力。

关键词：医加壹 管理式医疗 保险

20世纪80年代初，国家恢复了保险业务，商业健康保险业务也开始逐步增加。据统计，1997年我国商业健康保险保费收入为13.6亿元，2015年商业健康险业务原保险保费收入为2 410.47亿元，增长了170多倍。虽然我国的商业健康保险业务呈现迅猛发展的态势，但就其占整个保险市场的业务规模来看，健康保险的份额还是相对较少。2015年健康保险的保费收入占原保险保费收入的9.93%，占人身险业务原保险保费收入的15.2%。健康保险的深度和密度有待提高，2014年我国健康保险的深度和密度分别是0.3%和116元/人，而同期全国的保险深度和密度分别是3.79%和1 272元/人。

当前我国商业健康保险发展面临诸多问题，这在很大程度上制约了健康保险的发展。这些问题主要体现在以下几个方面：一是缺乏良好的外部环境，我国的医疗保障体系、法律制度等还不够健全；二是经营管理成本过高，医疗服务不规范，赔付率难以控制；三是道德风险和逆向选择现象严重，保险公司的理赔成本居高不下；四是人们的健康保险意识较低，对预防保健重视不足；五是保险产品单一，多样化、专业化程度低。

管理式医疗保险与商业保险一样,是以市场为导向的,在此基础上引入了商业保险的经营管理机制。它是一种集医疗服务提供和经费管理为一体的医疗模式,并且把防病保健与临床医疗有效地结合起来,使医疗质量与经济利益挂钩。相对于传统的医疗保险,管理式医疗保险具有较多优点。首先,患者在指定的医疗机构先行治疗,就诊便捷且具有很强的针对性。其次,管理式医疗在实现对病人进行经济补偿的同时,还能够控制医疗费用、提高医疗服务质量。最后,传统医疗保险是事后补偿,而管理式医疗则是采用预付制度,能够对医生的诊疗过程进行有效约束。

引入管理式医疗对我国健康保险业的发展意义重大。从投保人的角度看,一方面,管理式医疗所选择的医疗机构提供了质量高、价格合理的医疗服务;另一方面,管理式医疗提供的咨询服务,可以更精准地为投保人解释相关条款以及健康知识,而且管理式医疗提供的预防保健措施,有助于投保人加强自身的健康管理。从保险人的角度看,首先,管理式医疗弥补了保险公司在健康保险上经验数据的不足,保险公司可以制定出费率更为合理的健康保险产品。其次,管理式医疗可以利用其专业优势,帮助保险公司进行核保理赔工作;最后,管理式医疗还可以帮助保险公司监督医疗机构提供的服务,控制医疗费用,节约经营成本。从医疗服务提供者的角度看,管理式医疗事先与医疗机构签订协议,能够为其带来大量、稳定的顾客,而且管理式医疗促使医疗机构采用标准化程序,提高了服务的质量和效率。除此之外,一些管理式医疗自行制订了医疗机构的评级标准,提高了与其签约的医疗机构的声誉,有利于医疗机构吸引潜在顾客。

1. 美国的管理式医疗保险

20世纪70年代,随着西方发达国家经济陷入长期滞胀,财政赤字居高不下,美国政府在卫生领域的工作重心也开始发生转移,由注重为国民提供较为全面的健康医疗转移到了控制不断上涨的医疗费用方面,力图将医疗费用保持在国民经济可以接受的范围之内。美国虽然采取了许多改革措施,但医疗费用仍未改变其不断膨胀的态势。表1为20世纪60—90年代美国的医疗费用情况。1996年,美国成为世界上医疗卫生开支最大的国家,比其他工业化国家要高出50%—100%。美国过度膨胀的医疗费用开支给医疗体制的运行带来了一系列问题。一方面,医疗费用上涨使得政府面临巨大的财政压力,也使得个体面临沉重的生活压力;另一方面,医疗费用的上涨使得以雇主为基础的医疗保险体制面临崩溃的危险。除此之外,在医疗保障体制方面还存在着极大的不公平,例如医疗保障覆盖范围有限、服务质量参差不齐、医疗歧视广泛存在等,这都在一定程度上促进了管理式医疗的发展。据统计,1980年,只有5%的商业受险人群参与管理式医疗,而到了2010年,这一数字达到95%以上。

表1 美国的医疗费用情况

(单位:亿元)

时间	1960	1970	1980	1990	1996
医疗费用	269	732	2 473	6 994	10 351

美国健康险的经营模式在20世纪90年代完成了由传统的费用报销型到管理式医疗的转型。管理式医疗组织主要由保险公司、政府或者其他发起人通过合同形式组织各种医疗服务提供者来形成,管理式医疗组织有:健康维护组织(HMO)、优先医疗服务提供者组织(PPO)、排他性医疗服务提供者组织(EPO)及服务点计划(POS)等。其中,HMO是向资源加入者提供综合医疗服务并收取固定保费的组织,它们通过雇佣医生和经营医院或者与医生和医院订立医疗服务合同来直接向加入者提供医疗服务,加入者可选择的医疗服务提供者只限于HMO网络范围内的医生和医院,如果被保险人到网络外的医疗服务提供者那里接受服务,HMO将不承担费用。HMO安排主治医生来审查、决定并管理有关需要接受专门治疗或住院治疗的建议。与HMO不同,PPO允许计划参加者使用该组织之外的医疗服务提供者,但是要支付更高的保费、分摊更高比例的医疗费用、负担更高的免赔额。PPO制定这些限制条件的目的是鼓励计划参加者使用本组织网络内的医疗服务提供者。EPO类似于PPO,但是EPO对医疗服务提供者的选择更具有限制性,对医疗服务提供者的资信要求更为严格,以此保证病人可以得到更高质量的医疗服务。而且EPO与HMO一样,只允许计划参加者使用其服务网络内的医疗服务提供者,否则被保险人将承担全部费用。POS则吸收了HMO和PPO的优点,网络内的医疗服务提供者收取固定的保费,一般不按实际服务收费,被保险人可以在就医时使用规定的管理式

医疗计划和服务网络,也可以使用计划外的医疗服务。

以凯撒医疗(Kaiser Permanente)为例,它现在是美国较大的HMO之一,拥有890万会员,会员覆盖全美的8个地区以及9个州。78%为企业集团参保,17%为政府购买的老人与低收入者参保,5%为个人参保。该集团基本架构为保险公司、医院集团和医生集团三位一体。保险公司主要负责健康保险产品销售,承担经费筹集职能;医院集团主要为参保人提供就医场所与住院服务;医生集团为参保人提供诊疗服务。和其他HMO一样,凯撒医疗只对参保人在集团系统内产生的诊疗服务付费。会员如果选择在系统外医生处或医院就诊,凯撒医疗则没有支付医疗费用的责任。凯撒医疗的主要特点体现在三个方面:首先,凯撒医疗坚持健康管理理念,为服务对象提供系统化与全面化的健康干预。一方面,它注重疾病预防和人群的健康管理,一直有干预参保人行为的传统历史,开发了各种各样的健康课程,印发了各种健康手册,开展了多项健康促进计划;另一方面,凯撒医疗为服务对象提供连续一体化健康服务,从预防、住院再到出院服务,每一个环节都运用健康管理的思想去提供服务。其次,建立一体化与协同化的服务体系。它不但整合了医疗保险与医疗服务,还整合了医生和患者的利益,这改变了传统服务项目付费方式下,医疗机构对资金费用缺乏控制的问题,而且通过切实有效的健康管理策略,能减少服务对象的发病率,节约大笔医疗费用,节约的资金可以用于医生的利益分配,同时也可以减少病人的共付费用,这使得降低疾病发生和就医成本成为医患双方的共同目标。最后,凯撒医疗以信息化作为技术支撑,建立了一整套电子化信息系统。这主要包括便于医生与患者交流沟通、做检查、治疗及用药等各种事宜的医生支持工具,用于诊疗指南引导决策和过度医疗提醒医生诊疗行为等的医生决策支持工具,病人在线预约就诊、付费及健康咨询与诊疗的平台、医疗质量管理和监管的数据支撑平台,等等。

2. 医加壹:管理式医疗在我国的实践

2.1 医加壹的发展历程

借鉴美国管理式医疗的理念,以凯撒医疗的运营模式为目标,医加壹健康科技(北京)有限公司(以下简称"医加壹")于 2013 年成立。它是中国首个互联网医疗健保组织,总部位于北京,主要设计适合中国家庭和企业员工群体的各类健保计划,为会员提供医疗服务和健康保险一体化服务,实现了"健康有人管、看病不再难、费用可承担"的健康生活方式,开启了我国"管理式医疗保险"之路。

在医加壹成立之前,其首席执行官卢迪曾经进行了多方面的探索,包括为老人提供专业级别的上门护理服务,尝试国外新兴的医疗模式,如远程影像会诊、针对老年人的全套基因检测、24 小时紧急救援等。在参考了美国和日本等国家的医疗市场之后,卢迪对管理式医疗保险产生了兴趣。因为在传统医疗保险模式中,作为承保方的保险公司处于医疗的最终环节,只是在客户得到医疗服务后扮演支付相应医疗费的角色,对上游医疗费用的形成并没有控制能力。而管理式医疗则是集医疗服务提供与经费管理为一体的医疗保险模式,保险人能够直接参与医疗服务体系的管理。于是,卢迪初步选择以保险作为切入点。

2008 年国内市场上只有少数几家保险巨鳄在尝试将医疗和保险相结合。与此同时,卢迪也在积极探索具有中国特色的管理式医疗。通过深入调查国内保险公司医疗和保险结合的现状,以及国外管理式医疗的运行模式,借助于前期对医疗资源和保险资源的积累,卢迪于 2013 年成立了医加壹。在医加壹成立的那个晚上,卢迪和他的团队曾内部约定了三个"三年计划":"第一个三年做好医疗的事情,把服务网络和细节做好;第二个三年做好保险的事情;到第三个三年,则会把保险、医疗包括实体等环节都结合在一起。"

医加壹自成立以来发展迅速,主要体现在四个方面:首先,在融资方面,医加壹已经完成两轮数千万美元的融资,第一轮是在 2014 年下半年,医加壹获得了险峰长青和德沃基金的天使投资,第二轮是在 2015 年 10 月,医加壹获得了景林投资 6 000 万元人民币的 A 轮融资。2016 年 8 月,景林投资和险峰长青对医加壹的投资被投中集团评选为 2016 年最佳医疗服务领域投资案例之一。其次,在分支机构发展方面,医加壹的总部位于北京,目前它已经在上海、深圳、广州、天津、成都、西安、兰州及美国旧金山设立了分支机构及办事处。再次,在医疗机构方面,目前医疗机构服务网络覆盖北京、天津、上海、南京、广州、深圳、西安等城市的三甲医院和高端私立医院 1 000 余家,签约专科医生 3 000 余名。自 2014 年下半年开始,医加壹跟多家国外医疗服务机构开展了合作,主要服务于医加壹的会员和保险客户,提供的服务包括海外体检、海外就医、药品解决方案等内容。以美国为例,医加壹提供的就医目的地包括全球知名的梅奥诊所(医疗集团)、约翰霍普金斯医院、麻省总医院、MD 安德森癌症治疗中心、塞奈医疗中心等机构,由于医加壹在旧金山设有办事处,所以能够与多家合作伙伴共同为赴美就医的客户提供更加完善的服务。这些服务内容的增加,使高端医疗保险和高端重疾保险客户的需求得到了更好的满足,也提升了保险的保障作用。最后,在客户方面,医加壹服务的客户包括中国石油、中国石化、工商银行、中国人保、太平洋保险、泰康人寿、华夏保险、阳光保险、生命人寿等大型央企和金融集团。除此之外,2016 年 7 月,经保监会批复同意,医加壹投资 5 000 万成立了鹰社医加壹保险经纪有限公司,该经纪公司可以为投保人拟订投保方案、协助被保险人或受益人索赔、从事防灾防损服务等,这向医加壹的未来发展迈出了重要一步。

医加壹一直在探索具有中国特色的管理式医疗保险之路。2015 年 9 月,医加壹联合来自南开大学金融学院、北京大学基础医学院、南开大学统计研究院在保险、医疗、统计等领域的专家学者成立了中国首个管理式医疗研究课题组。该课题组将在国内公开招募和筛选满足课题研究需要、具有代表性的商业保险公司作为试点对象,对商业保险公司开展对比性试验,共同深入研究管理式医疗的模式和效果,以及管理式医疗服务对商业健康险的影响,以期探索总结出一条符合国情、切实有效的商业健康保险的发展道路。

2.2 医加壹的运营模式

在发展前期,医加壹主要以服务者的角色切入市场,即找到一些有意向的保险公司进行合作,为他们的投保客户提供健康管理、咨询、线下就诊等服务,初步把医疗拉到了保险面前。与此同时,医加壹还为大中型企业提供保险购买相关的咨询服务,进一步贴近购买方的需求。除了在医疗和保险两端都采取合作的方式,在客户定位上,医加壹主要选择了对商业保险接受程度更高的中产阶级人群而非大众;在渠道上,人力资源管理专业出身的卢迪则先从企业采购员工福利的角度出发,用付费意愿更高、目标用户分布也更集中的企业端买单的方式来打通消费。

随着医加壹自身的发展和人们对管理式医疗需求的提高,医加壹由主要为服务者的角色转变为组织者和服务者的双重角色,即同保险公司合作推出新险种,再整合医疗资源,以线上线下、诊前诊后服务的方式提供给投保客户。在卢迪的解释中:"医"指医疗,"壹"则指与医疗互补共生的专业行业,包括保险、互联网、养老等。医加壹所处的是商业保险和线下医疗的汇合路口,它是借用保险控制医疗费用,并用医疗服务来提升客户的保险体验。医加壹所谓的健保计划是集防、诊、治、付于一体,整合了三甲医院的健康咨询和诊疗服务、家庭医生的问诊服务、国内知名保险机构的医疗支付解决方案,是传统保险的升级形态。通俗地说,"健保计划 = 精选医疗 + 精选保险"。一方面在保险端,医加壹已经开始尝试和保险公司以合作的方式推出新款保险产品;另一方面,在医疗端,医加壹主要切入公立医院,通过与医院或者医生直接合作的方式将医疗服务提供者纳入产业链条,来保证客户就诊体验。而在医疗前后的日常保健、健康护理等环节,医加壹则自建了一只医疗服务团队,为客户提供诸如私人医生、慢性病管理等细化服务,这在一定程度上,也扮演了医疗端的分级诊疗和保险端的风险控制角色。

2015年7月底,医加壹、中国人保寿险和小饭桌联合推出了针对创业公司员工健康安全的"小饭桌创业团队综合医疗保险计划",在这次合作中,医加壹一方面扮演了新型险种的初步生产和推动者角色,另一方面则扮演了创业者的健康管理者角色。医加壹作为健康管理服务平台,将为参加保险的创业团队提供全科家庭医生、高级营养师咨询及三甲医院医生的线上咨询,以及三甲医院的门诊线下预约、回访和复诊预约服务,并将为被服务团队建立长期、准确的私人健康档案,更完善地帮助解决投保创业团队在创业期间可能遇到的各种健康问题。目前,医加壹已经和国内外主流的30余家保险公司建立了合作。

2016年4月15日,针对市场上呼声很高的就医绿色通道,医加壹与弘康人寿联合推出重磅服务,医加壹凭借丰富的医疗资源和优质的医疗服务,将绿色就医通道服务门槛大幅降低。只要购买保险产品即可享受医加壹提供的特色增值服务。这种增值服务将咨询、医疗专业方案、挂号、就诊等一列医疗问题一网打尽,具体包括:回复时间小于15分钟的家庭医生随时沟通;回复时间不超过24小时的三甲医院专家服务;通过电话、微信、图文交互等多种方式享受免费的医疗咨询服务;重疾出险客户绿色就医通道,免费的安排代取号、排队交费、取药、检查预约等一站式服务。真正实现"健康咨询不出门、健康建议有专家、出险就医有人陪、专家挂号有人管",大大减少了客户看病就医的后顾之忧。

2.3 医加壹的产品与服务

目前,医加壹已经与多家保险公司合作开发了多种"健保计划"产品,主要通过微信扫描关注"医加壹健保"来查看或购买相关的产品和服务,未来将推出医加壹的手机应用程序(APP)以方便客户使用。下面对其主要产品进行简要介绍。

医加壹家庭健康服务大礼包提供30天针对家庭医生、儿科医生和三甲医院的专科医生的免费咨询服务。医加壹聘请专业家庭医生全职加盟,提供一对一的专属服务,在15分钟内快速回复客户的健康问题。通过这种方式可以长期跟踪家人的健康管理,透彻理解病例,提供精准的转诊建议。儿科的咨询服务则包括针对0—6岁幼儿提供新生儿指导、生长发育测评、营养状况评估、疫苗接种咨询、喂养方案调整、日常照顾指导、小儿常见病和多发病指导等方面的服务;针对7—17岁青少年提供成长发育烦恼、行为问题分析、亲子关系辅导等方面的服务。与此同时,参加该健保计划还可以享受由多家顶级三甲医院明星科室的专科医生组成的医生团队给家人提供的更为专业的指导。

在重疾年轻化的趋势下,"致青春青年重疾健保计划"则是专门为青年人定制的低保费、高保障的健保计划。在保险方面,它为18—35岁的青年人提供40种重大疾病保障及意外身故及伤残保障。在医疗方面,在线上提供家庭医生和专科医生一对一的咨询问诊,在线下提供重疾二次门诊和专业医护陪诊。该产品构建了预防、治疗到保障的健康服务闭环。

随着"二胎"政策的全面放开,高龄孕妇和孩子的健康问题引起社会的广泛关注。"好孕宝准妈健保计划"则为孕周少于28周的已婚健康孕妇提供5种高发妊娠疾病保障、流产营养补贴和身故全残保障,为新生儿提供8种高发先天性畸形保障和新生儿身故保障。同时,产科医生为客户提供线上咨询服务和孕前、孕中和孕后健康指导意见,高级营养师为客户提供优生食谱和营养咨询服务。

除此之外,医加壹还提供"医加壹少儿重疾健保计划""医加壹婴幼儿健保计划""医加壹安心宝贝健保计划""医加壹健康卫士重疾健保计划""医加壹创业公司员工重疾健保计划"等。这些健保计划能够在保险保障之外,提供有效的健康管理和医疗服务,弥补传统保险前期健康风险预防缺失的问题,同时为后期诊治提供更为全面的服务。

2.4 医加壹与我国管理式医疗的未来发展

目前,我国正在进行医疗制度改革,这些改革为管理式医疗的发展提供了条件。一方面,2011年5月,人力资源和社会保障部颁布《关于进一步推进医疗保险付费方式改革的意见》,要求加强总额控制,探索总额预付、按人头付费及按病种付费。被广泛认为"看病贵"主因的按诊疗项目付费,将逐步变革为医保基金对定点医疗机构进行总额预付。从国内试点的镇江、九江、青岛等几个城市的付费方式改革成效来看,实行总额预付、弹性结算的付费方式,可达到一定程度上控制医疗费的效果。另一方面,2015年9月,国务院办公厅印发《关于推进分级诊疗制度建设的指导意见》,部署加快推进分级诊疗制度建设,形成科学有序的就医格局,提高人民健康水平,进一步保障和改善民生。这些制度改革与管理式医疗下的预付费制度和逐级转诊制度是一致的。

与此同时,随着智能手机和移动互联网的普及,以及大数据、云计算的出现和运用,互联网迎来了加速裂变式的新一轮革命,这为管理式医疗的发展提供了便利。互联网的海量、碎片、长尾等特点,使得运用大数据技术可以很好地满足保险大数法则运行机制,一方面,互联网上的用户大样本为保险精细化经营提供了可能;另一方面,具有同质特征的风险样本可以通过互联网很好地区分筛选出来,同时也为保险的个性化和定制化创新方向提供了可能。除此之外,预防保健在管理式医疗中占据非常重要的位置,而互联网的发展也有利于客户健康数据的实时收集和管理,互联网的便捷、快速、广覆盖的特点可以极大地提升保险服务水平。

在医疗制度改革和互联网高速发展的背景下,医加壹努力用医疗+保险+互联网的方式,为会员提供专业的保险计划和医疗服务,解决"看病难""看病贵"的现状。卢迪指出,怎么样把这种传统的行业带到互联网上,而且在相关政策和市场格局尚未定型的情况下,把互联网的优势最大程度地发挥出来,是医加壹未来发展中要着重考虑的。未来,医加壹将致力于打造为会员提供专业和优质服务的一流健保集团,充分满足会员在医疗服务和保险方面的多方面、全方位需求。

案例使用说明

1. 教学目的与用途

（1）本案例适用于保险专业硕士《人寿与健康保险》课程，也适用于《保险学前沿问题研究》等课程。

（2）本案例的教学目标：使学生掌握管理式医疗模式的内涵；了解企业从创立到发展的决策过程；学会分析企业在发展过程中可能遇到的风险与机遇；培养学生解决实际问题的能力。

2. 启发思考题

（1）管理式医疗模式在我国是否适用？如果是，请分析其适用性。

（2）医加壹的运营模式与美国的管理式医疗有哪些不同？

（3）互联网发展为医加壹的未来发展提供了哪些机遇？如果你是卢迪，你下一步将如何借力互联网来制订发展计划？可能存在哪些风险？

（4）医加壹的案例对于我国管理式医疗保险的继续推进具有哪些借鉴意义？

3. 分析思路

案例的分析思路为：从当前我国健康保险的发展现状出发，引出管理式医疗的发展路径，从而引入本案例企业医加壹，然后分析医加壹的发展历程、发展现状、运营模式和未来发展等。

4. 建议课堂计划

建议使用3—4课时进行讨论。

课前计划：事先发放案例材料。

课中计划：主持人要保持中立立场，组织同学开展讨论，尤其是站在决策者的立场上进行分析讨论。可以采用模拟高管会议的形式进行角色扮演。

课后计划：讨论结束后一定要求学生提交案例分析报告。

由于本案例为真实案例，如果条件允许可邀请医加壹公司高管来到课堂与同学们交流。

参考资料

[1] 医加壹健保卢迪:医疗+互联网+保险解决看病难看病贵痛点[EB/OL].投中网,2015,8.

[2] 医加壹:开启"管理式医疗保险"之路[EB/OL].搜狐网,2015,10.

[3] 医加壹携高校成立中国管理式医疗研究组[EB/OL].中关村在线,2015,9.

[4] 医加壹联合小饭桌:为数千家"桌友"提供创业险[EB/OL].赛迪网,2016,1.

[5] "未来保险":医加壹助力弘康人寿打造全新互联网健康险[EB/OL].弘康人寿官网,2016,4.

[6] 钟可芬,林小昭.医保总额预付制改革阻力多药业竞争将加剧[N].第一财经日报,2011-08-19.

[7] 尚颖,贾士彬.美国管理式医疗保险费用控制机制分析及借鉴[J].中国保险,2012,03.62-64.

[8] 吴新春.新形势下我国商业健康保险面临的机遇和挑战[J].上海保险,2015,03.29-32.

[9] 周娟.凯撒医疗管理模式及其对中国商业健康保险的借鉴意义[J].人力资源管理,2015,08.14.

[10] 张涛,袁伦渠."管理式医疗"机制:美国经验与我国借鉴[J].河南社会科学,2013,06.28-32.

寿险费率市场化改革及影响

陶存文 蔡文曦

摘　要：费率是寿险产品价格的重要决定因素,是寿险公司竞争力的重要体现,费率管制严重限制了保险公司的发展,也使得居民无法买到合适的保险保障产品,居民潜在的保险需求无法有效地转化为市场销售。费率市场化改革,既是寿险市场开放的大势所趋,也是寿险公司自身持续发展的强烈要求。

寿险费率市场化,也叫寿险预定利率市场化,是指保险公司可以根据自身投资收益状况自主决定寿险产品的预定利率。2013年8月1日,保监会下发《关于普通型人身保险费率政策改革有关事项的通知》,规定自2013年8月5日起,普通型人身保险预定利率不再执行2.5%的上限限制,这标志着预定利率改革时代的正式来临。2015年2月,保监会正式实施万能型人身险费率改革,2015年10月,备受期待的分红险费率改革也尘埃落定,寿险费率改革"三步走(普通—万能—分红)"战略正式完成,这标志着寿险费率形成机制的完全建立,今后寿险产品的定价行为将更趋市场化。对整个寿险行业来说,在这个寿险费率的改革进程中,既有机遇,也面临挑战。

关键词：寿险费率　市场化改革　影响

寿险公司作为寿险市场的重要参与者,为市场提供保险产品,进行保险资金投资,化解保险风险,积极参与经济生活,其影响几乎渗透到国民生活的各个重要方面。寿险公司的健康发展不仅关系着寿险市场整体的平稳发展,还影响着居民保险保障的实现,更关系着金融市场的稳定和国民经济整体的健康运行。费率是寿险产品价格的重要决定因素,也是寿险公司竞争力的重要体现,过去的费率管制严重限制了保险公司的发展。费率市场化改革,既是市场开放的大势所趋,也是寿险公司自身持续发展的强烈要求。

寿险费率市场化,也叫寿险预定利率市场化,是指保险公司可以根据自身投资收益状况自主决定其寿险产品的预定利率。所谓预定利率,是指保险公司在产品定价时对保单所设定的年化收益率,是保险资金时间价值的体现。预定利率的高低和保险产品的价格直接相关,一般来说,预定利率越高,产品价格对被保险人而言越便宜。预定利率主要参照银行存款利率和预期投资收益率来制定。

1999年,我国保险监管部门将寿险预定利率的上限设定为2.5%,这个寿险预定费率上限延续了近二十年,对我国寿险业的稳定发展发挥了一定的积极作用。随着我国经济水平和结构的发展,经济社会条件发生了巨大变化,寿险市场的发展也达到了崭新的阶段,但同时也面临着原有的增长模式无法持续、增长速度持续放缓等问题。尤其对传统型寿险产品来说,其保费增长速度近几年远低于其他类型产品的保费增速,无法与居民保障需求的合理增长相匹配,造成传统保险保障的非合理"真空"。

造成传统型寿险产品增长乏力的主要原因,还是居民无法买到合适的保险保障产品,居民潜在的保险需求无法有效地转化为市场销售。造成这种情况的其中一个原因,就是寿险产品的预定利率管制:预定利率的整体偏低使得传统型寿险产品价格偏高,降低了这些保险产品的竞争力,此外固定的费率也限制了寿险公司的产品创新空间。

费率市场化的推进终会改变寿险市场现有的竞争格局,打破在严格费率管制下产品同质化严重、产品格局不合理的局面,以多元化的产品和更合理的定价释放保险市场多样性的需求。为推动预定利率市场化,我国进行了不断的探索:2005颁布我国的第二张寿险生命表——《中国人寿保险业经验生命表(2000—2003)》,为寿险公司定价提供了基础;2010年7月9日,保监会下发了《关于人身保险预定利率有关事项的通知(征求意见稿)》,决定放开传统人身保险(传统寿险)预定利率,预定利率市场化的步伐再次提速;2013年8月1日,保监会下发《关于普通型人身保险费率政策改革有关事项的通知》,规定自2013年8月5日起,普通型人身保险预定利率不再执行2.5%的上限限制;2015年2月13日,保监会下发《关于万能型人身保险费率政策改革有关事项的通知》,进一步放开了万能型人身保险2.5%的预定利率上限限制;2015年9月28日,保监会下发《关于推进分红型人身保险费率政策改革有关事项的通知》,备受期待的分红型人身保险费率改革终于尘埃落定,人身保险费率改革"三步走"

战略正式完成,这标志着人身保险费率形成机制完全建立,寿险产品的定价行为将更趋市场化。

费率市场化改革对寿险公司来说既是机遇,也是挑战。此次改革会对整个行业和寿险公司带来什么样的影响是我们必须思考的问题。

1. 寿险费率市场化改革的必要性及意义

我国的寿险市场发展到了今天,严格的费率管制已制约了寿险行业的良性发展,无论是市场、消费者、寿险公司还是监管者都在期待费率改革的稳步推进。

从市场角度看,费率管制忽略了各地的地理环境及人口结构差异,忽略了各地的保险事件发生概率及保险意识的不同,也忽略了保险公司内部经营的差距,制约了市场价格的合理产生,没有反映真实的供需情况。此外,严格的费率监管违背了市场经济规律,限制了寿险市场的有效竞争,保护了落后企业。统一费率使市场很难区分经营成本低、运营好与经营成本高、运营差的公司,寿险公司的业绩好坏很大程度上取决于其拉到的保单数量,因此固定费率对于公司加强经营管控能力的激励性较弱,不利于市场效率持续优化。此外,费率管制导致寿险产品相较于日新月异的各类金融产品竞争力不足。过去的寿险产品由于定价自主权受限,与其他金融产品相比不具有竞争优势,市场利率提高时将吸引资金流向银行等投资渠道,引发退保风潮,不利于寿险业务发展。

从消费者角度来看,一方面固定的预定利率水平整体偏低,有些年份甚至低于CPI水平,使得保单的真实价值被通胀侵蚀,直接损害了消费者利益;另一方面,在严格的费率监管下,各家保险公司只能参照管制费率设计寿险产品,难以根据自身综合实力开发独具特色的产品,造成寿险市场上的产品千篇一律,同质化现象严重,这不利于寿险市场的有效开发。寿险产品供给与需求在结构上的不匹配极大地制约了潜在购买力向真实销售的转化,许多消费者并不是因为缺乏购买力而是因为市面上的产品难以满足其消费需求才放弃购买寿险产品的。由于严格的费率管制,寿险公司在产品设计上的空间狭小,消费者多元化、多层次的保险需求得不到满足。费率市场化的推进,将给寿险公司提供更广阔的产品设计空间,也将为消费者提供更多的选择,便于消费者比较和挑选性价比更高、更适合自身风险需求的寿险产品。

从寿险公司角度来看,高定价利率造成产品价格过高,明显抑制了寿险产品的有效需求,加大了产品销售难度。为了增加销售,公司不得不加大销售费用的投入,使得大量的资源被消耗在销售环节,不仅增加了销售成本,也为"销售误导"提供了温床。在这样的竞争规则下,保险公司的盈利增长主要依赖于产品销售,对产品创新设计及市场需求研究的投入往往不足,不利于寿险业的持续发展。而经营效益好、投资收益高的公司,其优势在这样的外部环境下也无法体现。

从监管者角度来看,严格的费率管制使得寿险市场过度依赖监管。监管成了市场上一只"有形的手",监管的好坏成为影响全行业的系统性风险。监管的本意在于为各市场主体提供一个公平有序的竞争环境,使消费者权益在公平的市场竞争中得到尊重和保护,确保行业的整体有序健康发展。寿险费率改革卸下了监管部门身上许多不必要且过于沉重的"担子",使之可以转而重点关注偿付能力监管。2015年2月,保监会发布中国风险导向的偿付能力体系,保险业进入偿二代过渡期。根据过渡期试运行情况,经国务院同意,保监会决定正式实施偿二代,自2016年1月1日起施行《保险公司偿付能力监管规则(第1号至第17号)》。与此同时,寿险费率改革"三步走(普通—万能—分红)"战略也于2015年10月正式完成,这一前一后、一松一紧的变化,有望进一步撬动寿险业市场化改革。

此外,寿险费率市场化还是我国利率市场化改革的客观要求。金融市场作为我国市场经济体系的重要组成部分,客观上也要求各种金融产品的价格机制在调节供求、实现资源优化配置等方面发挥重要作用。在债券市场利率和存贷款市场利率逐步放开的背景下,如果寿险产品预定利率作为我国整个利率体系的有机组成部分仍然受到严格管制,不能随着市场利率的变动而调整,僵化的定价机制必将使寿险产品在金融市场的竞争中处于不利地位,阻碍我国寿险业的健康持续发展。

以1996年放开银行间同业拆借利率为起点,历经近20年渐进式的改革,放开存款利率上限的市场条件也已成熟。目前,金融机构的资产方已完全实现市场化定价,负债方的市场化定价程度也已达到90%以上。2015年10月,央行下调金融机构人民币贷款存款基准利率和存款准备金率,对商业银行和农村合作金融机构等不再设置存款利率浮动上限。这意味着我国利率市场化改革正在加速进行,寿险产品继续实施预定利率管制面临的压力越来越大。因此,当前,保险监管部门对寿险产品费率政策实施改革,逐步放开普通型、万能型和分红型寿险产品预定利率,是利率市场化改革背景下我国寿险业健康发展的客观要求。而且,未来随着利率市场改革的继续深入,我国寿险产品预定利率市场化改革也必将继续推进。

寿险市场当前面临的困境与各方面有着千丝万缕的联系,虽不是费率管制这一单一因素造成的,但在解决现今问题的时候,实行费率市场化改革却是体制上进行改革的重要一步——只有在定价机制上进行改革,才能推动寿险行业朝着市场化方向不断发展完善。与此同时,寿险费率市场化又是牵一发而动全身的改革,与投资端放开、监管转型及准入退出方面的改革相辅相成,只有其他相配套的改革也相应地推进,费率市场化改革才能顺利进行;费率市场化改革的实施也为其他方面的改革提供了条件。寿险业市场化改革的不断深化是实现寿险持续良性发展的催化剂,最终将改变整个保险行业、金融行业乃至整个社会的面貌。

2. 寿险费率市场化改革历程

寿险费率市场化改革历程可分为三个阶段:第一阶段,2007年以前,是费率管制阶段,也是费率市场化思想萌芽阶段;第二阶段,2007—2013年年初,是费率市场化试点与征求意见阶段,也是费率市场化思想从理论转化为实践的阶段;第三阶段,2013年3月至今,是改革蓝图的具体实施与探索阶段,费率市场化改革加速,正在一点点改变整个寿险业的面貌。

第一阶段:预定利率管制(2007年以前)

20世纪70年代末,保险市场刚刚恢复,保险公司享有一定程度的自主费率浮动权;90年代初的高利率盛行及紧随而来的央行八次降息,使得1999年之前的业务出现巨额利差损,寿险公司损失巨大。保监会因此规定寿险保单预定利率不超过年复利2.5%的上限,固定的费率制度开始实施。费率管制自此持续了十多年,一方面防止了利差损的产生,保护了民族保险业,但另一方面也使寿险产品在一定程度上失去了价格优势。尤其随着我国市场化改革的深化,各项制度随之调整,落后的寿险费率改革步伐引发了很多问题,成为现今寿险业转型调整的瓶颈,市场一度呼吁放松费率管制。

第二阶段:试点与征求意见(2007年至2013年年初)

在此阶段,保监会积极进行费率市场化改革的试点工作:2007年在河北、河南和江苏试点简易人身两全保险,2008年在天津滨海新区试点补充养老保险,同年又与中国人寿合作在九省同时进行农村小额保险的试点。在这些试点项目中,均放开了2.5%的利率限制,由保险公司自主决定预定利率,并设定了准备金评估利率3.5%的上限。根据前期试点的经验与结论,2012年保监会将小额人身保险的试点范围扩大到全国。2010年7月,保监会就传统人身保险预定利率由寿险公司自行决定的改革开始征求意见。这一阶段在试点的同时,广泛征求各方意见,积极进行各种有益的探索,总结试点的经验,为政策制定及实施奠定了基础。

第三阶段:改革方案制订与实质性实施(2013年3月至今)

2013年3月,保监会启动人身保险费率市场化改革,构建了市场化的费率形成机制总体框架,明确了普通型、万能型、分红型人身保险分"三步走"的改革路径,同时确定了"2015年实现人身保险市场定价全部市场化"的时间表。2013年8月,普通型人身保险费率改革正式启动,具体内容包括:(1)普通型人身保险预定利率由保险公司按照审慎原则自行决定,不再执行2.5%的上限;(2)改革后新签发的普通型人身保险保单,法定责任准备金评估利率不得高于保单预定利率和3.5%的较小者。为保证改革顺利进行,还出台了与此次改革配套的监管政策。

2015年2月,保监会下发《关于万能型人身保险费率政策改革有关事项的通知》,具体内容包括:(1)放开前端,取消万能保险不超过2.5%的最低保证利率限制,由保险公司根据产品特性、风险程度自主确定;(2)管住后端,集中强化准备金、偿付能力等监管,产品最低保证利率越高,需要计提的准备金越高,偿付能力要求就越高。(3)提高风险保障责任要求,最低风险保额与保单账户价值的比例提高三倍,体现回归保障的监管导向,保护消费者权益。

2015年10月,保监会下发《关于推进分红型人身保险费率政策改革有关事项的通知》,备受期待的分红型人身保险费率改革终于尘埃落定,人身保险费率改革"三步走"战略正式完成,这标志着人身保险费率形成机制完全建立,寿险产品的定价行为将更趋市场化。

从发布的一系列政策规定来看,现阶段人身保险费率市场化改革的基本思路是"放开前端,管住后端",即将前端的产品定价权交还给保险公司,产品预定利率由保险公司根据市场供求关系自主确定;后端的准备金评估利率则由监管部门根据"一篮子资产"的收益率和长期国债到期收益率等因素综合确定,以此影响和调控前端风险。但现阶段的改革离完全的市场化目标还有一定距离,我们预计接下来的几年间将陆续出台相关政策,进一步放开费率上限,结合偿二代的实施,与投资端、监管端的改革相互促进,共同改变寿险业及保险业的面貌。

3. 关于本次寿险费率市场化改革的两点理解

在理解本次寿险费率市场化时,经常会遇到两个问题,或者说误区。第一个问题是为什么人身险预定利率市场化通常被称为费率市场化?即"预定利率"为什么通常被简称为"费率"。对于二者关系的误解并不少见,这可以从两方面来加以理解:一方面可以从定义来理解。费率市场化是指由保险公司自主决定寿险产品的预定利率,而预定利率是指寿险产品在计算保险费(保单价格)、责任准备金或经济资本时所采用的利率,其实质是基于资金的时间价值,保险人因为占用了投保人的资金而承诺的预定年回报利率,因此费率可以理解为费用率。另一方面可以从二者关系的角度来理解。如果把费率理解为"投保人投保单位保额所应缴纳的费用",则费率和预定利率之间具有一定的负相关关系,即当预定利率上升时,意味着保险人支付给投保人的回报增加了,在其他条件不变的情况下,则保险产品的费率会下降。

第二个问题是为什么费率市场化针对的是寿险而不是财险?对这一问题应从资金量和期限的角度进行理解。对财产险来说,因其资金量通常较小,并且期限较短,一般不超过三年,所以资金占用成本较小;相比而言,寿险则资金量相对更大,缴费期限和承保周期长,甚至可长达几十年,因此资金占用的成本较大,费率的调整就显得至关重要。

4. 费率市场化改革对寿险业发展影响的机理分析

人身险费率政策改革从普通型人身险改革正式开始，遵循"三步走（普通—万能—分红）"战略，于2015年10月阶段性完成。对整个寿险行业来说，这个进程中，既有机遇，也有挑战。

机遇方面，首先，保障型产品更具竞争力。从短期来看，传统保障型产品的费率市场化可提升保障型产品的竞争力。寿险发展过程中传统险需求长期受低预定利率的抑制（万能型和分红型早已部分实现费率市场化），而传统险的价格弹性又较其他险种高，定价利率放开将刺激传统寿险的消费需求，提高保障覆盖面与覆盖深度。其次，产品设计的空间扩大，费率水平更加匹配投保人风险水平。保险费率放开后，寿险公司可以对不同投保人的风险水平进行划分并实行差异化的费率，减少不同风险之间相互补贴的情况，使优质风险得到更优惠的费率，同时可提升行业风险识别、风险划分和风险管控能力。再次，市场竞争程度进一步加剧，市场格局整合重组。价格的下降将释放保险需求，部分退保转化为新的市场需求，对这些市场的争夺将非常激烈。经营能力强的中小型寿险公司可发挥其历史利差损包袱小、机制灵活的优势，积极抢占寿险市场，从而降低寿险领域的市场集中度，加剧竞争程度，加速寿险市场转型。最后，产品销售队伍转型契机。针对营销员增速放缓、人员流失严重的问题，本次改革规定保险公司自主确定佣金水平，直接佣金占年度保费的比例上限放松，新上限为所售产品定价时的附加费用率。这一变化从政策上放宽了各公司对销售队伍的改造空间，有利于销售队伍的转型。

挑战方面，首先，对于行业盈利能力的挑战。费率市场化将导致保单费率水平下降，能吸引更多的消费者从而提高新单销售量，但也会直接导致新单利润下降。其次，对行业资金运用的挑战。寿险公司出售的产品需要在资本市场上投资久期相对应的资产以保证资产与负债相匹配，产品的负债久期越长，与之相对应的所需投资资产的久期也就更长。寿险产品具有相对较长的负债久期，公司需要在市场上找到久期与之相匹配的投资资产，以避免两者不匹配造成的损失。同时，投资收益率对产品的竞争力影响越加明显，较低的投资收益率弱化了产品竞争力。而目前我国资本市场还有待完善，我国保险资金运用的风险大于世界平均水平,而整体收益率无法和风险程度完全匹配,保险资金运用面临很大的挑战。如何加强资产负债管理,在保障保险资金安全性的同时,优化收益性、提升保险公司的经营稳定性与盈利能力,是行业面临的一大课题。最后,对行业偿付能力的挑战。费率市场化改革完成后,保监会对寿险公司市场行为的监管逐渐放松,寿险公司拥有更大的定价自主权,这也对寿险公司的偿付能力维持和管理提出了更大的挑战。

案例使用说明

1. 教学目的与用途

（1）本案例适用于保险硕士《人身保险研究》课程，也适用于《案例研究》和《寿险精算》等课程。

（2）本案例的教学目标：使学生掌握费率市场化改革的内涵；了解我国费率市场化改革的历程；理解费率市场化改革的背景及意义；思考费率市场化可能带来的影响；培养学生解决实际问题的能力。

2. 启发思考题

（1）请比较寿险市场中的"利率管制"和"利率市场化"各自的特点和优缺点。

（2）费率市场化是否会引发价格战？对整个寿险业的竞争格局会有什么影响？

（3）请尽可能全面地分析寿险费率市场化改革可能带来的影响和变化。

（4）费率市场化进程中寿险公司可能面临哪些风险？寿险公司又应如何应对这些风险？

（5）寿险费率市场化的后续顺利开展需要哪些配套政策和措施支持？

3. 分析思路

本案例的学习过程为：理解寿险费率市场化改革的含义，了解我国寿险费率市场化改革历程，详细解读最新寿险费率市场化改革的宏微观背景以及改革内容，分析寿险费率市场化对寿险公司、寿险业的影响机制，从多个视角分析本次改革可能带来的影响，根据改革中可能会出现的风险和问题提出相关的政策建议。

4. 理论依据与分析

寿险费率改革是保险市场化改革中的重要一环。本次寿险费率改革"三步走（普通—万能—分红）"战略的正式完成标志着我国保险业市场化改革迈出了重要的一步。长期来看，寿险费率进一步市场化是保险业发展和利率市场化的

必然要求。但从短期来看,费率市场化改革对保险业有利有弊,具体包括以下几方面:

第一,费率市场化将小幅拉升寿险保单负债成本。据2014年保险年鉴数据显示,以保费收入口径划分,传统型寿险的占比只有寿险市场的11%,而分红险和万能险等产品已占到市场的近90%。因此在寿险预定利率受到管制的背景下,我国绝大多数的保险产品已经实现了某种程度的市场化。因此本次改革传统寿险预定利率的增加,将拉升寿险保单负债成本,但影响有限。

第二,寿险业或将实现"以量补价"。未来寿险行业价值的增长在某种程度上取决于两个因素:一是提升投资收益率,扩大利差;二是扩张负债规模,以量补价。但投资收益率提升缓慢且难度大,难以弥补资金成本的上升。费率市场化以后,寿险产品价格将大幅下降。以30岁男性投保人为例,若投保终身寿险,由于定价利率从2.5%上升至3.5%,纯保费将下降22%(终身期缴)—35%(趸交)。若定价利率更高,纯保费下降幅度也更大,因此性价比显著提升,有望刺激需求,负债规模的扩张可能是更为现实可行的方案。另外,随着预定利率的放开,寿险公司将推出更多契合投保人需求的创新产品,这也将提升寿险的规模。

第三,费率市场化引发恶性价格战的可能性不大。费率市场化后,有观点认为可能会引发寿险产品恶性价格竞争。但由于存在以下几点原因,使得费率市场化引发激烈价格战的可能性不大。一是预定利率不是保险产品定价的唯一因素,产品类型、附加费用等都有很大的调整空间。二是偿付能力约束决定了价格的稳定性。偿付能力的要求使公司新业务面临资本金成本与产品定价的双重限制,双重限制决定了保险公司不可能无限制地进行价格战,价格将保持相对稳定。三是由于长期寿险产品的复杂性及不可比较性,客户对长期寿险产品的价格并不敏感。但是存量、市场占有率比较小的公司更倾向于降低价格,增加产品吸引力,而大公司可能会因现有产品结构和存量客户等原因而反应较慢。

第四,费率市场化有助于保险回归保障功能。根据功能划分,寿险产品主要分为风险保障型产品和生存保障型产品。前者与人的死亡、发病相关,由寿险公司独家经营,是保险的独特优势;后者通过资产的保值增值来抵御长寿风险,因而有较强的替代性。据行业保费数据显示,近年来,风险保障类的传统险的行业占比一直徘徊在10%左右的低位,而万能险、分红险等新型保险的保障系数通常较低,这大大减弱了保险产品的保障属性。寿险费率市场化有利于提高传统寿险产品的竞争力,并促进寿险市场结构调整,从而有助于改变当前投资型寿险产品占主导的产品格局,形成保障型和投资型寿险产品并驾齐驱的竞争态势,有利于保险业回归风险管理和保障功能。

5. 关键要点

案例分析中的关键点在于能否深入地解读寿险费率市场化改革的意义、目的及内容,然后将改革内容与寿险业发展现状、保险公司经营管理情况等相结合,分析此次改革对寿险公司和整个寿险业可能带来的影响,同时把握此次改革中可能出现的风险和困难,对改革的顺利开展提出自己的政策建议。

本案例主要考察学生解读寿险费率市场化改革意义及内容的能力,以及分析寿险费率市场化影响机制的能力。

6. 建议课堂计划

建议使用3—4课时进行讨论。

课前计划:事先发放案例材料。

课中计划:主持人要保持中立立场,组织同学开展讨论。

课后计划:讨论结束后一定要求学生提交案例分析报告。

如果条件允许可邀请寿险公司高管及监管部门领导来到课堂与同学们交流。

保险法律

保险人的缔约过失责任研究：以驾驶人员意外伤害保险为例

张 虹

摘 要：保险人除了依据保险法和保险合同的规定承担赔偿或给付保险金的责任外，在特定情况下，还可能承担缔约过失责任，即对可归责于保险人的原因而导致保险合同不成立、无效或者可撤销的，保险人应承担相应的法律责任。就驾驶人员意外伤害保险而言，该险种要求投保人或被保险人必须是持有有效驾驶证的人，无有效驾驶证的人员购买驾驶人员意外伤害保险明显超出这一主体限定范围，由此所订立的保险合同虽成立，但因主体资格不合要求而可能被撤销，对此保险人可不承担保险给付责任，但保险人明知投保人无驾驶证或者对投保人是否具有驾驶证持放任态度的，应当承担相应的缔约过失责任，赔偿投保人因信赖保险合同有效成立的利益损失。

关键词：无证驾驶　保险合同　缔约过失责任

驾驶人员意外伤害保险是专为拥有有效驾驶证的驾驶人员提供的商业保险，为被保险人提供遭受道路交通意外事故导致意外伤害情况下的身故、残疾、医疗费用等保障；作为一种专业指向性保险，驾驶人员意外伤害保险的目的在于为合法驾驶人员的人身安全提供风险保障，合法驾驶人员首先必须是拥有有效驾驶证的人。拥有有效驾驶证是获得保障的前提，也是道路交通安全法对于驾驶人员的基本要求。如果是没有有效驾驶证的投保人，原则上保险人应拒绝承保。但实践中，出于种种原因，保险人并没有拒绝无有效驾驶证的投保人的投保，而是与其订立保险合同，收取保险费，一旦出险，则以投保人无有效驾驶证为由拒绝承担保险给付责任。这种做法无疑大大出乎投保人或被保险人或受益人的意料，毕竟当初投保时保险人予以承保的决定使得他们预期会获得相应的保险保障。对此,有必要结合现行法律的有关规定,分析此种情况下保险人应承担的法律责任,以杜绝此类情形的发生,切实维护保险消费者的利益。

1. 基本案情

徐某是一辆运输型拖拉机的所有人,其所持有的机动车驾驶证有效期至2005年5月26日。2008年8月26日,徐某以驾驶员身份向其所在地的一家保险公司(以下简称"A保险公司")购买了一份驾车人员平安保险,保期为1年。该险种的意外身故、残疾保险金额为6.5万元,其条款约定:被保险人驾驶机动车辆过程中遭受意外伤害,导致身故的,保险公司按保险金额给付意外身故保险金。保险条款特别提示第5条约定,如果本保险单未约定受益人,则意外身故保险金视为被保险人遗产给付法定继承人;第6条约定,本保单只适合持有效驾驶证、年龄在18周岁至60周岁、身体健康的驾车人员购买。

2008年9月3日上午,徐某驾驶拖拉机倒垃圾时,因卸车滑坡而意外死亡。徐某死后,徐某父母及徐妻(以下简称"徐父等人")以继承人身份要求A保险公司给付意外身故保险赔偿金6.5万元。A保险公司辩称:徐某购买驾车人员平安保险是事实,但徐某在购买该保险时隐瞒了其驾驶证过期且未年检的情况,违反保险法及合同法的有关如实告知义务的规定,故拒赔。双方争执不下,徐父等人遂起诉至法院。

2. 一审裁判

一审法院经审理认为,涉案驾车人员平安保险是为特定主体所设定的,即投保人必须具有合格驾驶资格,购买该险种的投保人必须持有有效驾驶证。徐某虽持有机动车驾驶证,但该证于2005年5月27日已失效,其向保险公司投保该险种时已不具备机动车驾驶人员的主体资格,违反了投保人应当履行向保险人如实告知的义务,存在过错。A保险公司在办理涉案业务时,未向徐某说明涉案保险合同的条款内容,对保险标的及被保险人是否具备所投险种的主体资格等有关情况疏于询问和审查,亦存在过错。根据合同法关于缔约过失责任的相关规定,涉案保险合同视为不成立,对因此造成的经济损失应各半承担。遂判决:A 保险公司赔偿徐父等人 3.25 万元。

3. 二审裁判

一审宣判后,A 保险公司提起上诉。A 保险公司认为,徐某所持驾驶证无效,不具备该险种对被保险人的特定要求,其在投保时也未如实告知。根据合同法的规定,一方当事人在订立合同过程中有过错的,若造成缔约过失责任,保险合同应视为不成立。因此保险公司不应承担赔偿责任。

二审法院经审理认为:我国保险法第 5 条规定,保险活动当事人行使权利、履行义务应当遵循诚实信用原则。保险法同时规定了保险人的说明义务和投保人的告知义务,但未对本案所涉及的情形进行规定,即保险人未尽订立合同前的说明义务,且未就与承保有关的重要事实对投保人进行必要询问,而投保人因过失又未如实告知,保险人对此是否承担责任? 合同法第 42 条对缔约过失责任有一般性规定,其应具备的要件如下:(1)此种责任发生于合同订立阶段;(2)一方当事人违反了依诚实信用原则所担负的先合同义务;(3)另一方当事人的信赖利益因此而受到损失;(4)违反先合同义务与损失之间有因果关系。

本案保险合同所涉险种为驾车人员平安保险,被保险人属特定群体,范围明确。作为保险人的 A 保险公司,对此应当熟知,在订立保险合同时,其仅能对上述特定的群体发出要约或者接受其要约;在投保时,其应对此进行询问,并由投保人提供必要的法律文件以为辅助,否则应拒绝承保,以防风险。更何况,因驾驶证系行政机关许可核发,A 保险公司在缔约过程中要求投保人徐某提供有效驾驶证以对其是否符合被保险人的条件作表面真实性审查并不困难,这是其在缔约前的基本审查义务,是订立合同的基础。如已善尽此审查义务,则不存在徐某故意隐瞒事实,不履行如实告知义务,或者因过失未履行如实告知义务的情形。因此,这一审查义务是 A 保险公司的先合同义务,是对自身利益的应有照顾和关心。但 A 保险公司在承保前未尽到作为专业保险机构所应负的一般注意义务,对徐某是否具有有效驾驶资格持放任或者盲目相信的态度,不作审查,即予承保,已违反了上述先合同义务。

徐某所投险种名称为驾车人员平安保险,通常理解,驾车人员当指驾驶机动车辆的人员。徐某曾取得机动车驾驶证,其应知有效期限届满后经过一定期间即应重新申请行政许可,在未取得有效驾驶证前,其不具有相应资格。作为有一定文化程度的完全民事行为能力人,其应知自己是否符合驾车人员的条件,但较之具有专业知识和业务经验的 A 保险公司,所投保险究竟与此有何具体法律关系,不能苛求徐某完全知情。它是 A 保险公司在就被保险人徐某的有关情况向其提出询问并对保险条款做出说明的基础上不断增加注意的过程。本案保险单还包括投保单、保险费收据及保险条款简介等内容,徐某虽在保险单中以投保人身份签名表示已接受投保人声明条款,但从事后双方争议情形判断,如保险代理人已对保险条款或者对保险条款简介做出说明,并进行通常的询问,保险代理人应当了解徐某是否符合被保险人的条件。因此,徐某对此虽有过错,但并非是恶意的不实说明,亦非违反一般注意义务,其过失的程度相对较轻。

徐某在双方订立保险合同后不到十天即驾车意外身亡,对此损害事实各方并无异议。而上述保险合同一经订立即对其具有相应的期待利益,为其生前所依赖,A 保险公司违反上述先合同义务使其信赖的合同利益遭受损害,该公司的行为与此损害事实之间显然有相当因果关系,其应依《合同法》第 42 条规定承担缔约过失责任。

缔约过失责任的赔偿范围应当是相对人因缔约过失而遭受的信赖利益和固有利益的损失。其中信赖利益的损失包括直接损失和间接损失,直接损失包括订约费用、履约费用等,间接损失包括丧失与第三人另订合同的机会所产生的损失。本案中,若 A 保险公司当初即对徐某拒绝承保,徐某选择另订合同的可能性较大,在出险时其继承人享有的权利也不致受损。本案保险单约定的意外身故、残疾保险价值最高限额为 6.5 万元,一审以现有证据判决 A 保险公司赔偿徐某的受益人 3.25 万元损失并无不当。遂判决驳回上诉,维持原判。

案例使用说明

1. 教学目的与用途

本案例适用于《保险学原理》课程,也适用于《保险法》等课程。

本案例的教学目标:使学生理解保险合同的成立与生效的关系,掌握保险合同的有效要件;了解缔约过失责任在保险领域的运用;了解保险人在不同情况下可能承担的责任;培养学生分析问题、解决问题的能力。

2. 启发思考题

(1) 保险合同的生效要件有哪些?

(2) 保险合同的成立与生效有何不同?

(3) 缔约过失责任的构成要件有哪些?

(4) 保险领域的先合同义务有哪些?

(5) 保险公司应如何设计保险条款以避免类似情形的发生?

3. 理论依据与分析思路

保险人的责任除了保险合同规定的赔偿或给付保险金的责任外,还可能承担缔约过失责任,对于由于保险人的原因而导致保险合同不成立或无效或撤销的,保险人应承担相应的法律责任。

我国《合同法》第42条规定,当事人在订立合同过程中有下列情形之一,给对方造成损失的,应当承担赔偿责任:(1)假借订立合同,恶意进行磋商;(2)故意隐瞒与订立合同有关的重要事实或者提供虚假情况;(3)有其他违背诚实信用原则的行为。该规定被认为是我国缔约过失责任制度的典型性规范。但何谓缔约过失责任,法律并未规定。通常来说,缔约过失责任是指在合同订立过程中,一方因违背诚实信用原则所应负的义务致另一方信赖利益受损所应承担的民事责任。确定当事人是否应当承担缔约过失责任,应当明确缔约过失责任的构成。

缔约过失赔偿责任的成立,一般需要四项要件:缔约的一方当事人违反先合同义务;违反先合同义务的一方当事人存有过错;对方当事人受有损失;违反先合同义务与损害后果存在事实上的因果关系。具体分析如下:

(1) 缔约的一方当事人违反先合同义务。诚实信用是民事活动的基本原则,它要求缔约当事人在为缔结契约而接触与协商时,负有诸如协力、通知、协助、保密、保护等先合同义务。该先合同义务基于诚实信用原则法定产生,无须当事人约定,也不允许当事人排除,没有具体的给付内容,是合同附随义务的一种(有别于合同履行过程中的合同义务和合同履行完毕后的后合同义务)。先合同义务一般表现为不作为(如故意或者过失不履行通知、保密等义务等),但也可以是作为,如泄露知悉的商业秘密或者故意提供虚假情况。当事人在订立合同的过程中,违反了基于诚实信用原则而产生的先合同义务,是承担缔约过失责任的前提。

先合同义务并非缔约双方一接触即产生,而是随着债的关系发展或合同有效成立的逐步逼近而逐渐产生的,与当事人的信任程度相关。先合同义务自何时开始产生?笔者认为,原本处于普通关系的当事人,为缔约进行磋商而进入了特殊关系阶段,便开始负有相应的先合同义务。这种特殊关系一般在一方当事人的要约生效后得以建立,此时,要约人受要约的限制,不得随意撤销,对方当事人基于一定的情势相信要约是不可撤销的,为缔结合同作准备,缔约当事人之间产生特殊的信赖关系时,开始产生先合同义务。如果当事人在要约生效之前(亦即对方尚未有与之缔约的意向)即开始为缔结合同作准备,纯粹是一厢情愿,行为后果应当由行为人自己承担。

(2) 违反先合同义务的一方当事人存有过错。根据《合同法》第42条的规定,似乎当事人只有存在故意行为时才承担缔约过失责任。《合同法》第58条规定,合同无效或被撤销后,有过错的一方应当赔偿对方因此而受到的损失,双方都有过错的,应当各自承担相应的责任。可见,对于缔约过失责任的承担,当事人主观上可以是故意或是过失,也就是通常所说的存有过错。

若受损方当事人对于信赖利益损失的发生存有过错的,应当减轻违反先合同义务方的赔偿责任,适用过错相抵原则。

(3) 对方当事人受有损失。在合同订立过程中,一方当事人基于对对方信赖未果而造成的属于信赖利益的损失,违反义务的一方应当予以赔偿。需要注意的是,缔约过程中当事人对另一方的信赖,应当是合理信赖,并非所有信赖。缔约过失责任承担的是当事人信赖利益的损失,它区别于合同的履行利益(即合同履行可获得的利益,是当事人相信法律行为有效成立,因某种事实的发生而致该法律行为不成立或者无效所产生的损失)。对该信赖利益的赔偿,目的是使当事人利益恢复到未曾信赖缔约行为前的状态。此处的损失,指财产损失,既可以是财产直接减少造成的损害,也可以是财产应增加而未增加所损失的利益;既包括固有利益损失,如为缔约而支付的通讯、交通费用,因对方违反保密义务而造成的直接损失,以及合同被确认无效或者撤销后的实际损失,也包括丧失其他订立合同机会可能获得的利益。我国缔约过失责任中,对于受损方的信赖利益损失,尚不包括其在缔约过程中所受到的人身损害。对于公民因人身受到侵害的,适用侵权行为法的相关规定。

需要提及的是,即便是由对方承担缔约过失责任,受损害当事人仍有防止损失扩大的义务。违反先合同义务的当事人所承担的损失,应以受害人的实际损失为限,同时应当是其在缔约磋商时所能够预见的范围(包括当事人在订立合同时应当预见的合同不成立、无效或者被撤销可能造成的损失,也包括合同有效时相对人可能得到的合同履行利益)。虽然缔约过失责任不同于违约责任,但合同法中违约责任的基本原则在缔约过失责任中仍可以适用,真正体现缔约过失责任的是基于诚实信用原则而对信赖未果一方当事人的损害补偿。

(4) 违反先合同义务与损害后果存在事实上的因果关系。除去上述所提及的缔约过失责任构成的四个要件外,对于是否构成缔约过失责任还需要考虑违反先合同义务的行为是否发生在合同的订立过程中。根据《合同法》第42条和第43条的规定,构成缔约过失责任的行为,均应当发生在合同的订立过程中。至于合同有效成立后所发生的违反义务的行为则是违约责任,而非缔约过失责任。

以下结合本案,对缔约过失责任在保险合同中的适用加以分析:

根据我国《保险法》的有关规定,订立保险合同,保险人应当向投保人说明保险合同的条款内容,并可以就保险标的或被保险人的有关情况提出询问,投保人应当如实告知。该规定明确了保险人和投保人在订立保险合同前各自应当履行的义务,即说明和告知义务。该义务属于基于诚实信用原则的先合同义务,若违反该义务而致对方信赖利益无法实现的,过错方应当承担对方相应的损失。缔约过失责任在人身保险合同中同样适用。

本案中,在认定本案所涉保险合同可撤销(可解除)的前提下,原则上应以双方的过错大小作为责任划分的根据。

首先,从保险公司方面来说,保险公司熟知其销售的驾车人员平安险的投保人资格要求,其在办理保险业务过程中应当将保险条款向投保人说明,并就投保人是否具有投保资格进行审查和询问。然而,保险公司在保险合同的商定过程中不询问投保人是否具有驾驶资格,也不作资格审查,就与投保人订立了保险合同,使投保人认为该保险合同对投保人资格未作要求,相信该保险合同是合法有效的,发生保险事故后保险公司能够支付保险金6.5万元。虽然该保险合同因徐某不具备投保人的资格可以解除,但保险公司没有履行该保险合同的说明及询问的先合同义务,导致投保人信赖的保险赔偿金无法实现,或者说使投保人丧失了可以订立其他人身保险合同来获得保险赔偿金的机会,其应当承担缔约过失的赔偿责任。另外,保险人为无有效驾照者提供保险,还有可能诱发无证驾驶行为。投保人无驾驶证却购买驾驶员商业保险,往往是为了立即上路行驶,从而获得保险合同的保护,而不太可能是为了赠予保险人期限利益,购买了保险却不上路,缩短自身的有效保险期限。保险人对于投保人的此项意识可合理推知,其任由投保人购买驾驶员商业保险,却不予以审查和限制,实际上是对投保人无证驾驶风险的默认和自愿承担,容易诱发无驾驶证人员的无证驾驶冲动,从而危及公共安全。简言之,保险人提供的商业保险成为无证驾驶行为的诱因,具有相应的过错。当然这一过错还很难说是无证驾驶行为的必然诱因,但却是无证驾驶行为的一个重要诱因。投保人因此而驾车上路并导致事故发生的,保险人也具有一定的过错,据此保险公司也应承担一定的责任。综上,保险公司对于保险合同解除所造成的损失应承担主要的过错责任。

其次,从投保人方面来说,作为具有完全民事行为能力的投保人,基于诚实信用原则,也应当将是否具备有效驾驶资格的情况告知保险公司。而其未能如实告知,存在过错。而且,投保人无证驾驶的行为具有较大的危害性,其自身也应知道相关行为的违法性质,投保人无视他人及自身的生命财产安全,在不具备足够技能的前提下上路行驶,导致损害后果的发生,也应当承担一定的过错责任。

在划分保险人与被保险人的责任范围时,还有必要考虑被保险人是否已经死亡或者重伤。倘若被保险人受到了严重的人身损害,出于人道主义及保险法维护社会公益的价值,应当给保险公司设定更大的责任,也可以适当减轻被保险人应当承担的责任,从而实现利益平衡与社会和谐。另外,值得注意的是,保险合同解除所造成的损失主要是因失去保险赔偿权利所造成的损失（可合理预期的损失），因此以合同有效时所应该赔偿的数额作为损失的计算标准是较为妥当的。

对于认为本案保险合同不成立的观点，笔者并不赞同。投保人不履行如实告知义务，或者保险人不履行明确说明义务及必要的审查义务，是双方在缔结合同过程中的过错行为，但这一过错行为并不必然影响双方合意的形成。所谓合同的成立，只需双方就合同的主要条款形成合意即可，至于次要条款或者附属义务，则可通过任意性规范或者合同解释的方法予以弥补，并不影响合同的成立。即便双方在合意的形成过程中存在瑕疵，但合同一经实际履行，也可以以行为的方式形成合意，从而保证合同的成立。投保人虽无驾照，但却已缴纳保费，且保险公司对于投保人是否具有驾照也持一种放任态度，可以肯定，双方在意思形成过程中并未出现显著分歧，且合同已经实际履行，理当认定合同已成立，而非直接否定双方的真实意思，认定合同未成立。至于双方在订立合同过程中是否存在过错及是否违反法律的规定，则属于法律对缔约行为的评价问题，与合同的成立问题并非一回事。相反，合同是否成立乃基于双方是否形成合意的判断，应为一种事实判断，并不涉及国家法律的评价，因此以缔约存在过错为由认定合同未成立，实际上混淆了法律评价与事实认定之间的根本区别。本案中，保险公司与投保人之间就驾车人员平安险达成协议，签发保单，该保险合同已经成立。保险公司本应当赔偿徐某亲属因徐某死亡的实际损失，因其在缔约过程中能够预见的损失即为6.5万元（合同约定的保险金额），根据双方均存有过错的状况，最终A保险公司赔偿徐某亲属3.25万元是合理可行的。

4. 建议课堂计划

建议使用2课时进行讨论。

课前计划：事先发放案例材料。

课中计划：主持人要保持中立，组织学生开展讨论。

课后计划：讨论结束后要求学生提交案例分析报告。

参考资料

[1] 江苏省如东县人民法院(2009)东民二初字第52号民事判决书.

[2] 江苏省南通市中级人民法院(2009)通中民二终字第0201号民事判决书.

[3] 梁鹏.保险人抗辩限制研究[M].北京:中国人民公安大学出版社,2008.

[4] 肖和保.保险法诚实信用原则研究[M].北京:法律出版社,2007.

[5] 韩世远.合同法总论(第三版)[M].北京:法律出版社,2011.

[6] 奚晓明.中华人民共和国保险法保险合同章条文理解与适用[M].北京:中国法制出版社,2010.

[7] 邢海宝.中国保险合同法立法建议及说明[M].北京:中国法制出版社,2009.

国际海上货运保险代位求偿及相关问题研究

张 虹

摘 要：在保险代位求偿权诉讼中，法院仅就造成保险事故的第三人与被保险人之间的法律关系进行审理，而对于第三人就保险合同效力及保险赔付合法性所提出的异议不予审查。在国际货物买卖中，国际贸易惯例的适用与否建立在当事人意思自治原则的基础上，当事人有权自主选择某惯例规则的适用度，并有权对所选用的惯例规则进行修改或变更，当合同约定与惯例规则不一致时，合同的约定优先；无船承运人与货运代理人具有不同的法律地位，前者是以自己的名义订立合同，并依法独立承担责任，后者是以委托人的名义代订货运合同，有关行为后果由委托人承担。对于承运人负有责任的货物损失，保险人在对被保险人进行赔偿后，依法取得对该承运人的求偿权。

关键词：海上保险 代位求偿 无船承运人 保险利益 风险转移

保险代位求偿权是民法当中的代位求偿权与保险法的有机结合，可以起到让被保险人及时获得赔偿、防止被保险人获得额外利益、减少保险人的理赔损失和成本、不让负有责任的第三者逃避责任等重要作用。就货物运输保险而言，对于因承运方的责任而导致的被保险人的货物损失，在保险公司依约履行赔偿责任之后，依法有权向承运方行使代位求偿权。然而，在实践中，无船承运人与货运代理人之间的界限不分明，可能导致在确定保险代位求偿权的行使对象时发生混乱。另外，负有责任的承运方也有可能质疑保险合同的效力及保险赔付的合法性，进而对保险代位求偿权提出异议，如何利用现有法律规定，解决上述问题，对于厘清货物运输及保险各方的法律关系、规范物流行业投保行为、促进承运人投保承运险等具有重要意义。

1. 基本案情

2002年4月27日,G公司与Z公司签订"孟加拉工程第一批设备物资货运代理合同",合同约定:G公司委托Z公司发运孟加拉国第四期输变电工程设备,发运时间为2002年5月20日至31日,出口港上海,目的港孟加拉国吉大港;Z公司应按G公司的要求将货物安全及时运往目的港,负责自货物运至指定仓库车面交货起,至货物运抵吉大港卸船并交付收货人止的全部工作,包括卸车、接货、理货、装箱、码头监装监卸、整理并重新包装、核对标记、丈量尺码、翻译制单、法定商检或换证、代理租船订舱、集港、装船、出口报关、报验及运输到吉大港卸船等工作,Z公司应对货物妥善保管、小心运输,并保持包装完好,如因Z公司存储、运输、装卸不当造成货损,应赔偿G公司由此而产生的除货运保险责任外的一切损失;Z公司收取的"海运费用"包括运费、港口包干费、仓储费、报关费;Z公司如不按约定条款履行货运代理义务和承担货物运输责任,应向G公司赔偿因运输不及时而造成的工程拖延及另找承运人的损失。

2002年5月16日,G公司出具一份以自己公司名称为抬头的出口货物托运单,托运单记载:船期2002年6月10日前,起运港上海,运往地点孟加拉国吉大港,托运人G公司,收货人达卡供电局(Dhaka Electric Supply Authority, DESA),通知方G公司(达卡分公司),货物为YJV226/10KV3×300地下电缆100盘(50公里)80万公斤,200KVA配电变压器300箱(300台)33万公斤,在"托运人盖章"栏中盖有"G公司公章"一枚。5月17日,Z公司出具一份以"Z公司"为抬头的出口货物托运单,其记载与G公司出具的出口货物托运单相同,但在"托运人盖章"栏中盖有"Z公司业务章(1)"一枚。6月7日,G公司出具GI-ETC/BPG/M/0003号发票,发票记载:买方达卡供电局,自中国上海港通过海路至孟加拉国吉大港,货物为地下电缆49.5公里,配电变压器300台,CIF(成本加保险费加运费)总价3 819 122.93美元。

2002年6月10日,"顺安轮"(SHUNAN)出具大副收据,记载托运人为G公司,实收货物399箱,6月30日装船。

2002年6月30日,"顺安轮"船长在上海港向中海船代出具授权委托书,委托书记载:兹授权贵司职员代表我依据"顺安轮"在上海港装货情况签发提单。

7月3日,G公司和Z公司上海分公司共同向中海船代出具一份倒签提单保函,请求将提单倒签至6月20日。其后,中海船代以船东代理人的身份签发了编号SA219/SHACTG001,日期2002年6月20日,签发地上海,抬头"胜利海运公司"(Triumph Marine Carriers)的已装船提单一式三份,提单记载:托运人G公司,收货人达卡供电局,装货港上海港,卸货港吉大港,货物为99件11KV地下电缆、300件200KV配电变压器。

2002年6月20日,A保险公司签发编号为KC040290000001326的海洋货物运输保险单一份,载明:被保险人G公司,保险货物100箱50公里地下电缆及300木箱配电变压器,"顺安轮"承运,2002年6月20日开航,自上海港至吉大港,承保险别为中国人民保险公司1981年1月1日海洋货物运输保险条款规定的一切险、战争险、罢工险,保险金额3 846 289.50美元。该保险单背面盖有被保险人G公司的印章一枚。

2002年8月31日,"顺安轮"抵达孟加拉国吉大港并开始卸货,9月4日卸货完毕。收货人于9月4日出具一份货损记录,记录记载:涉案货物有12箱配电变压器和19箱电缆不同程度受损。根据吉大港国家代理的申请,J公司以劳合社代理的身份,于9月14日至15日,10月3日至8日在达卡的收货人货仓对货物检验,并签发了货物检验报告,记载:对75个箱体破损和16个箱体完好的配电变压器开箱检查,其中28箱配电变压器有不同程度受损,有9捆电缆的保护性木板断裂,电缆裸露,上部绝缘表面数处刮伤、割裂;其余90捆电缆的保护性木板破裂,内部电缆有不同程度的裸出。J公司收取了检验费49 769塔卡。

2003年2月22日,G公司与D公司签订合同,合同约定:G公司将受损的27台配电变压器送往D公司在达卡的变压器厂维修,修理费总价30万塔卡。合同履行后,D公司收到了G公司支付的该修理费。H公司派出工程技术人员修理配电变压器,G公司向H公司支付了零配件费、修复材料费、出差孟加拉国差旅费共计217 480.57元。G公司还支付了为维修损坏的电缆而产生的整理、滚卷及运费157 680塔卡。G公司另向S电缆厂支付了电缆修理费65 938.24元,此费用有发票、机票、住宿费发票等相关证据证明。

2003年9月1日,A保险公司向G公司支付保险赔款357 095.58元。同日,G公司向A保险公司出具"收据和权益转让书"一份,记载:收到你公司付来的 KC040290000001326 号保单项下的保险赔款 357 095.58 元,兹同意将我方所拥有的该项保险标的之权益和追偿权在上述赔款限度内转移给你公司。但在向 Z 公司行使代位求偿权时,遭到 Z 公司拒绝。Z 公司认为,被保险人 G 公司在货损发生时对保险标的不具有保险利益,A 保险公司理赔错误,不能取得代位求偿权;此外,自己与 G 公司签订的是国际货运代理合同,A 保险公司向自己请求承担承运人责任,缺乏法律依据。双方协商不成,A 保险公司遂提起诉讼。

2. 一审裁判

一审法院经审理认为,Z 公司与 G 公司签订的"孟加拉工程第一批设备物资货运代理合同",尽管其中有代为报关等 Z 公司作为代理人的约定,但其内容主要是关于 Z 公司作为承运人、G 公司作为托运人的权利义务的约定,以及运费收取、安全运输等规定,符合货物运输合同的条件和特征,因而应认定该合同为含有货运代理内容的国际海上货物运输合同。该合同是双方当事人的真实意思表示,未违反我国法律及行政法规的强制性规定,合法有效。但该合同中关于 Z 公司不承担货运保险责任的货损的约定,超出了《海商法》第 51 条已列明的承运人免责范围的规定,故该项约定无效。

中海船代已合理披露了实际承运人即胜利海运公司的身份及船长对中海船代的授权委托书,足以确认中海船代的船舶代理人身份。中海船代在代理签发提单过程中,虽有倒签提单的过错,但该过错与货物损失之间不具有法律上的因果关系,且 A 保险公司也未追究其倒签提单责任,因而中海船代不应承担本案货损的法律责任。

涉案货物受损是不争的事实。为确定货物受损情况及修复受损的货物,G 公司支付 J 公司检验费、D 公司及 H 公司的修理费、电缆整理、滚卷及运费共计 507 449 塔卡、217 480.57 元人民币。

G 公司出具的货物发票显示,涉案货物以 CIF 价格成交,表明货物在起运港越过船舷之前,由 G 公司承担货物灭失或损坏的风险,越过船舷之后则由收货人达卡供电局承担该风险。G 公司在投保时享有保险利益,其与 A 保险公司之间的保险合同合法有效。但当被保险货物越过船舷后,G 公司即不再承担货物损坏或灭失的风险,从而丧失了保险利益,故其虽持有提单和保险单,也无权要求保险人赔付保险单项下的货物损失。A 保险公司对不具有保险利益的 G 公司的赔付不符合法律规定,其赔付后不能合法地取得代位求偿权。另外,涉案提单为记名提单,记名的收货人为达卡供电局,而货物已在目的港完成交付,有关货物的索赔权已转移给收货人,A 保险公司代位托运人 G 公司向承运人要求赔偿,亦无法律依据,其诉讼请求依法应予驳回。据此,一审法院判决驳回 A 保险公司的诉讼请求。

3. A 保险公司上诉

一审判决后,A 保险公司提起上诉。A 保险公司认为,Z 公司应根据运输合同关系承担违约赔偿责任,一审法院在认定该运输合同关系有效存在的同时,却又以提单流转后托运人对承运人不享有索赔权为由判决 Z 公司不承担责任,自相矛盾。虽然发票记载的货物价格为 CIF,但货物运输的风险并没有在装货港越过船舷后转移至买方,而仍由 G 公司承担。一审法院简单地凭借发票中 CIF 的记载即认为 G 公司不再承担运输风险,进而判定 G 公司丧失保险利益是错误的。提单持有人享有对承运人的诉权并不等于其他人对承运人均无诉权,在记名提单转让后,托运人与承运人之间的海上货物运输合同法律关系依然有效存在,托运人可依据运输合同向承运人提出索赔。被保险人对货物是否具有保险利益及是否有权向保险人索赔,不是法院在审理保险人向第三人提起代位求偿诉讼中应审查的问题。G 公司为修复受损电缆而向 S 电缆厂支付的修理费客观真实,应得到认可和支持。

4. Z 公司答辩

被上诉人 Z 公司则认为,涉案运输合同的当事人为 G 公司,Z 公司既非实际承运人,亦非合同承运人。在 CIF 价格条件下,货物的一切风险从上海港越过船舷时转移给买方。记名提单中的收货人为达卡供电局,已有一份提单在目的港提货,货物所有权已发生了转移,G 公司对目的港货物不再具有法律上的利害关系。在国际贸易中,买方在货损后不懂得专业设备的维修,找卖方修理是常见的做法,G 公司代为承担相关的检验、修理等费用,最大的可能性就是与买方存在代为修复的协议,G公司代为支付的费用最终由买方承担。A保险公司用以证明修复费用的证据材料存有多处瑕疵,不应当成为证明损失的有力证据。货物保险单已由G公司空白背书后转让,新的被保险人应为达卡供电局。一审法院认定的G公司不具有保险利益、A保险公司向G公司赔付后不得享有代位求偿权是完全正确的。

5. 二审裁判

二审法院经审理认为:本案是A保险公司向被保险人赔付后代位提起的海上货物运输合同货损赔偿纠纷。G公司既是与Z公司签订货运代理合同的当事人,也是中海船代代理签发的海运提单的托运人。G公司就涉案货物运输向A保险公司投保一切险、战争险、罢工险。货物在目的港交货时发现受损,该损失是上述保险责任范围内的风险引起的,为此A保险公司向G公司支付了保险赔款。A保险公司是否取得代位求偿权,取决于被保险人G公司是否享有对上述损失的求偿权。本案是海上货物运输合同代位求偿纠纷,而非海上货物运输保险合同纠纷,法院只应就被保险人与承运人之间的运输合同关系进行审理,原审法院以G公司不具有保险利益为由认定A保险公司不具有代位求偿权存在不当之处,本院予以纠正。

原审法院认定G公司与Z公司签订的货运代理合同为含有货运代理内容的国际海上货物运输合同,且其中的货运保险责任除外的约定无效,是正确的,本院予以维持。该合同明确约定在运输期间发生货损时,由Z公司向G公司赔偿损失。G公司作为托运人,基于运输合同产生的请求权不会因为货物在装货港越过船舷就消失,在货物交付后因货损遭受损失,G公司仍有权向承运人Z公司索赔。A保险公司在向G公司作出赔付后依法取得代位求偿权。

G公司出具的货物发票虽载明CIF价格条件,但不能由此得出G公司在起运港货物越过船舷后必然没有损失的结论。本案中,没有证据显示G公司已经收取了涉案货物的货款,而相关修理合同、修理费发票显示是G公司委托有关单位在目的地对货物进行修理并支付了修理费。在没有相反证据的情况下,应认定G公司承担了运输途中货物受损的损失。A保险公司作为保险代位求偿权人,有权要求承运人Z公司赔偿损失。至于A保险公司得到赔付后是否得到额外利益问题,涉及买卖双方对利益的某种安排,可以由买卖双方另行解决,与保险合同及运输合同分属不同的法律关系。

G 公司为本案货损所支出的修理费为 507 449 塔卡,283 418.81 元人民币。按 2003 年 9 月塔卡兑美元、美元兑人民币的汇率将上述 507 449 塔卡折算成人民币,G 公司为货损实际支出的费用共计人民币 357 095.58 元。A 保险公司已对 G 公司因货损遭受的损失做出赔付,其有权代位请求 Z 公司予以赔偿该费用及其利息。

二审法院最终做出如下判决:(1)撤销一审判决;(2)Z 公司赔偿 A 保险公司货物损失 357 095.58 元及自 2003 年 9 月 1 日起至实际清偿日止按中国人民银行同期流动资金贷款利率计算的利息;(3)驳回 A 保险公司的其他诉讼请求。

案例使用说明

1. 教学目的与用途

本案例适用于《海上保险》课程,也适用于《保险法》和《海商法》等课程。

本案例的教学目标:使学生掌握保险代位求偿权的行使条件;理解无船承运人的法律地位;理解以 CIF 条件订立的国际货物买卖合同的风险转移,学会从多角度、跨学科来思考保险的基本问题;培养学生发现问题、分析问题和解决问题的能力。

2. 启发思考题

(1) 保险代位求偿权的行使条件有哪些?

(2) 无船承运人与货运代理人的法律地位及责任有何不同?对保险人行使代位求偿权有何影响?

(3) 如何理解国际贸易惯例(如规定 CIF 术语的《2010 年国际贸易术语解释通则》)与国际货物买卖合同之间的关系?

(4) 如何确定 CIF 合同下买卖双方对于所交易的货物的保险利益?

3. 理论依据与分析思路

本案涉及保险代位求偿权诉讼、无船承运人识别、国际海上货物运输风险转移等问题,具体表现为:海运货物出险后,保险公司向托运人理赔后,提起保险代位求偿权诉讼的,法院是否应该审查保险合同关系所涉及的保险人赔付合法性问题;被诉方是货运代理人还是无船承运人的身份识别及责任问题;本案所涉 CIF 价格条件下货物风险转移与保险利益的归属问题。

(1) 关于保险代位求偿权诉讼问题

被保险人遭遇保险责任范围内第三人的损害,有两种途径获得救济,一是直接向第三人要求赔偿损失,二是根据保险合同要求保险人赔偿损失。在保险人赔偿被保险人损失后,即可根据法律规定,代位被保险人向第三人要求赔偿。

法院在审理保险人提起的代位求偿权诉讼时,是否需要审查保险人与被保险人之间的保险合同关系,在实践中存在两种做法。一种做法是,法院既要审查保险人与被保险人之间的保险合同关系,也要审查被代位的被保险人与第三人之间的合同关系或侵权关系,而对保险合同关系的审查是保险人有否代位求偿权的基础。本案一审法院即采取了这种做法。另一种做法是,只要保险人向被保险人支付了保险赔款,则法院不实质性地审查保险人与被保险人之间的保险合同关系,而仅审查被代位的被保险人与第三人之间的合同关系或侵权关系。本案二审判决即属此种做法。

2006年12月之前,各海事法院及其上诉审法院对保险代位求偿权案件的审判多采用第一种方法。此种做法的根据在于《海商法》第252条"保险标的发生保险责任范围内的损失是由第三人造成的,被保险人向第三人要求赔偿的权利,自保险人支付保险赔偿之日起,相应转移给保险人"的规定,即法律已将代位求偿的范围明确限定为第三人造成的保险标的发生"保险责任范围内"的损失,而保险责任范围正是来源于保险合同的约定。保险代位求偿权产生的依据在于合法有效的保险合同,保险人对被保险人的赔偿必须在保险合同所约定的保险责任范围之内,对于承保责任范围外的事故造成的损失,保险人自愿地予以通融性赔付的,即使取得权益转让书,也无权取得代位求偿权。这一做法的可取之处是,赋予了保险代位求偿权强烈的保险合同色彩,强调的是"保险"的特色,而与债权的转让关系不大。其不足之处在于,对直接造成被保险人损失的第三人来说,如果保险人的代位求偿权不成立,即可能成功逃过有关损失的赔偿责任,因为通过漫长的保险代位求偿权诉讼取得终审判决,确定保险人无权代位求偿后,被保险人再对该第三人提起有关诉讼的时效可能早就过去了;被保险人如果在获得保险赔付后,仍提起对第三人的诉讼,则避开了代位求偿权诉讼失败的可能,而此时第三人就会以被保险人已经获得损失赔偿,再行诉讼是不当得利进行抗辩。

2006年11月13日,最高人民法院审判委员会第1405次会议通过了《最高人民法院关于审理海上保险纠纷案件若干问题的规定》(以下简称"规定"),该规定自2007年1月1日起施行。规定第14条约定,"受理保险人行使代位请求赔偿权利纠纷案件的人民法院应当仅就造成保险事故的第三人与被保险人之间的法律关系进行审理(法院不应对保险合同进行实质性审查)",从而统一了法院审理代位求偿权案件的做法。这条规定的根据是,保险人所要代位的是被保险人与第三人的合同关系或侵权关系中的损害赔偿请求权,被代位的合同关系或侵权关系与保险人、被保险人之间的保险合同关系是两个独立的法律关系。第三人在代位求偿权诉讼中是否承担法律责任及承担多少法律责任的基础,与保险合同关系完全无涉,而仅仅取决于第三人与被保险人的合同关系或侵权关系,因而第三人在代位求偿权诉讼中的抗辩权仅是针对受害人即被保险人的抗辩权,其抗辩的范围既不能扩大,也不能缩小。如果在代位求偿权诉讼中法院要实质性地审查保险合同,等于是扩大了第三人的抗辩范围。第三人与保险合同无关,而实质性地审查保险合同,无异于突破了合同相对性原则,使保险合同外的第三人享有了保险合同内的权利;如果因为保险合同的原因而减轻了第三人本应负担的赔偿责任,则既违背了代位求偿权乃被保险人对第三人的损害赔偿请求权的权源性规定,又与民法对第三人责任有效追究的公平理念相悖。这一做法的直接结果是,保险代位求偿权诉讼蜕去了"保险"的特色,而与一般的债权转让无异。这可以看作商法渐次归化于民法的一个表现。

从规定第14条的文字表述来看,规定没有从正面直接否定第三人抗辩保险合同的权利,而是通过拒绝对保险合同进行实质性的审查,从而间接地否定了第三人抗辩保险合同的权利。从规定正式出台前的征求意见稿第20条的措辞更能看出该司法解释否定第三人对保险合同提出抗辩的意图。征求意见稿第20条明确"受理保险人行使代位请求赔偿权利纠纷案件的法院应当仅就有责任的第三人与被保险人之间的法律关系进行审理,第三人对保险人行使代位请求赔偿权利依据的保险合同效力提出异议的,法院不予审查"。正式解释之所以去掉了该条的后半句,很可能是由于其规定不够周延。因为其只规定对保险合同效力提出的异议不予审查,但对保险人没有按照保险合同的约定(或者超出保险范围)进行理赔提出异议,法院是否仍须审查呢?规定显然不希望第三人提出这种抗辩,也不希望第三人以其他理由抗辩保险合同。所以正式解释把征求意见稿第20条的后半句去掉,以达到彻底杜绝第三人针对保险合同提出抗辩的可能。

本案终审判决即体现了这一司法解释精神。

(2) 关于无船承运人身份识别问题

自2002年1月1日《中华人民共和国国际海运条例》生效实施以来,从货运代理中分化出来的无船承运人这一新的航运主体在我国浮出水面,并得到了发展。

无船承运人是指不经营国际运输船舶，但以承运人身份接受托运人的货载，签发自己的提单或其他运输单证，向托运人收取运费，通过国际船舶运输经营者完成国际海上货物运输，承担承运人责任的国际海上运输经营者。正确理解无船承运人概念，需明确以下三方面内容：

第一，无船承运人是不经营船舶的承运人。仅从字面看，"无船"是指不拥有船舶，即不是船舶的所有权人。但在航运实务中，不拥有船舶者可以经营船舶，拥有船舶者可能不经营船舶，如光租合同下的船东仅仅是将船舶作为其财产出租而收取租金，并非将船舶作为运输工具经营，而不拥有船舶所有权的光租人则成为了船舶的经营人。显然，对"无船"不能理解为是否拥有船舶，而应将其解释为拥有船舶但不经营船舶或既不拥有船舶也不经营船舶，即"无船"的根本特征是不经营船舶。

第二，无船承运人符合《海商法》关于承运人的规定，是《海商法》意义上的承运人，享有承运人权利并承担承运人义务。诚然，《海商法》制定之时，我国尚没有无船承运人的概念，但该法对承运人的规定是开放式的，即只要符合该法对承运人的界定，都可成为《海商法》意义上的承运人。我们知道，《海商法》第42条关于承运人的定义借鉴了《汉堡规则》的规定，即"承运人是指本人或委托他人以本人名义与托运人订立海上货物运输合同的人"。这一定义与《海牙规则》的规定迥然有别，承运人并不限定为船舶所有人或船舶经营人，只要是与托运人订立海上货物运输合同的人，都取得承运人的地位。由此可见，无船承运人尽管不经营船舶，但在现行法律框架下，其与托运人签订海上货物运输合同毫无障碍，可以取得承运人的法律身份和法律地位。

第三，无船承运人通过双重身份完成货物运输任务，即对货物托运人来说是承运人，对国际船舶运输经营者而言是托运人。由于无船承运人不经营船舶，其作为承运人承揽的货物只能通过有船承运人进行运输，并为此而需订立一个新的海上货物运输合同，该新合同可以通过班轮运输的订舱实现，也可以通过航次租船合同或定期租船合同缔结，即无船承运人能以航次租船人或定期租船人的身份来履行其作为托运人的义务。

在本案中，Z公司与G公司所签订合同的名称为"货运代理合同"，而合同中既有货运代理的内容，也有要求一方将货物安全及时运往目的港的约定，如要求一方对货物妥善保管、小心运输，而该方收取的"海运费用"包括运费、港口包干费等。对该合同性质的判定是双方争议的焦点,而合同性质又决定着对一方当事人到底是货运代理还是无船承运人的认定,最终决定着双方法律责任的分配和权利义务的分担。这一现象即是困扰海事审判的货运代理与无船承运人的身份识别问题。

法官在审判业务中判定某一合同的一方主体是货运代理还是无船承运人时,不能以该主体已经取得的经营资格为依据,如不能因为该主体是货运代理就认定它在某一合同中只能以货运代理的身份行事,而不能或不可能以其他身份进行业务交往。事实上,法官在审判业务中,首先是根据合同内容认定合同的性质,然后依据合同性质鉴别当事人的身份,而不是进行相反操作,即不是凭借合同当事人官方认可的身份来认定合同的性质。

无船承运人是以自己的名义订立运输合同的当事人,不仅负责有关货运代办事宜,而且要承担货物安全保管等责任;如果在货运途中发生货损的,无船承运人应按相关法律和运输合同的规定承担法律责任。

(3) 关于国际海上货物运输风险转移问题

G 公司出具的货物发票载明 CIF 价格条件。根据国际商会《2010 年国际贸易术语解释通则》的解释,在 CIF 价格条件下,若货物在运输途中因不可归责于买卖双方的原因而毁损,则该风险在货物越过装货港船舷时由卖方转移到了买方。风险的转移与买方是否支付货款、卖方是否收到货款没有关系,即只要风险已经转移,即便货物在运输途中毁损,买方仍有支付货款的义务,而不论货物毁损时所有权是否已经转移到买方。这一基本原则在 1980 年《联合国国际货物销售合同公约》中亦有体现,其第 66 条规定:"如果货物在风险转移给买方后发生毁损或灭失,买方支付货款的义务并不因此而解除,除非这种毁损或灭失是由于卖方的行为或不行为造成的。"

一审判决正是基于 CIF 价格条件关于货物风险转移的规定,判定托运人 G 公司在货物于起运港越过船舷后不承担货物毁损的风险。而二审法院则从 G 公司未收到货款,且实际委托相关单位在目的地对货物进行修理并支付了修理费的事实出发,认为在没有相反证据的情况下,应认定 G 公司承担了运输途中货物受损的损失。一、二审法院的分歧在于是以买卖合同中 CIF 价格条件对货物风险的约定为据,还是以实际承担货物损失的事实为据。就规定 CIF 术语的《2010 年国际贸易术语解释通则》而言,其性质为任意性惯例,国际货物买卖合同当事人可以选择适用该惯例,并且根据当事人意思自治原则,国际货物买卖合同当事人也可能对既有的惯例规则进行修改或变更,如可以通过双方的合意而修改合同约定,或者通过双方的行为来变更合同约定。就本案而言,G 公司实际支付了货物修理的费用,这可以看作是以行为方式变更了 CIF 关于货物风险转移的规定,即 G 公司承担了货物到达目的港卸货为止的运输风险。对于 Z 公司代理人在二审中的担心,即"在国际贸易中,买方在货损后不懂得专业设备的维修,找卖方修理是常见的做法,G 公司代为承担相关的检验、修理等费用,最大的可能性就是与买方存在代为修复的协议,G 公司代为支付的费用最终由买方承担",二审判决谨慎地指出,这"涉及买卖双方对利益的某种安排,可以由买卖双方另行解决"。二审判决从 G 公司承担了货损修理费用的事实出发,认为买卖合同双方修改了合同条款,从而认定 G 公司遭受了损失,并根据 G 公司与 Z 公司的货运代理合同关于"在运输期间发生货损时,由 Z 公司向 G 公司赔偿损失"的约定,判定 Z 公司应对代位求偿权的行使人即 A 保险公司承担赔偿责任。

4. 建议课堂计划

课时安排建议 2 课时。本案例可以作为专门的案例讨论课来进行。如下是按照时间进度提出的课堂计划建议,仅供参考。

课前计划:提出启发思考题,请学生在课前完成阅读和初步思考。

课中计划:课堂前言(2—5 分钟),简明扼要、明确主题;分组讨论(30 分钟),要求准备发言提纲;小组发言(每组 5 分钟),可利用多媒体,整体控制在 30 分钟内;引导全班进一步讨论,并进行归纳总结(30 分钟)。

课后计划:要求学生写出案例分析报告。

参考资料

[1] 广东省高级人民法院(2006)粤高法民四终字第 147 号民事判决书.

[2] 广州海事法院(2003)广海法初字第 432 号民事判决书.

[3] 顾全.代位求偿权的成立[M].张丽英等(编).中英海上保险法原理及判例比较研究.大连:大连海事大学出版社,2006.

[4] 贾林青,朱铭来,罗健.保险法[M].北京:中国人民大学出版社,2015.

［5］黎孝先,王健.国际贸易实务(第六版)[M].北京:对外经济贸易大学出版社,2016.

［6］王静.保险类案裁判规则与法律适用[M].北京:人民法院出版社,2013.

［7］杨大明.国际货物买卖[M].北京:法律出版社,2011.

［8］杨召南,徐国平,李文湘.海上保险法[M].北京:法律出版社,2009.

［9］邹志洪(主编).海上保险追偿法律与实务[M].北京:首都经济贸易大学出版社,2011.

社会保障

中国企业年金、职业年金何去何从：
上海企业年金基金案例分析

刘 钧 王 维

摘 要：上海企业年金基金案揭示了我国企业年金、职业年金在发展过程中遇到的问题，尽管我国政府管理部门在规范企业年金、职业年金发展的过程中出台了一系列的法律、法规，但是企业年金、职业年金在发展的过程中依然会遇到许多问题和挑战。深刻挖掘上海企业年金基金案存在的严重问题，可以在今后管理中进一步规范企业年金、职业年金的发展，以维护企业年金、职业年金基金受益人的合法利益。

关键词：基本养老保险 补充养老保险 企业年金 职业年金 补充养老保险基金投资运营 委托—代理关系 受托人 投资管理人 账户管理人 托管人

企业年金、职业年金是我国基本养老保险制度改革后应运而生的补充养老保险制度。1995年3月1日，我国政府发布的《关于深化企业职工养老保险制度改革的通知》规定，建立基本养老保险制度的框架，实行社会统筹和个人账户相结合的基本养老保险制度，并补充以企业保险、个人储蓄，形成多层次、多支柱的养老保险体系，从此，我国企业年金制度就发展起来了。2004年1月6日，劳动和社会保障部发布了《企业年金试行办法》；2004年2月23日，劳动和社会保障部会同证监会、保监会颁布了《企业年金基金管理试行办法》，对企业年金的建立、企业年金基金的管理和投资运营做出了明确的规定，标志着我国企业年金基金投资运营的各项制度建设纳入了规范化的管理阶段。2011年2月12日，人力资源和社会保障部、中国银行业监督管理委员会、中国证券监督管理委员会、中国保险监督管理委员会发布的《企业年金基金管理办法》，降低了允许企业年金投资股票的比例,以规避企业年金基金投资损失的风险,规范企业年金基金的管理。2015年1月14日,国务院发布的《关于机关事业单位工作人员养老保险制度改革的决定》规定,从2014年10月1日起对机关事业单位养老保险制度进行改革。从此,我国基本养老保险结束了城镇企业职工基本养老保险与行政事业单位养老保险实行两套不同制度的局面,行政事业单位基本养老保险也开始实行"统账结合"的制度。2015年3月27日,国务院发布的《国务院办公厅关于印发机关事业单位职业年金办法的通知》对职业年金的适用范围、构成、管理方式、基金投资运营等做出了明确的规定。中国企业年金、职业年金如何规范发展,关系到每一位事业单位工作人员的利益,关系到社会保障体系的持续和健康发展。2016年9月28日,人力资源和社会保障部发布的《职业年金基金管理暂行办法》对职业年金基金的委托管理、账户管理、受托管理、托管、投资管理及监督管理作出了明确的规定。

截至2016年年底,我国企业年金已经积累基金1.1万亿元,覆盖2 325万名职工,企业年金基金投资的安全问题已经成为社会各界普遍关注的热点话题。在此背景下,笔者写这一案例的目的是提醒有关管理部门,应关注企业年金、职业年金发展中存在的问题,发挥政府"守夜人"的监管职责,让企业年金、职业年金基金的投资运营关系人遵守国家法律、法规,确保企业年金、职业年金基金资产的保值增值。

1. 案例介绍

2006年8月17日,上海市第一中级人民法院依法受理了上海年金中心对福禧投资及其股东沸点投资提起的诉讼案件。原告称,上海年金中心先后将36.5亿元的资金通过委托、借款等方式拆借给福禧投资控股有限公司、上海沸点投资发展有限公司,用于收购高速公路等投资项目,目前尚有34.5亿元未收回。上海市第一中级人民法院在收到起诉书后,以八个独立案件分别立案。根据上海社会保险局福利保险处有关人士透露,截至2005年年底,上海年金中心管理的补充养老保险基金资产已经超过110亿元,约占全国补充养老保险基金资产总额的1/6。这也就是说,上海年金中心将其管理的补充养老保险基金资产的1/3借给了福禧投资控股有限公司张荣坤使用。上海年金中心提供的这些资金成为了张荣坤大肆收购的主要资金来源。2002年3月,30多岁的苏州青年张荣坤以32亿元拿下沪杭高速上海段30年收费经营权时,其掌控的福禧投资顿时成为上海滩上颇具神秘色彩的民营企业。此后,在两三年的时间内,张荣坤接连大手笔投资沪宁高速公路。2003年年初,张荣坤一举拿下上海路桥发展有限公司99.35%的股权,张荣坤由此成为上海"公路大王"。2004年,张荣坤的福禧投资跻身于上海电气改制,出资9.6亿元持有8.15%的股权,成为该公司的第二大股东。截至2005年6月,福禧投资参与管理的公路里程已达200公里,总投资超过100亿元。然而,随着上海社会保险局局长祝均一于2006年7月17日因严重违反财经纪律、违规拆借企业年金基金而被查处,人们一下子看清了撬动张荣坤神速崛起的那根杠杆——上海企业年金基金。截至案发时,福禧投资控股有限公司、上海沸点投资发展有限公司尚欠上海年金中心34.5亿元。

2006年10月20日,张荣坤被依法逮捕,被判有期徒刑19年。祝均一,原上海劳动和社会保障局局长,被判处有期徒刑18年;陆祺伟,原上海劳动和社会保障局基金监督处处长,被判处有期徒刑8年。

2. 案例分析

上海企业年金基金案暴露出我国企业年金基金在投资运营管理上存在着比较大的漏洞,其揭示的问题主要有以下几个方面:

2.1 确保补充养老保险基金受益人权益的问题

补充养老保险基金本来就是员工个人的资产,员工对企业年金基金、职业年金基金资产具有受益权。当员工达到领取企业年金、职业年金基金的条件时,就可以领取企业年金、职业年金;如果员工达不到领取企业年金、职业年金的条件就死亡时,企业年金、职业年金可以由员工的法定继承人继承。企业年金、职业年金的安全,关系到每一位劳动者退休后的生活,管理制度设计应当防范可能发生的任何影响基金安全的风险。如何依法、有效地维护补充养老保险基金受益人的利益,是企业年金、职业年金发展中亟待解决的问题。

2.2 完善补充养老保险基金投资运营机制的问题

补充养老保险(企业年金或职业年金)基金本来应该由受托人(企业年金理

事会或法人受托机构)交给具有投资理财经验的信托投资公司或基金管理公司来管理,这是规范企业年金、职业年金管理的重要制度设计。上海企业年金基金案的发生正是上海年金中心将上海企业年金基金违规投资运营的结果。对此,劳动和社会保障部决定,加快存量年金移交的步伐,移交截止日期定于 2007 年 12 月底。同时,随着我国职业年金的发展,避免职业年金违规投资运营的问题,再次引起了有关管理部门的重视。明确企业年金、职业年金基金投资运营管理人职责,避免违法、违规投资运营补充养老保险基金的警钟必须长鸣。

目前,我国企业年金、职业年金基金的投资运营引入了市场化竞争机制,实行商业化间接投资运营的管理模式。在企业年金、职业年金间接投资运营的管理模式中,补充养老保险基金投资运营的管理人主要有:受托人、投资管理人、托管人和账户管理人,其投资运营管理涉及银行、保险、证券、基金管理公司、信托投资公司等金融机构,也影响着我国货币市场、资本市场的发展。这些管理人之间相互监督、相互制约,形成了我国补充养老保险基金投资运营管理的制度体系。

补充养老保险基金投资运营受托人的职责

补充养老保险基金投资运营的受托人是指受托管理补充养老保险基金的理事会或符合国家规定的养老金管理公司等法人受托机构。按照组织性质划分,补充养老保险受托人分为理事会受托人和法人机构受托人。[①] 补充养老保险理事会受托人是由补充养老保险计划发起企业内部成立的理事会担任受托人,依照相关法律、法规建立本单位的补充养老保险计划,并对基金的投资运营进行管理和监督。例如,企业年金理事会作为企业年金基金财产的受托人,具有管理、处分企业年金基金财产的全部权力,但是由于企业年金理事会是一个由企业代表、职工代表和有关专家组成的特定自然人集合。我国《企业年金基金管理办法》规定,企业年金理事会由企业代表和职工代表等人员组成,也可以聘请企业以外的专业人员参加,其中职工代表不少于 1/3。理事会应当配备一

---

① 我国《企业年金管理办法》规定,建立企业年金计划的企业,应当通过职工大会或职工代表大会讨论确定,选择法人受托机构作为受托人,或者成立企业年金理事会作为受托人。

定数量的专职工作人员①。企业年金理事会中的职工代表和企业以外专业人员由职工大会、职工代表大会或其他形式民主选举产生。企业代表由企业方聘任。理事任期由企业年金理事会章程规定,但每届任期不超过三年,理事任期届满,连选可以连任。按照我国《企业年金基金管理办法》和金融监管的有关规定,企业年金理事会不具有承担企业年金账户管理人、托管人和投资管理人的资格和能力。由此,企业年金理事会只能选择全拆分的企业年金基金投资运营方式,即将企业年金账户管理、托管和投资管理等职能全部委托给外部法人机构承担。②

法人受托机构受托人是指补充养老保险发起单位将基金依照相关法律、法规的规定委托给法人受托机构投资运营的管理模式。我国《企业年金管理办法》规定,除了托管人职能必须外包之外,法人受托机构只要具备账户管理或投资管理业务资格,就可以兼任账户管理人或投资管理人。如果法人受托机构同时具备这两项业务资格,就可以同时兼任账户管理人和投资管理人。

在法人受托管理模式下,法人受托机构可以根据自身具备的资格条件选择以下四种模式:(1)与理事会受托模式一样,将账户管理、托管和投资管理等职能全部委托出去,即法人受托全分拆模式;(2)法人受托机构与账户管理人捆绑的部分分拆模式;(3)法人受托机构与投资管理人捆绑的部分分拆模式;(4)法人受托机构与账户管理人、投资管理人捆绑的部分分拆模式。

按照接受委托人的个数划分,补充养老保险计划分为单一计划和集合计划。例如,我国《企业年金管理办法》规定,企业年金单一计划是指受托人将单个委托人交付的企业年金基金单独进行受托管理的企业年金计划。企业年金集合计划是指受托人将多个委托人交付的企业年金基金,集中进行受托管理的

---

① 《企业年金基金管理办法》规定,企业年金理事会应当具备以下条件:(1)具备完全民事行为能力;(2)诚实守信,无犯罪记录;(3)具有从事法律、金融、会计、社会保障或者其履行企业年金理事会职责所必需的专业知识;(4)具有决策能力;(5)无个人所负数额较大的债务到期未清偿情形。企业年金理事会会议,应当由理事本人出席;理事会因故不能出席,可以书面委托其他理事代表出席,委托书中应当载明授权范围。理事会作出会议,应当经2/3以上理事通过。理事会应当对会议所议事项的决定形成会议记录,出席会议的理事应当在会议记录上签名。

② 《企业年金基金管理办法》规定,同一企业年金计划中,受托人与托管人、托管人与投资管理人不得为同一人;建立企业年金计划的企业成立企业年金理事会作为受托人的,该企业与托管人不得为同一人;受托人与托管人、托管人与投资管理人、投资管理人与其他投资管理人的总经理和企业年金从业人员,不得相互兼任。

企业年金计划(见表1)。

表1 企业年金单一计划和集合计划的比较

类型	单一计划	集合计划
企业加入程序	企业需单独建立补充养老保险计划,计划建立流程复杂,耗时比较长,手续烦琐	企业直接加入现有的企业年金集合计划,节省了计划建立的时间和流程,加入手续比较简单
运营成本和管理费用	企业年金计划运营的所有成本由单一企业年金基金承担,运营成本和管理费用相对较高	企业年金计划运营成本由加入集合计划的所有企业年金基金共同承担,各企业年金基金均可以享受到集合计划整体资产规模带来的规模效应,运营成本和管理费用比较低
投资风险和收益	单一企业年金基金承担所有的投资风险,如果资金量不够大,很难平衡基金的投资风险和收益	企业年金集合计划资产规模比较大,能灵活配置资产,及时把握市场机会并充分分散投资风险,可以较好地平衡基金的投资风险和收益,收益相对较高
投资的个性化设计	根据企业要求在法律法规允许的范围内设计个性化的投资目标、投资策略等	企业年金集合计划中单个企业的个性化要求不突出,但集合计划通常会提供多个投资组合供企业自主选择
适合企业类型	适合企业年金资产规模较大(通常5 000万元以上)且愿意承受较高的运营和管理费用,风险承受能力比较强的企业	企业年金集合计划加入程序比较简单,运营和管理成本比较低,资产规模效应明显,适合各类企业加入

数据来源:根据中国工商银行网站内的工行知识库相关内容修改得到,2013.4.15。

补充养老保险受托人职责是指补充养老保险受托人必须履行的工作任务。例如,我国《企业年金基金管理办法》规定,受托人应当履行的职责主要有以下几个方面:(1)选择、监督、更换账户管理人、托管人和投资管理人;(2)制定企业年金基金战略资产配置策略;(3)根据合同对企业年金基金管理进行监督;(4)根据合同收取企业和职工缴费,向受益人支付企业年金待遇,并在合同中约定具体的履行方式;(5)接受委托人查询,定期向委托人提交企业年金基金管理和财务会计报告,发生重大事件时,及时向委托人和有关监管部门报告,定期向有关监管部门提交开展企业年金基金受托管理业务情况的报告;(6)按照国家规定保存与企业年金基金管理有关的记录自合同终止之日起至少15年;(7)国家规定和合同约定的其他职责。我国《企业年金基金管理办法》规定,法人受托机构兼任投资管理人时,应当建立风险控制制度,确保各项业务管理之间的独立性;设立独立的受托业务和投资管理业务部门,办公区域、运营管理流程和业务制度应当严格分离;直接负责的高级管理人员、受托业务和投资业务部门的工作人员不得相互兼任。同一企业年金计划中,法人受托机构对待各项投资管理人应当执行统一的标准和流程,体现公开、公平、公正的原则。

补充养老保险基金投资运营投资管理人的职责

补充养老保险的投资管理人是法人机构,是接受受托人的委托,按照签订的资产管理协议,审慎地投资、运营补充养老保险基金资产的关系人。投资管理人应当履行下列职责:(1)对企业年金基金财产进行投资;(2)及时与托管人核对企业年金基金会计核算和估值结果;(3)建立企业年金基金投资管理风险准备金;(4)定期向受托人提交企业年金基金投资管理报告;定期向有关监管部门提交开展企业年金基金投资管理业务情况的报告;(5)根据国家规定保存企业年金基金财产会计凭证、会计账簿、年度财务会计报告和投资记录自合同终止之日起至少15年;(6)国家规定和合同约定的其他职责。有下列情形之一的,投资管理人应当及时向受托人报告:(1)企业年金基金单位净值大幅度波动的;(2)可能使企业年金基金财产受到重大影响的有关事项;(3)国家规定和合同约定的其他情形。禁止企业年金投资管理人具有下列行为:(1)将其固有财产或他人财产混同于企业年金基金财产;(2)不公平地对待企业年金基金财产与其管理的其他财产;(3)不公平地对待其管理的不同企业年金基金财产;(4)侵占、挪用企业年金基金财产;(5)承诺、变相承诺保本或者保证收益;(6)利用所管理的其他资产为企业年金计划委托人、受益人或者相关管理人谋取不正当利益;(7)国家规定和合同约定禁止的其他行为。

补充养老保险基金投资运营托管人的职责

补充养老保险的托管人是指受托人委托保管补充养老保险基金财产的商业银行或专业机构。单个补充养老保险计划托管人由一家商业银行或专业机构担任。补充养老保险基金投资的托管人应当履行下列职责:(1)安全保管企业年金基金财产;(2)以企业年金基金名义开设基金财产的资金账户和证券账户等;(3)对所托管的不同企业年金基金财产分别设置账户,确保基金财产的完整和独立;(4)根据受托人指令,向投资管理人分配企业年金基金财产;(5)及时办理清算、交割事宜;(6)负责企业年金基金会计核算和估值,复核、审查和确认投资管理人计算的基金财产净值;(7)根据受托人指令,向受益人发放企业年金待遇;(8)定期与账户管理人、投资管理人核对有关数据;(9)按照规定监督投资管理人的投资运作,并定期向受托人报告投资监督情况;(10)定期向受托人提交企业年金基金托管和财务会计报告,定期向有关监管部门提交开展企业年金基金托管业务情况的报告;(11)按照国家规定保存企业年金基金托管业务活动记录、账册、报表和其他相关资料自合同终止之日起至少15年;(12)国家规定和合同约定的其他职责。托管人发现投资管理人依据交易程序尚未成立的投资指令违反法律、行政法规、其他有关规定或者合同约定的,应当拒绝执行,立即通知投资管理人,并及时向受托人和有关监管部门报告。托管人发现投资管理人依据交易程序已经成立的投资指令违反法律、行政法规、其他有关规定或者合同约定的,应当立即通知投资管理人,并及时向受托人和有关监管部门报告。

补充养老保险基金投资运营账户管理人的职责

补充养老保险基金的账户管理人是法人机构,是指接受受托人委托管理企业年金基金账户的专业机构。账户管理人应当履行下列职责:(1)建立企业年金基金企业账户和个人账户;(2)记录企业、职工缴费及企业年金基金投资收益;(3)定期与托管人核对缴费数据及企业年金基金账户财产变化状况,及时将核对结果提交受托人;(4)计算企业年金待遇;(5)向企业和受益人提供企业年金基金企业账户和个人账户信息查询服务,向受益人提供年度权益报告;(6)定期向受托人提交账户管理数据等信息及企业年金基金账户管理报告,定期向有关监管部门提交开展企业年金基金账户管理业务情况的报告;(7)按照国家规定保存企业年金基金账户管理档案自合同终止之日起至少15年;(8)国家规定和合同约定的其他职责。

我国企业年金管理机构具体名单如表2所示。

表 2　我国企业年金管理机构名单

管理机构	单位名称
受托人	华宝信托投资有限责任公司、中信信托投资有限责任公司、中诚信投资有限公司、平安养老保险股份有限公司、太平养老保险有限公司(第一批);中国建设银行股份有限公司、中国工商银行股份有限公司、招商银行股份有限公司、上海国际信托公司、长江养老保险股份有限公司、中国人寿养老保险股份有限公司、泰康养老保险股份有限公司(第二批)
投资管理人	海富通基金管理有限公司、华夏基金管理有限公司、南方基金管理有限公司、易方达基金管理有限公司、嘉实基金管理有限公司、招商基金管理有限公司、富国基金管理有限公司、博时基金管理有限公司、银华基金管理有限公司、中国国际金融有限公司、中信证券股份有限公司、中国人寿资产管理有限公司、华泰资产管理有限公司、平安养老保险股份有限公司、太平养老保险股份有限公司(第一批);国泰基金管理有限公司、工银瑞信基金管理有限公司、广发基金有限公司、泰康资产管理有限公司、中国人保资产管理股份有限公司、长江养老保险股份有限公司(第二批)
托管人	中国工商银行、中国建设银行有限公司、中国银行股份有限公司、交通银行股份有限公司、招商银行股份有限公司、中国光大银行(第一批);中信银行股份有限公司、上海浦东发展银行股份有限公司、中国农业银行、中国民生银行股份有限公司(第二批)
账户管理人	中国工商银行、交通银行有限公司、上海浦东银行、招商银行股份有限公司、中国光大银行、中信信托投资有限责任公司、华宝信托投资有限责任公司、新华人寿保险有限公司、中国人寿保险股份有限公司、中国太平洋人寿保险有限公司、泰康人寿保险有限公司(第一批);中国建设银行股份有限公司、中国民生银行股份有限公司、中国银行股份有限公司、中国人寿养老保险股份有限公司、泰康养老保险股份有限公司、平安养老保险股份有限公司、长江养老保险股份有限公司(第二批)

2.3　确保补充养老保险基金投资运营监管的问题

补充养老保险基金投资运营监管是确保补充养老保险基金投资安全的重要机制。政府有关管理部门在履行职责方面缺乏有效的监管,致使权力失去监管,是造成上海年金中心违规投资、管理补充养老保险基金事件发生的主要原因。

补充养老保险基金投资运营的监管是多层次的网络状监管体系,其监管体系构架大致有五个层次:一是政府监管,二是行业自律监管,三是社会中介机构监管,四是投资管理人监管,五是投资市场监管。这五个层次的监管相互联系、相互协调,共同构成了补充养老保险基金投资运营监管体系。在补充养老保险基金投资运营的过程中,这五个层次监管所发挥的作用不同(见图1)。

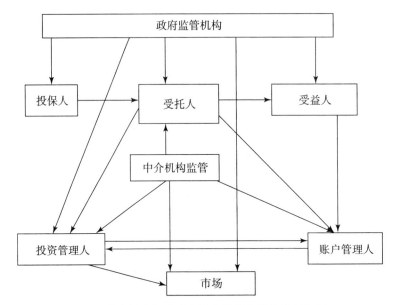

图 1 补充养老保险基金投资运营监管体系示意图

政府监管

政府监管是补充养老保险基金投资运营监管的主要方面,政府监管属于强制性监管,任何违背国家法律、法规的行为,都会受到政府监管部门的处罚,其目的是维护补充养老保险基金资产的安全,确保企业年金受益人的利益。政府监管的对象主要有补充养老保险基金投资的受托人、投资管理人、账户管理人、托管人、投资市场,监管各方履行职责的情况,这几个方面相互协调、相互制约,共同履行管理职责、监管补充养老保险基金投资运营管理人履行职责的情况,其监管工作主要包括以下几个方面:(1)制定补充养老保险基金投资运营监管的法律、法规;(2)综合协调各项补充养老保险基金投资运营管理的政策;(3)制定补充养老保险基金投资运营监管制度,管理补充养老保险基金投资运营监督网络体系,组织监督各项补充养老保险基金投资运营的管理情况;(4)制定补充养老保险基金投资运营内部审计规则和内部审计人员资格认证制度,颁布补充养老保险监管部门内部审计检查证;(5)建立并管理补充养老保险基金投资运营监督举报系统,受理投诉举报,组织查处补充养老保险基金管理的重大违纪案件;(6)制定补充养老保险基金投资运营机构的资格标准,认定投资机构运营补充养老保险基金的资格,并对其投资运营补充养老保险基金情况实施监督;(7)制定补充保险承办机构的资格认定标准,认定有关机构承办补充养老保险业务的资格标准,并对其投资运营补充保险基金的情况实施监督;(8)制订补充养老保险基金运营监管工作的中长期计划和年度计划;(9)督促和指导地方人力资源和社会保障部门的基金监管机构开展工作;(10)掌握补充养老保险基金运营监管的工作动态,及时交流工作信息,提高补充养老保险基金管理工作的整体水平。

行业自律监管

行业自律监管是同业公会或行业公会建立的非官方自律组织,是对补充养老保险基金受托人、投资管理人、托管人和账户管理人行业内部的监管。这主要表现为补充养老保险投资运营管理机构行业内部的监管、基金管理公司(信托投资公司、资产管理公司或证券公司)行业内部的监管和保管基金资产的银行内部监管。行业自律监管是行业内部的监管,行业自律监管属于非强制性的监管,具有政府监管机构所不具有的行业内部协调作用。行业自律监管的作用主要体现在:代表会员对政府有关管理立法施加影响;协调会员在市场竞争中的行为和规范;制定行业会员接纳、共同遵守的行业规则等。

社会中介机构的监管

社会中介机构监管是指公开、独立的专业机构对补充养老保险基金投资运营的监督和管理,是独立审计机构、信用评级机构和精算机构等对补充养老保险基金受托人、投资管理人、账户管理人、托管人和投资市场的监督管理。中介机构的监督、社会监督属于外部监督。这些机构通常是接受相关管理机构的委托,其作用是从外部监督员工补充养老保险基金投资运营管理机构的行为,对政府监督具有不可替代的补充监管作用。

投资管理人内部控制监管

投资管理人是法人机构,是接受受托人的委托按照签订的资产管理协议审慎地投资运营补充养老保险基金资产的关系人。投资管理人除了要接受监管机构的监管、受托人的监管、账户管理人的监管、中介机构及市场的监管外,还要建立投资管理人内部控制制度。投资管理人内部控制监管是资产管理公司、证券公司、养老金管理公司为完成既定的工作目标、防范各种风险,对内部各职能部门及其工作人员所从事的各类、各项业务活动进行风险控制、制度管理和相互制约的方法、措施和程序的总和。

第一,组织机构控制。组织机构控制是内部监管的核心,其体现的是职责分工、相互牵制的原则。各部门有明确的授权分工,这些部门之间相互独立、相互核对、相互牵制,有独立的报告系统。一般来说,基金管理公司内部设有投资决策部门、交易执行部门、结算部门、限额控制部门、交易决策部门、内部审计部门和监察稽核部门等,这些部门的单独设立,有效地规避了员工退休计划基金投资的责任和风险。

第二,投资运营效率控制。基金投资运营效率控制主要有以下几种手段:一是投资限制控制。在委托投资管理人时,员工退休计划基金应当对投资范围、投资策略和投资限制做出规定,同时公司管理部门也会设定基金投资的限额,这些限额的规定是参照国家有关法律法规的规定而确定的。二是投资运营标准化控制。投资运营标准化控制主要通过投资运营书面化、程序标准化和岗位责任明晰化等方式来规避投资的风险,提高基金投资运营的效率。投资运营标准化要求各部门间以及部门内部的操作必须有书面文件予以记录,以明确责任归属;程序标准化是指对投资决策、交易执行等各种活动有标准的业务程序流程,执行人员必须经授权后,按照程序执行。岗位责任明晰化是指各岗位人员各司其职,限制越权、穿插、代理等行为。三是业务隔离控制。业务隔离控制主要是指各基金管理人应当将员工退休计划基金资产与公司自有资产严格分离,以防止员工退休计划基金资产弥补公司经营的损失。

第三,报告可靠性控制。在日常交易中,前台、中台、后台必须编制每日交易情况的明细报告,分别向风险管理部门和上级部门报告。风险控制部门对于日常操作中发现的,或者认为具有潜在损失可能的问题,应当编制风险报告,向上级报告,这种关于报告可靠性的控制,可以及时规避员工退休计划基金在投资运营中遭受损失的风险。

投资市场的监管

补充养老保险基金的投资运营依赖于规范、有序的投资市场,而规范补充养老保险基金投资市场,实际上是规范补充养老保险基金投资于其中的货币市场、资本市场、房地产市场等,这是补充养老保险基金保值增值必备的经济环境。例如,资本市场的监管主要有两方面的内容:(1)证券发行市场的监管。证券发行市场监管是证券管理部门对证券发行的审核、监督和管理,是加强证券市场监管的重要环节。加强证券发行市场的监管,是维护市场正常秩序和证券市场公平、公开、公正原则的需要。(2)证券投资市场的监管。我国政府于2014年新修订的《证券法》对内幕交易、操纵市场、欺诈客户等行为做出了明确的规定,并制定了相应的处罚措施,其监管主要包括以下几个方面:对内幕交易的监管;对操纵市场的监管;对欺诈客户的监管。

案例使用说明

1. 教学目的与用途

本案例的教学目标:使学生关注我国企业年金、职业年金基金投资运营中出现的各种违法、违规的问题;了解企业年金、职业年金受托人、托管人、投资管理人和账户管理人职责;理解完善企业年金、职业年金基金投资运营的监管制度对确保企业年金、职业年金基金资产安全的重要性。

2. 案例讨论的准备工作

(1) 知识准备:学生需要了解企业年金、职业年金的概念、特点、运营机制和监管等问题;了解我国现行企业年金、职业年金投资运营管理模式的选择;了解监管企业年金、职业年金投资运营的方式、监管的主体、风险控制机制等法律法规的规定。

(2) 材料准备:《企业年金基金管理办法》《职业年金基金投资管理办法》《证券法》《合同法》和《信托法》。

3. 关键要点

(1) 我国企业年金、职业年金制度建设的现状。

(2) 企业年金、职业年金基金投资运营中关系人的职责:受托人、投资管理人、托管人、账户管理人职责。

(3) 企业年金、职业年金监管的构架,各监管主体在企业年金、职业年金监管中的职责。

4. 建议课堂计划

(1) 提问顺序:如果你管理 36.5 亿元的企业年金、职业年金基金,你将如何制订投资规划;你们设计的投资组合方案是否符合我国现行法律、法规的要求;如何进行修改、调整企业年金规划;你觉得,预期的投资收益率会有多少,请说明理由;如果你是监管机构,将如何监管企业年金基金的投资运营,以确保企业年金基金资产的安全。

(2) 课时分配:4 课时。

(3) 课堂总结:维持企业年金、职业年金基金的保值、增值是一项复杂的系统工程,需要根据市场行情的变化,随时调整投资方案,获得稳定的投资收益比较难,同样,监管企业年金、职业年金基金的投资运营就更困难。

从延迟退休的争议到退休性别歧视案

李晨光

摘　要：本案例以是否提高法定退休性别的争论为线索，以"退休性别歧视案"为切入点，分析中国关于退休年龄的具体规定。在此基础上本案例分析梳理了影响退休年龄的相关因素，对中国提高法定退休年龄进行了必要性分析，最后探讨了调整退休年龄和改革退休制度的思路。

关键词：退休年龄　强制退休　养老保险

中国是否应该提高法定退休年龄，这种争论由来已久。2000年以后，这种争论有愈演愈烈的趋势，每隔不长时间关于延迟退休与否的讨论都会成为媒体和全社会关注的焦点。在这种讨论过程中，中国决策者的态度逐渐明朗。2013年中国共产党第十八届三中全会通过的《中共中央关于全面深化改革若干重大问题的决定》中明确提出"研究制定渐进式延迟退休年龄政策"。2016年2月，人社部部长尹蔚民在就就业和社会保障问题向社会解答的新闻发布会上表示，我国具体的延迟退休方案已经形成，待按照相关程序报批后，就会向社会公开征求意见。2018年1月9日人社部部长尹蔚民在人民日报发表署名文章时再次提及"适时研究出台渐进式延迟退休年龄等应对措施"。可见我国退休年龄改革已经近在咫尺，箭在弦上，在不远的将来，中国必然会提高法定退休年龄。但目前全社会仍然有很多人对延迟退休有疑问甚至有反对意见。2016年3月，中国青年报社会调查中心联合搜狐民调，对169 063人进行的一项调查显示，91.1%的受访者坦言不愿意延迟退休。那么中国是否应该提高法定退休年龄？中国的退休年龄和退休制度是什么样的？中国的退休年龄和退休制度又该如何调整？本文将以"退休性别歧视案"作为切入点，在全面分析中国的退休年龄和退休制度的基础上回答上述问题。

1. 退休性别歧视案[①]

出生于1949年10月的周香华女士1968年1月参加工作,退休前为中国建设银行平顶山分行出纳部副经理。2004年10月,中国建设银行平顶山分行以周香华年满55周岁,参加革命工作年限已满10年为由,在未征得周香华同意的情况下便自行向河南省劳动和社会保障部门申报其退休,并于2005年1月,通知她办理退休手续。但周香华认为自己足以胜任目前的工作,因此要求与男性一样享有60岁退休的权利,并称单位的这一做法属于歧视,违反宪法。

2005年8月,周女士向平顶山市劳动仲裁委员会提出仲裁申请,要求撤销该退休决定。10月11日,仲裁委员会开庭仲裁,周香华的代理人提出:宪法具有最高的法律效力,一切法律、行政法规、地方性法规、自治条例和单行条例、规章都不得同宪法相抵触,《国务院关于安置老弱病残干部的暂行办法》关于"男年满60周岁、女年满55周岁的干部可以退休"的规定,属于下位法违反上位法,有关机关应依照权限予以改变或者撤销。银行针对周香华的退休决定,因违反宪法男女平等原则而不具备法律效力,依法应予以撤销。但仲裁委员会认为:受理仲裁范围仅在申诉人的退休问题是否符合现行法律、法规,申诉人所提的请求不属于仲裁委员会管辖范围,被诉人根据国务院国发(1978)第104号文第4条第1款规定为申诉人申办退休手续符合我国现行退休政策。10月17日,仲裁庭宣布仲裁结果,"因申诉人未提供支持其观点的有效证据和法律依据,故仲裁庭对申诉人的申诉请求不予支持"。

周女士在仲裁结果宣布后,又于2005年10月28日向人民法院提起民事诉讼,法院最终于2006年2月8日做出一审判决,驳回了原告"要求与男性同龄退休"的诉讼请求。法院审理认为,周香华对已满55岁且参加工作年限满10年并无争议,依照国务院《关于安置老弱病残干部的暂行办法》的规定,其符合办理退休手续的条件;被告中国建设银行平顶山分行以此为据为其申报退休的

[①] 案例选自四川大学法学院编写的《中国法院和仲裁机构禁止就业歧视案例选》,已对原案例进行了修改,本文虽然引用这一案例,但并不是对这一案例进行法律层面的分析,而是通过这一案例让读者能够更加深刻地认识中国的退休制度和退休年龄的具体规定。

决定,符合现行国家政策和法规,并无不当。周香华认为被告为其办理退休手续的决定违背了宪法关于男女平等的原则,要求予以撤销的理由无法律依据,法院不予支持。

2006年3月7日下午,北京大学法学院妇女法律研究与服务中心①就国务院发(1978)第104号文件关于女职工退休年龄的规定,向全国人大常委会提起违宪审查建议。违宪审查建议书指出,国务院发(1978)第104号文件(包括《国务院关于安置老弱病残干部的暂行办法》和《国务院关于工人退休、退职的暂行办法》)违反了《中华人民共和国宪法》第33条第2款"中华人民共和国公民在法律面前一律平等"及第48条第1款"中华人民共和国妇女在政治的、经济的、文化的、社会的和家庭的生活等各方面享有同男子平等的权利"的规定。

2. 中国的法定退休年龄

2.1 中国退休年龄的主要规定

中国正常退休年龄

中国的退休年龄和条件,自20世纪50年代做出规定以后,一直相对稳定。1951年颁布的《劳动保险条例》对职工退休条件和年龄作了具体规定:一般职工,男年满60岁,一般工龄25年,本企业工龄10年;女年满50岁,一般工龄20年,本企业工龄10年。1955年国务院颁布《国家机关工作人员的退休规定》,退休年龄与企业职工有所不同,规定男干部60周岁,女干部55周岁。

1978年《国务院关于安置老弱病残干部的暂行办法》和《国务院关于工人退休、退职的暂行办法》(国务院发(1978)第104号),对干部和工人的退休、退职制度分别作出了规定。在一些退休条件上,进一步完善和强化了原有规定。其中规定基本的退休年龄是男年满60周岁,女干部年满55周岁,女工人年满50周岁。这两个文件中有关退休、退职条件和年龄的规定,目前还普遍适用于企事业单位的干部和职工。

---

① 2010年北京大学撤销了北京大学法学院妇女法律研究与服务中心。

中国提前退休和延迟退休的主要规定①

在正常退休年龄的规定之外,针对一些特殊群体或特殊情况,中国的退休制度还有提前退休和延迟退休的相关规定。

提前退休的相关规定主要针对特殊工种和完全丧失劳动能力的劳动者,以及自愿提前退休的公务员。

所谓特殊工种,主要是指有毒、有害、井下、高空、高温、野外、特别繁重等特殊行业的工作岗位。对从事这种岗位的人员,可以提前退休。现行政策是只要连续工龄满10年,可提前5年退休,即男年满55周岁,女年满45周岁退休。这种情况一般适用于企业工人,但"工作条件与工人相同的基层干部"也适用。

完全丧失劳动能力包括因病或非因公致残和因公致残两种情形。针对因病或非因公致残人员的提前退休的基本条件是不能正常坚持工作或无工作能力,但要求男性年满50周岁,女性年满45周岁,而且要求连续工作10年以上。而针对因公致残的人员则没有年龄和工龄的限制,"凡因公(工)负伤或致残的人员,如果完全丧失劳动能力,可以办理提前退休"。劳动者完全丧失劳动能力有两种情况:一种是工作过程中造成的,这种情况可以无条件退休;另一种是身体自然生病和受伤造成的,这种情况要达到年龄和工龄要求才可以退休。

公务员的自愿提前退休源于1993年的《国家公务员暂行条例》,2005年颁布的《公务员法》也明确规定公务员在两种情况下可自愿提前退休:一种情况是工作年限满30年;另一种情况是距国家规定的退休年龄不足5年,且工作年限满20年的。

延迟退休的相关规定主要针对高级专家和领导干部。

所谓高级专家,主要指具有副高级职称以上的人员。副教授级专家经过批准,最长延至不超过65周岁退休,教授级专家经批准,最长可延至70周岁。与此同时,对女性高级专家的退休还做了规定,具有高级职称的女性专业技术人员年满60周岁退休,如本人申请,则可以年满55周岁退休。此外院士的退休年龄还有专门的规定,院士年满70周岁退休。个别确因国家重大项目特殊需要,可适当延长退休年龄,最多延长至75周岁。

---

① 此部分参考林熙的《退休制度的结构要素和实践形态研究》并根据相关政策文件进行了归纳整理。

对领导干部的退休延期问题主要包括两个方面:一方面是省部级正职领导干部退休年龄65周岁、省部级副职退休年龄60周岁,司局级60周岁;另一方面是县处级女干部年满60周岁退休,如本人申请,则可以年满55周岁退休。

对上述正常退休、提前退休及延迟退休的总结如表1所示。

表1 中国退休年龄规定的分类与内容

分类	内容	
正常退休	男年满60周岁,女干部年满55周岁,女工人年满50周岁	
提前退休	特殊工种	男年满55周岁,女年满45周岁,连续工龄满10年
	完全丧失劳动能力	因病或非因公致残:男性年满50周岁,女性年满45周岁,连续工作10年以上
		因公(工)负伤或致残:不受年龄限制
	公务员自愿	工作年限满30年
		距国家规定的退休年龄不足5年,且工作年限满20年
延迟退休	高级专家	经批准,副教授级65周岁,教授级70周岁
		院士70周岁,因国家特殊需要的可延长至75周岁
	领导干部	省部级正职65周岁、省部级副职60周岁,司局级60周岁
	县处级女干部和具有高级职称的女性专业技术人员	年满60周岁,如本人申请,则可以年满55周岁退休

2.2 中国退休年龄的主要特点

法定退休年龄强制退休

中国实行的是法定退休年龄强制退休的制度,退休不仅是劳动者享有的一项权利,还是劳动者应尽的一项义务,劳动者在达到国家规定的退休年龄时,必须离开自己所劳动的岗位①。对于绝大多数群体来说,这种到点退休都是固定的和刚性的,也是本文所提到退休性别歧视案产生的原因之一。此外,除公务

---

① 当然,法律并没有禁止已达退休年龄的劳动者重新就业,只是退休人员的用工关系不被法律认定为劳动关系,不受劳动法的保护。

员等少数群体外,没有到政策规定的时点,劳动者个人也不能选择提前退休,不存在可供劳动者个人选择退休的弹性空间。

男女退休年龄不同

我国从一开始制定退休政策时,就确定男女退休年龄采取差别化的政策,而且男女退休年龄相差较大。男女干部相差5岁,男女工人相差10岁。这是本文所提到的退休性别歧视案产生的直接原因。当时政策制定的初衷,主要考虑妇女不仅要承担物质生产的任务,还要承担人口生产的任务,为了更好地保障妇女权益,所以女性的退休年龄低于男性,这也符合当时的国际趋势。

根据群体身份确定不同退休年龄

中国退休制度在政策规定上,划分了两大群体:干部和工人。国务院发(1978)第104号文件有两个退休办法,一个是针对干部的退休办法;另一个是针对工人的退休办法。对干部和工人在退休年龄、条件、待遇和管理等方面,既有基本相同的一面,又有不同的一面。如在年龄上,男干部和男工人退休年龄一致,都是满60周岁;而女干部和女工人退休年龄不同,女干部是55周岁,女工人是50周岁。这种根据群体身份确定不同的退休条件和待遇的规定,适应当时计划经济的要求,但在市场经济条件下,却面临较大的挑战,也有违"公平、平等"的价值理念。

退休制度与养老保险制度既相互联系,又相互区别

中国的退休制度与养老保险制度可以看成是既相辅相成、又相互独立的两个不同制度。

一方面,中国的法定退休年龄强制退休到目前为止在现实生活中仍然能够得以实施完全依赖于当前的职工养老保险和机关事业单位工作人员养老保险为退休人员提供了能够满足基本生活需求的养老金,能够保证退休渠道基本通畅;另一方面,按月领取养老保险金的前提之一就是达到法定退休年龄,退休年龄的调整不可避免地会影响养老保险。从微观上讲,个体的参保缴费年限必然与退休年龄存在密切关系,进而会对个体养老保险待遇水平产生影响。从宏观上讲,法定退休年龄的调整必然会对整个养老保险基金的收支平衡产生重要影响,是养老保险最为敏感的外生变量。

但是,以退休年龄为核心的退休制度和养老保险制度却依然可以看成是相

互独立的两个不同制度。三十多年来,养老保险制度从原来的退休金制度演变而来,经过不断的改革、调整和完善,已经发生了根本性的改变,现在制度基本定型。而退休制度中特别是法定退休年龄及强制退休在这三十多年来一直保持不变,在现实生活中仍然能够实施并产生影响。

3. 中国提高退休年龄的必要性分析

3.1 人口预期寿命不断提高

人口预期寿命反映了一个国家中人民的健康状况,人口预期寿命的不断提高是经济发展、社会进步、医疗卫生条件不断改善,人民生活水平不断提高的重要标志。

我国的 0 岁人口平均预期寿命 2015 年已达 76.34 岁①,超过世界中等国家水平,接近发达国家水平。它反映出我国社会经济发展、医疗卫生水平的不断提高。建国初期的 1950—1955 年,我国人均预期寿命仅为 44.6 岁,与一般发展中国家平均水平大体相当。1965—1970 年我国人均预期寿命上升到 59.4 岁。改革开放后,人民的生活水平大幅度提高,人均预期寿命也有了显著上升,1975—1980 年上升到 66.3 岁。1995—2000 年我国人均预期寿命已达到 70.8 岁。在短短的 50 年间,中国人口预期寿命提高了近 30 岁,平均每年提高 0.52 岁。无论是世界卫生组织的统计还是中国官方公布的数据都毫无疑问地反映了这一趋势。由表 2 和表 3 可以看出 20 多年来,中国 0 岁人口平均预期寿命的增长趋势依然明显。可以预见,未来中国人均预期寿命仍呈上升趋势,且不断接近发达国家的水平。从建国初期到现在,人均预期寿命提高 30 多岁,而退休年龄依然不变,滞后的退休年龄和我国人民的健康发展状况并不匹配。此外,由表 2 还可以看出,2015 年中国 60 岁人口的平均预期寿命为 19.7 岁,男性为 18.6 岁,女性为 20.9 岁,与我国"男 60 岁,女干部 55 岁,女工人 50 岁"的法定退休年龄相比形成巨大反差。

---

① 此数据来自国家统计局公布的《2015 年国民经济和社会发展统计公报》。

表 2　世卫组织统计的中国平均预期寿命

（单位：岁）

	0 岁人口			60 岁人口		
	男女	男	女	男女	男	女
1990	69	67	71	18	16	19
2000	71.7	70.1	73.5	18.2	17.1	19.4
2001	72.2	70.7	73.9	18.5	17.4	19.6
2002	72.7	71.3	74.3	18.7	17.6	19.7
2003	73.1	71.7	74.7	18.8	17.7	19.9
2004	73.5	72.1	75.1	18.9	17.8	20
2005	73.9	72.4	75.5	19	17.9	20.2
2006	74.2	72.7	75.8	19.1	18	20.3
2007	74.4	72.9	76.1	19.2	18.1	20.4
2008	74.5	72.9	76.1	19.2	18.1	20.5
2009	74.9	73.3	76.5	19.3	18.2	20.5
2010	75	73.5	76.7	19.3	18.2	20.5
2011	75.2	73.7	76.8	19.4	18.2	20.6
2012	75.4	73.9	77	19.4	18.3	20.6
2013	75.6	74.1	77.2	19.5	18.3	20.6
2014	75.8	74.4	77.4	19.6	18.5	20.8
2015	76.1	74.6	77.6	19.7	18.6	20.9

数据来源：根据世界卫生组织出版的历年《世界卫生统计报告》整理而得。

表 3　中国官方公布的平均预期寿命

（单位：岁）

	男女	男	女
1973—1975		63.6	66.3
1981	67.77	66.28	69.27
1990	68.55	66.84	70.47
2000	71.4	69.63	73.33
2005	72.95	70.83	75.25
2010	74.83	72.38	77.37
2015	76.34	73.64	79.43

数据来源：根据《中国统计年鉴》《中国卫生统计年鉴》和《全国人口普查公报》整理而得。此表的平均预期寿命是指 0 岁人口的平均预期寿命。表中空格表示没有查到相关数据。

3.2 人力资本投资时间延长

人力资本的核心是提高人口质量，人力资本投资就是人口质量的投资，其中的教育投资是人力资本投资的主要部分。在当今知识经济时代，科学技术的进步对知识的依赖进一步加强，知识成为提高综合国力和国际竞争力的决定性因素，人力资源成为推动经济社会发展的战略性资源。教育作为人力资本投资的最重要组成部分，在社会进步和经济发展中发挥着重要作用。因此，各国纷纷把发展教育作为国家发展的战略举措。平均受教育年限是指某一人口群体人均接受学历教育（包括成人学历教育，不包括各种非学历培训）的年数，反映的是人口受教育的总体水平，具体计算通常是将一个人口中各种受教育程度的人口按照相应的受教育水平进行加权总和，再除以相应的总人口数得到的。随着九年制义务教育的普及和高等学校的扩招，我国劳动年龄人口的受教育年限显著增长。从平均受教育年限来看，我国15岁以上人口平均受教育年限在1982年、1990年、2000年、2010年和2014年分别为5.9年、6.4年、7.9年、8.8年和9.24年。他们将成为具有充足人力资本的劳动者，随着受教育年限的延长，初始就业年龄也在向后推迟，具备延长工作时间的能力。

人均受教育时间的不断延长，表明人力资本的投资时间延长，人力资本进入劳动力市场的初始就业年龄会延后，如果退休年龄不相应地延后，相对工作时间就会缩短，人力资本用于社会生产的有效时间就会减少，人力资本的收益就会减少，即创造的社会财富就会减少。在退休年龄不变的情况下，受教育时间和工作时间呈负相关关系。受教育时间越短，相应的工作时间就越长；受教育时间延长，相应的工作时间就要缩短。在现行退休制度下，人力资本投资时间越长，创造社会价值的时间就越短。

我国的退休年龄为男性60岁，女干部55岁，女工人50岁，男性比联合国设定的老年人口65岁标准小5岁，女性则小10岁或15岁。在人均受教育年限不断提高的情况下，仍然沿用60年前制定的退休制度，显然是不合时宜的。表明在现行退休制度下，较低的退休年龄使潜在的人力资源在没有充分发挥其效力的情况下就退出劳动力市场，这无形中导致了人力资本的浪费，尤其是对于女性而言。这就是退休政策所产生的"负外部性"。因此，在人力资本投资时间普遍延长的情况下，应相应延长退休年龄，使人力资本的效力充分发挥，创造更多的收益。

3.3 人口红利正在消失

所谓"人口红利",是指一个国家的劳动年龄人口占总人口比重较大,抚养率较低,为经济发展创造了有利的人口条件,整个国家的经济呈现高储蓄、高投资和高增长的局面。在一国的人口结构向老年型转变的过程中,往往出现一个特殊时期,在人口生育率的迅速下降造成人口老龄化加速的同时,少儿抚养比亦迅速下降,劳动年龄人口比例上升。劳动力人口数量的增加不但替代了退出劳动力市场的老年劳动力人口,而且满足了经济增长对劳动力的需求。劳动力人口数量大意味着抚养压力比较小,为经济发展创造了有利的人口条件。这样在老年人口比例达到较高水平之前,就会形成一个劳动力资源相对丰富、抚养负担轻、对经济发展十分有利的"黄金时期",人口经济学家称之为"人口红利"。"人口红利"期是任何一个实现人口转变的国家都要经历的一个时期。但是,劳动年龄人口数量的增加并不是可持续的。随着人口结构转变及人口老龄化程度不断加深,劳动年龄人口在数量上的优势将渐渐消失,将不可避免地出现下降态势,甚至可能出现供给不足的情况。这种由劳动年龄人口增加为经济增长提供的有利时机将会消失,接踵而来的将是人口负债,即不断加速的人口老龄化。人口老龄化程度的不断加深将对整个社会和经济的发展带来一系列负面影响。首先,人口老龄化使老年抚养比不断提高,劳动力的抚养压力持续加大;其次,人口老龄化将导致消费性人口比例增加,生产性人口比例降低,使国民收入中用于消费部分支出加大,积累部分相对减少。最后,随着人口老龄化程度的加深,劳动力老龄化的程度也会相应提高,而劳动力老龄化将严重影响劳动生产率的提高,进而对经济增长产生不利的影响。上述三个方面的影响都会在一定程度上削弱经济的竞争能力,并进一步影响经济可持续增长的活力。

我国的人口结构转变经历了一个非常态的转变过程。人口的死亡率从1949年20‰迅速下降到1976年的7.29‰,在不到30年的时间里下降幅度高达64%。从1976年开始,死亡率趋于稳定状态,一直在7‰左右徘徊。出生率在1949年为36‰,1963年达到最高值为43‰,从2002年开始趋于稳定,一直在12‰左右徘徊。从1949年到2002年,出生率在50余年的时间中下降了64%。

死亡率和出生率的大幅度和快速下降使我国于 2000 年完成人口结构转变,进入老龄化国家。

我国目前已经处于人口红利消失的阶段。由表 4 可以看出,中国 15—64 岁的劳动年龄人口在 2013 年达到 100 582 万人的峰值后,开始出现绝对数值的下降。2014 年下降了 113 万人,2015 年下降了 108 万人,2016 年下降了 101 万人;总抚养比更是在 2010 年就已下降到最低点 34.2%,之后一直保持上升趋势,2016 年达到 37.9%。随着"人口红利"的结束,劳动年龄人口的规模会下降,老年人口的规模将增大,老龄化程度将会进一步加深,意味着越来越少的劳动年龄人口要养活越来越多的老年人口,而且社会中用于老年人口的养老金支出也会相应增加。"人口红利"过后,出生率的下降从最初的对经济的推动作用转变成对经济的阻碍作用。人口老龄化必须有相应的制度来应对,不然,整个经济社会将危机四伏。如果退休年龄适当向后延长,通过老年被抚养人口的绝对数和相对数的变动,使一部分被抚养人口转变成抚养人口,加入到劳动年龄人口中,使劳动年龄人口的规模增加,老年被抚养人口的规模相应减少,从而减少国民收入中用于老年人口的支出。提高法定退休年龄将减缓由于劳动力人口规模萎缩给经济带来的不利影响。

表 4　中国人口年龄结构

时间	0—14 岁人口(万人)	15—64 岁人口(万人)	65 岁及以上人口(万人)	总抚养比(%)	少儿抚养比(%)	老年抚养比(%)
2000	29 012	88 910	8 821	42.6	32.6	9.9
2001	28 716	89 849	9 062	42.0	32.0	10.1
2002	28 774	90 302	9 377	42.2	31.9	10.4
2003	28 559	90 976	9 692	42.0	31.4	10.7
2004	27 947	92 184	9 857	41.0	30.3	10.7
2005	26 504	94 197	10 055	38.8	28.1	10.7
2006	25 961	95 068	10 419	38.3	27.3	11.0
2007	25 660	95 833	10 636	37.9	26.8	11.1
2008	25 166	96 680	10 956	37.4	26.0	11.3
2009	24 659	97 484	11 307	36.9	25.3	11.6

(续表)

时间	0—14岁人口（万人）	15—64岁人口（万人）	65岁及以上人口（万人）	总抚养比（%）	少儿抚养比（%）	老年抚养比（%）
2010	22 259	99 938	11 894	34.2	22.3	11.9
2011	22 164	100 283	12 288	34.4	22.1	12.3
2012	22 287	100 403	12 714	34.9	22.2	12.7
2013	22 329	100 582	13 161	35.3	22.2	13.1
2014	22 558	100 469	13 755	36.2	22.5	13.7
2015	22 715	100 361	14 386	37.0	22.6	14.3
2016	23 008	100 260	15 003	37.9	22.9	15.0

数据来源：《中国统计年鉴》。

3.4 有利于中国职工养老保险实现可持续发展

正如前文所述，从宏观上讲，法定退休年龄的调整必然会对整个养老保险基金的收支平衡产生重要影响，是养老保险最为敏感的外生政策变量。由表5可以看出，2013年以后，中国城镇职工养老保险当年征缴收入要小于当年基金支出，这表明养老保险无法实现自我平衡，这两年完全依赖于财政补贴才能保证养老保险基金收入大于支出，满足支出需求。社会保险的重要特征之一就是其制度能够实现财务上的自我平衡，这也是中国养老保险改革的目标之一。理论上分析如果某年养老保险基金收入小于支出，通常在下一年可以提高缴费率或降低养老金替代率来实现基金收支平衡。但目前中国职工养老保险用人单位和个人的缴费率总共是28%，即使与人口老龄化程度很高的发达国家相比较也已经处于较高水平，根本没有提高空间，并且全社会也已经形成了降低费率的共识，提高费率在现实生活中根本不可行。而且为了保证老年人基本生活，降低养老金替代率也无法实现。因此只有通过提高法定退休年龄来实现养老保险的自我平衡。法定退休年龄的调整可以同时对养老保险的收支两端产生影响，提高退休年龄会使原本应该退休领取养老金的人留在工作岗位上并继续参保缴费，对缓解养老保险基金的收支压力会产生直接的积极效果，能够帮助中国养老保险实现可持续发展。

表 5　中国城镇职工基本养老保险基金收支情况

(单位:亿元)

时间	基本养老保险基金收入	征缴收入	基本养老保险基金支出	征缴收入减基金支出
2002 年	3 171.5	2 551.4	2 842.9	-291.5
2003 年	3 680	3 044	3 122.1	-78.1
2004 年	4 258.4	3 585	3 502.1	82.9
2005 年	5 093.3	4 312	4 040.3	271.7
2006 年	6 309.8	5 215	4 896.7	318.3
2007 年	7 834.2	6 494	5 964.9	529.1
2008 年	9 740.2	8 016	7 389.6	626.4
2009 年	11 490.8	9 534	8 894.4	639.6
2010 年	13 419.5	11 110	10 554.9	555.1
2011 年	16 894.7	13 956	12 764.9	1 191.1
2012 年	20 001	16 467	15 561.8	905.2
2013 年	22 680.4	18 634	18 470.4	163.6
2014 年	25 309.7	20 434	21 754.7	-1 320.7
2015 年	29 340.9	23 016	25 812.7	-2 796.7
2016 年	35 058	26 758	31 854	-5 086

数据来源:根据历年人力资源和社会保障事业发展统计公报整理和计算。

4. 对中国退休年龄改革的建议

关于延迟退休,全社会讨论的焦点都集中在退休年龄上,目前已有的方案也大多是研究如何将退休年龄由 60 岁提高到 65 岁,但退休年龄并不只是而且也不应成为退休制度改革的全部。① 中国实行的法定退休年龄强制退休制度已不适应社会经济发展的需要,这种强制退休制度才是最需要改革的,延迟退休年龄的同时理应赋予普通劳动者更多的退休决策自主权,这才是退休制度改革

---

① 本文也无意提出具体的延迟退休方案。

的核心。

4.1 现行法定退休年龄强制退休制度已经丧失了在全社会得以实施的基础

在原来计划经济体制下,个体经济和私营经济不发达,其从业人员数量很小,而国有单位占多数,使得法定退休年龄强制退休制度能够得以实施。现在中国个体经济和私营经济迅速发展,其从业人员数量也迅速增加,强制退休根本就无法在这类经济组织中实施。当前强制退休的规定只能在政府机关、事业单位和国有企业中真正得到贯彻。2016年年末中国城镇就业人员4.14亿人,其中国有单位和除私营企业之外其他单位就业人员①共1.76亿,也许只有在这部分群体中能够实现法定退休年龄强制退休的规定,但其只占全部城镇就业人员的42.48%。此外中国还有3.6175亿乡村就业人员,其中大部分根本就不存在退休一说。可见即使能够在这1.76亿人当中实施强制退休制度,也只占中国整个就业人口的22.68%。因此当前中国已经不存在在全社会实施法定退休年龄强制退休制度的土壤,退休制度必须进行改革。

4.2 现行法定退休年龄强制退休制度并不尊重甚至违背劳动者自身的退休意愿

在当下讨论中反对延迟退休的人主观武断地认为普通劳动者或低收入群体都更愿意早退休,这只看到了一个方面,另一方面也有很多普通劳动者达到法定退休年龄时不愿意退休,每年因此也产生了大量的劳动争议,其中尤其以女性劳动者居多②! 其实这个问题本质上是关于退休意愿的,从理论上分析,退休意愿不仅取决于工资收入,还与工作性质与工作强度、养老金替代率等其他因素有关。目前还没有关于退休意愿问题全面、科学、严谨的调查研究。即便有,也可能由于抽样等各方面原因导致结论并不准确,更何况随着时间、劳动者年龄、社会经济环境以及养老金政策等各方面的变化,劳动者的退休意愿也可能发生根本变化。即便是相同年龄人口的退休意愿也会因为健康情况、职业性

---

① 除私营企业之外其他单位就业人员包括城镇集体单位城镇就业人员、股份合作单位城镇就业人员、联营单位城镇就业人员、有限责任公司城镇就业人员、股份有限公司城镇就业人员、港澳台商投资单位城镇就业人员和外商投资单位城镇就业人员。

② 本文引入的案例就是其中之一。

质、工作强度以及经济情况等不同而不同,因此设置统一退休年龄强制退休本身就无法满足个体间退休意愿差异的需求。其实大多数国家针对非公共部门的劳动者并未设定或者已经取消了强制退休的制度,其"法定退休年龄"严格意义上应称之为"可全额领取养老金的最低年龄",退休与否是个体的事情,除公共部门和少数特殊职业外的普通劳动者一般拥有完全的退休决策自主权,个人会考虑自身健康状况、财务状况、职业特点以及家庭需要等各方面因素理性选择合适的退休年龄和退休时点。

4.3 目前法定退休年龄强制退休制度不利于社会公平

第一,正如前文所述,从社会整体来看,强制退休制度只能在一部分群体实施,而在其他群体无法实施,这就是不公平,为什么有的劳动者达到年龄必须离开工作岗位退休在家,而有的劳动者却能够按照个人意愿继续工作,仅仅由于所处经济组织类型不同吗?第二,目前法定退休年龄不仅有男女之间的性别差异,还有"干部"与"工人"之间的身份差异,这本身就是一种不平等,有悖于公平的价值理念,而且由于养老保险平均替代率较低和目前养老金的计发办法,对于同龄人而言,早退休者获得的养老金不仅要远远低于晚退休者的在职收入,而且也要低于晚退休者退休后的养老金水平,这才是真正不利于社会公平,加大了收入分配差距。第三,目前法定退休年龄偏低及强制退休的规定导致很多老年人退休后继续从事有报酬的工作,但相对于普通劳动者,只有那些在职收入高、社会地位高、拥有较多社会资源的人退休后才更容易找到相对高报酬的工作,这部分人退休后边拿退休金边就业,不仅有违养老金设计的初衷,使得退休金演变成一种工作以外的额外福利,而且进一步拉大了代内的贫富差距,"富者愈富,穷者愈穷"。因此取消退休年龄的性别差异和身份差异,将退休决策权利重新回归劳动者个体,才能够真正实现公平与平等的理念。

4.4 只有赋予劳动者退休决策自主权才能最大限度开发老年群体人力资源,应对人口老龄化的挑战

在西方国家,由于劳动力市场需要增加劳动力供给,延长法定退休年龄可以为劳动者提供更强的工作激励。当然这种延缓退休年龄就可以实现劳动力供给的增加隐含一个前提:即年老劳动者的受教育程度与年轻劳动者的受教育程度没有显著差别,加上年老劳动者的工作经验,因而在劳动力市场是具有竞

争力的。这种情况在发达国家通常是事实。但在中国情况却与此相反,中国目前临近退休的劳动力群体是过渡和转轨的一代。由于历史的原因,他们的人力资本禀赋使得他们在劳动力市场上处于不利的竞争地位。目前在中国劳动年龄人口中,年龄越大受教育水平越低。如果不加区分,统一延长退休年龄并实行强制退休,高年龄组的劳动者会陷入不利的竞争地位,意味着缩小劳动者的选择空间,甚至很可能导致部分年龄偏大的劳动者陷于脆弱境地:丧失了工作却又一时拿不到养老金。实际上现在城市4%到4.3%的登记失业率,大部分是这些接近退休年龄、年龄偏大的城市劳动力,即所谓的"4050"群体。这也就是此部分群体强烈反对延迟退休的主要原因。

如果取消强制退休,同时赋予劳动者一定范围内退休决策自主权就能很好地化解上述矛盾。在达到最低退休年龄时,劳动者可以根据自身受教育情况等就业竞争力因素综合考虑,自己选择何时退休。一方面既避免了受教育程度高群体的人力资本浪费,另一方面又照顾了受教育程度低、竞争力差的就业困难群体,从而最大限度地挖掘现有人力资源,有力应对人口老龄化的挑战。

4.5 赋予劳动者退休决策自主权才能有效消除社会对于延迟退休年龄的误解和反对之声

当前,社会上对延迟退休有很多反对意见。其中即将退休、年龄较大的就业困难群体强烈反对延迟退休,这在前文已有分析。赋予劳动者退休决策自主权就能从根本上消除此部分群体的顾虑和担心。比如将目前法定退休年龄作为领取养老金的最低年龄,在这个年龄劳动者仍能选择退休并且养老金待遇水平不降低,劳动者也可以选择继续工作至最高退休年龄。这样这种延迟退休年龄的改革就是帕累托改进,人们自然也就不会反对。

赋予劳动者退休决策自主权同时还可以采用经济手段鼓励人们自发延迟退休,比如引入延迟退休的激励机制,加大延迟退休的养老金奖励幅度和水平,增加缴费年限对养老金水平的敏感性等等。其实目前养老保险政策已经存在多缴多得的激励机制,比如个人缴费形成的个人账户养老金能全部返还;按月发放的基础养老金以退休前一年在岗职工平均工资和本人指数化月平均缴费工资的平均值为基数,缴费每满1年发给1%。但现在人们仍然会产生延迟退休会导致多缴费而少领钱的误解,其原因不仅在于养老保险计发办法的复杂,而且关键在于普通人退休前根本无法准确查询自己退休后的养老金水平,也就谈不上对不同退休时机进行比较,导致目前的激励机制不起作用。因此在加大延迟退休的养老金奖励幅度和水平的同时,养老金待遇计算方面应该做到公开透明,让劳动者能够随时查询不同退休时点下养老金待遇水平并加以比较,为劳动者自主退休决策提供准确参考,保证经济手段的激励机制真正发挥作用。这是赋予劳动者退休决策自主权、采用经济手段鼓励人们自发延迟退休的前提。

综上所述,中国延迟退休年龄应以赋予普通劳动者退休自主决策权为核心,在法定退休年龄基础上引入弹性机制,在一定程度和年龄范围内允许劳动者个人综合考虑健康情况、家庭环境和事业成就感以及财务状况等各方面因素自主选择退休时机,并缓慢扩大弹性范围即劳动者自主选择退休时机的年龄范围。当然财政供养人口如公务员等仍应执行现行强制退休制度,以避免产生新的社会不公。

正如前文所述,中国法定退休年龄的调整已经是箭在弦上,延迟退休这只靴子何时落地?提高退休年龄的具体方案是什么样的?我们将拭目以待!

案例使用说明

1. 教学目的与用途

（1）本案例适用于保险专业、社会保障专业的《社会保障》《社会保险》和《养老保险》等课程，也适用于与之相关的其他课程。

（2）本案例的教学目标：使学生掌握中国目前关于退休年龄的具体规定；了解中国的退休政策和养老保险制度，认识中国调整退休年龄和改革退休制度的必要性，掌握影响退休年龄调整的相关因素，通过案例分析讨论，提高对中国退休年龄和退休制度改革及养老保险制度的认识。

2. 启发思考题

（1）中国退休年龄的具体规定是什么？

（2）中国的退休年龄和退休制度具有哪些特点？

（3）你认为中国是否应该提高法定退休年龄？

（4）谈谈中国调整退休年龄和改革退休制度的思路。

3. 分析思路

案例的分析思路：以是否提高法定退休年龄为线索，以退休性别歧视案为切入点，分析中国关于退休年龄的具体规定；在此基础上梳理影响退休年龄的相关因素，对中国提高法定退休年龄进行必要性分析，最后探讨调整退休年龄和改革退休制度的思路。

4. 理论依据与分析

退休年龄与养老保险制度密切相关，达到法定的退休年龄是个人领取养老保险金的前提，国外没有或早已取消了强制退休的政策要求，因此"法定退休年龄"准确的表述应为"可全额领取养老保险金的最低年龄"。

生命历程理论可以说是研究退休问题的首要理论基础。退休作为生命历程的典型环节，受到以退休制度为核心的经济社会制度的塑造，而退休本身也因此表现出制度化的特征，逐渐演化成一项生命历程制度。因此应该从个体生命历程的角度分析影响退休年龄或领取养老金年龄的决定因素，这就包括个人自身的健康状况、经济状况及工作与闲暇的偏好情况。此外影响退休年龄的因素还包括社会经济因素,其中最主要的就是人口因素,既包括涉及生命表相关理论知识的平均预期寿命等因素,又包括人口年龄结构等人口学理论及劳动经济学的相关知识。

因此,无论是退休年龄还是养老金领取年龄,如何调整与改革涉及经济社会的各个方面,受到多种条件的制约,是非常复杂的工程,需要全面深入的研究。

5. 背景信息

中国关于退休年龄的具体规定见正文。

退休年龄与养老保险的关系见正文。

提高法定退休年龄的必要性分析见正文。

6. 关键要点

案例分析中的关键点:能否把握中国关于退休年龄的具体规定;能否充分认识法定退休年龄的调整与养老保险制度特别是养老保险基金收支平衡的关系;能否充分认识中国调整退休年龄和改革退休制度的必要性。

7. 建议课堂计划

建议使用3—4课时进行讨论。

课前计划:事先发放案例材料。

课中计划:主持人要保持中立立场,组织同学开展讨论,尤其是站在行政决策者的立场上进行讨论。

课后计划:讨论结束后要求学生提交案例分析报告。

参考资料

[1] 四川大学法学院.中国法院和仲裁机构禁止就业歧视案例选——国际劳动组织课题[R].2011:13—15.

[2] 汪泽英.提高法定退休年龄政策研究[M].北京:中国经济出版社,2013:23—35.

[3] 林熙.退休制度的结构要素和实践形态研究[M].成都:西南财经大学出版社,2016:19—34.

[4] 李宏.中国延迟退休年龄问题研究[M].北京:中国言实出版社,2014:113—125.

[5] 李晨光.以退休年龄为核心的退休制度须改革.经济,2012,8:108—109.

[6] 人力资源和社会保障部网站.http://www.mohrss.gov.cn/

[7] 国家统计局网站.http://www.stats.gov.cn/

[8] 世界卫生组织.http://www.who.int/en/